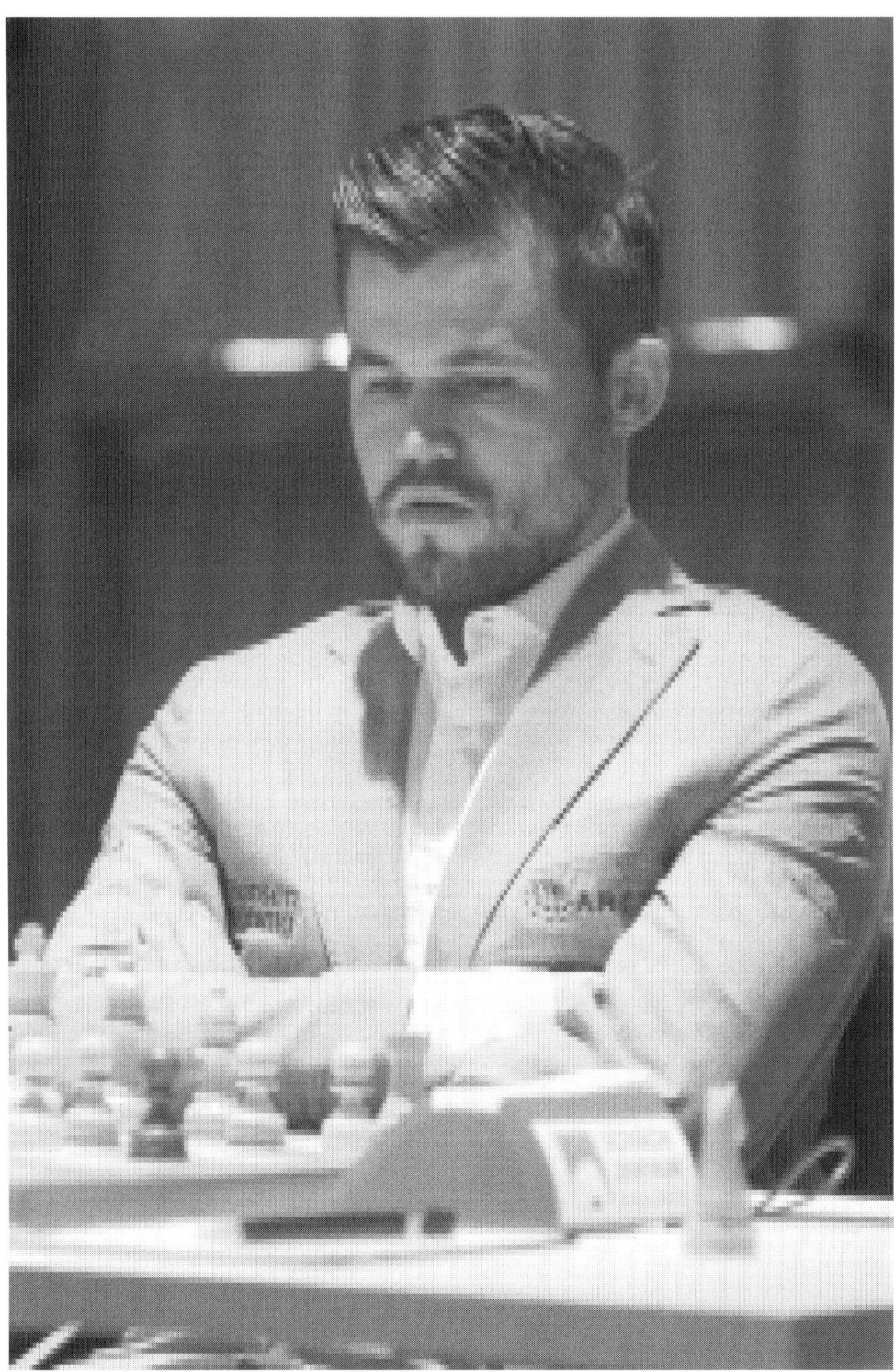

Magnus Carlsen, GRENKE Chess Classic 2019

Karsten Müller

Magnus Carlsen

Die Schach-DNA eines Genies

Joachim Beyer Verlag

ISBN 978-3-95920-181-0

1. Auflage 2023

Ein Imprint des Schachverlag Ullrich, Zur Wallfahrtskirche 5, 97483 Eltmann

Herausgeber: Robert Ullrich

Bildnachweis Inhalt:

Archiv Joachim Beyer Verlag: S. 3, 6, 39, 52, 71, 91 (rechts), 109, 155

Creative-Commons-Lizenz: S. 24 (www.kremlin.ru), 28, 36, 40, 43, 91 (links), 123, 142

Inhaltsverzeichnis

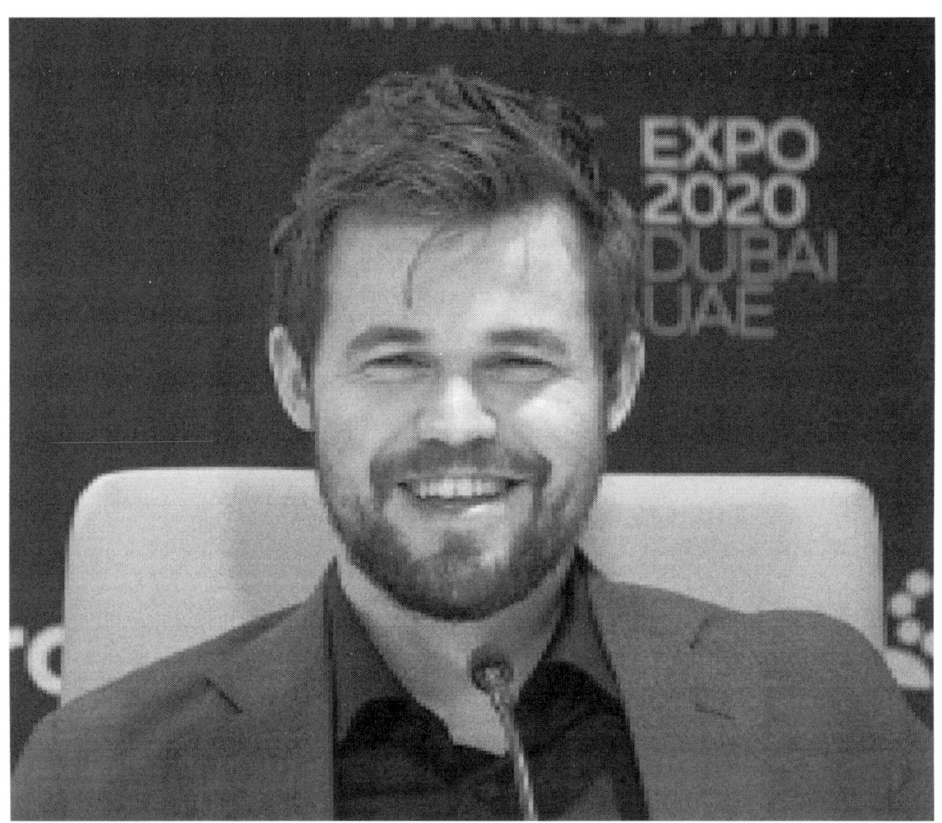

Magnus Carlsen, Schachweltmeister 2013–2023

Vorwort

Angesichts der Tatsache, dass es über den 16. Weltmeister schon so viel Literatur gibt, stellt sich die Frage, warum ich diesem reichhaltigen Angebot noch ein weiteres Buch hinzugefügt habe. Die Antwort lautet: Ich war von dem Gedanken inspiriert, sein strategisches Spiel aus der Perspektive des Modells der 'vier Spielertypen' zu betrachten und dabei sowohl seine Stärken als auch seine Universalität besonders hervorzuheben.

Da die Partien von Magnus Carlsen stets äußerst instruktiv sind und da ich außerdem zahlreiche nützliche Faustregeln zu allen Themen ausgearbeitet habe, steht es dem Leser frei, das Buch einfach als Strategielehrbuch anzusehen und zu benutzen. Aber natürlich kommt es im Schach zumeist gar nicht darauf an, irgendwelche Regeln in- und auswendig zu kennen, denn entscheidend ist ja vielmehr, seine Intuition zu schärfen und ein gutes Gespür für die Anwendung der Regeln zu entwickeln sowie speziell auch für das Erkennen der gelegentlich gegebenen Ausnahmen. Und da Magnus Carlsens Fähigkeiten auch in dieser Beziehung mit Fug und Recht als *genial* bezeichnet werden können, erhalten Sie als Leser die Gelegenheit, viel vom Weltmeister höchstpersönlich zu lernen.

Ich bedanke mich bei Harald Fietz für allerlei Analysen, Texte und Ideen, bei Frederic Friedel und Rainer Woisin von ChessBase für die Idee, mit den QR Codes zu arbeiten, sowie bei Robert Ullrich und Thomas Beyer für das sehr gute Layout und die gewohnt erstklassige Präsentation.

GM Dr. Karsten Müller
Hamburg, im Februar 2023

Zeichenerklärung

!	guter Zug
!!	ausgezeichneter Zug
?	schwacher Zug
??	grober Fehler
!?	beachtenswerter Zug
?!	fragwürdiger Zug
+-	Weiß hat entscheidenden Vorteil
±	Weiß steht besser
⩲	Weiß steht etwas besser
=	die Stellung ist ausgeglichen ode remis
-+	Schwarz hat entscheidenden Vorteil
∓	Schwarz steht besser
⩱	Schwarz steht etwas besser
⌓	besser ist
∞	unklar
=∞	mit Kompensation für den materiellen Nachteil
x	schlägt
+	Schach
#	Schachmatt

Das Modell der 4 Spielertypen

Unsere Darstellung der 'Spielertypen' basiert im Prinzip auf der Einteilung, die Lars Bo Hansen in seinem exzellenten Buch 'Foundations of Chess Strategy' (GAMBIT 2005) vornimmt. Darin nimmt der Autor – vereinfacht gesagt – ein Modell aus der Wirtschaftstheorie (welches sich unter dem Oberbegriff 'human resources' mit Fragen der menschlichen Typologie beschäftigt) und überträgt es auf Schachspieler bzw. grenzt es auf diese spezielle Gruppe von Menschen ein.

Natürlich ist dieses Modell nicht das einzig mögliche und selbstverständlich bringt das sogenannte 'Schubladendenken' generell auch allerlei Gefahren mit sich. Allerdings habe ich das Modell schon bei vielen Seminaren und Trainings–veranstaltungen in Vereinen vorgestellt. Und da ich immer erstaunt war, wie gut es passte, entstand irgendwann die Idee zu diesem Buch.

Das Ziel sollte natürlich sein, so universell wie möglich zu werden. Man gewinnt zwar in aller Regel mit seinen Stärken, aber es ist schon sinnvoll, auch an den Schwächen zu arbeiten und die spezifischen Stärken und Schwächen des jeweiligen Gegners mit in die Entscheidungsfindung einzubeziehen. In Stellungen, in denen es nur einen einzigen Zug gibt, sollte man diesen natürlich auch finden, aber die verschiedenen Spielstile sind vor allem in Stellungen von Bedeutung, in denen es eine große Auswahl von Möglichkeiten gibt. Allerdings auch in der Art von Stellungen, welche man aufgrund des eigenen und des gegnerischen Stils möglichst herbeiführen sollte.

Des weiteren kann man einen Stil natürlich auch imitieren und gegen bestimmte Gegner kann das sogar die passende Strategie sein. So haben zum Beispiel Aktivspieler und besonders Hyperaktiv–Spieler bestimmte extrem heraus–ragende Charakteristika, und wenn man sich als Gegner darauf gut einstellen kann, ist das sehr wertvoll. Ein Beispiel ist Kramniks Sieg im WM–Match London 2000 gegen den Aktivspieler Kasparow. Kramnik gelang es, das Spiel stets in die gewünschte Richtung zu lenken, so dass Kasparow erst gar keine Gelegenheit erhielt zu zeigen, was er in Stellungen mit Angriff und Initiative alles drauf hat.

Und selbst wenn man bezüglich des Modells skeptisch ist, sollten Beispiele und Aufgaben auf jeden Fall gutes Trainingsmaterial zu den verschiedenen Themen bieten.

Aktivspieler

Weltmeister: Aljechin, Tal, Spasski, Kasparow, Anand

Sonstige namhafte Spieler: Schirow, Morosewitsch, Topalow, Pillsbury, Anderssen, Bronstein, Larsen, Taimanow, Aronjan, Judit Polgar, Karsten Müller

Hyperaktiv-Spieler: Tal, Neschmetdinow

Ihre Stärken

Aktivspieler bewerten Initiative und Angriffschancen relativ hoch und das Material niedriger. Bei Hyperaktiv-Spielern ist das besonders ausgeprägt. Sie sind oft bereit, sehr große Opfer zu bringen, um Angriffschancen zu bekommen. Typisch dafür ist Tals berühmtes Zitat: „Es gibt korrekte Opfer – und meine." Sie haben oft ein gutes Gespür für Initiative und Dynamik und sind dafür auch bereit, statische Schwächen in Kauf zu nehmen. Dies kann natürlich auch eine Schwäche sein, sorgt aber oft für Unterhaltung auf dem Brett. Eine ihrer Stärken besteht in der Regel in der konkreten Variantenberechnung, die auf intuitiver Abschätzung basiert.

Ihre Schwächen

Sie machen manchmal verpflichtende Bauernzüge, die zwar im Moment gut aussehen, langfristig jedoch weit mehr schaden als nutzen. Sie neigen dazu, eigenen Königsangriff zu überschätzen, während sie den gegnerischen unterschätzen. Sie sind in der Verteidigung deutlich weniger gut und bringen oft intuitive Opfer, die objektiv eigentlich inkorrekt sind.

Mitunter haben sie keine gute Zeiteinteilung und kommen entsprechend oft in Zeitnot, weil sie zu lange nach etwas suchen, das es gar nicht gibt, und zwar besonders dann, wenn ihre intuitive Stellungseinschätzung nicht der objektiven Stellungsbewertung entspricht. Da sie oft gut im Blitz- und Schnellschach sind, können sie eher mit dieser Schwäche leben, aber wirklich förderlich ist sie natürlich nicht. Daher werden Aktivspieler im Laufe der Zeit oft pragmatischer, was man zum Beispiel gut an den Weltmeistern Tal und Kasparow sehen kann.

So ordnet Lars Bo Hansen die Weltmeister Aljechin, Spasski und Kasparow auch den Pragmatikern zu, was natürlich auch ganz in Ordnung ist. Da wir allerdings in diesem Kapitel so viele Partiebeispiele von Kasparow sehr gut verwenden können, fiel uns zumindest *seine* Zuordnung als Aktivspieler leicht. Der Übergang der Stile ist hier allerdings fließend und selbst Michail Tal könnte ab etwa 1966 den Pragmatikern zugeordnet werden.

Ihre Risikobereitschaft

Sie gehen oft Risiken ein und versuchen in aller Regel, auch das 3. Ergebnis (sprich: den eigenen Sieg) im Spiel zu halten. Daher können besonders bei Hyperaktiv-Spielern lange Partieserien ganz ohne Remis vorkommen. Unter Umständen kann dies allerdings auch zum Nachteil ausschlagen. So sind z.B. die beiden legendären 0:6 Niederlagen von Taimanow und Larsen gegen Fischer im Jahr 1971 zu erklären. Beide haben einfach unverdrossen immer weiter auf Gewinn gespielt, statt umzuschalten und ein konsolidierendes Remis zur Schadensbegrenzung anzustreben.

Ihre Trainingsoptionen

Neben dem Vertrauen auf die eigenen Stärken mittels der Arbeit an den Eröffnungen und dem Lösen von Taktikaufgaben kommt auch die Zielsetzung stark in Frage, pragmatischer und universeller zu werden. Außerdem kann sich das Studium der Partien von Reflektoren als nützlich erweisen. Kasparow hat zum Beispiel enorm von seinen WM Kämpfen gegen Karpow profitiert. Wem das zu weit geht, der kann auch Partien aus der späteren Periode von Tal studieren (also ab seinem 'Wandlungsjahr' 1966) oder solche aus dem späteren Schaffen von Kasparow. So kann man nachvollziehen, wie diese es geschafft haben, universell und pragmatisch zu werden, ohne ganz das Feuer ihrer Jugend zu verlieren.

Ihre Gegner

Wenn Aktivspieler aufeinander treffen, so führt dies oft zu spektakulären Duellen, die nicht immer so ausgehen, wie man aufgrund der Elozahlen annehmen möchte. Besonders gefährliche Gegner für Aktivspieler sind starke Reflektoren, wie es sich zum Beispiel in den WM-Kämpfen 'Carlsen – Anand' und im ersten WM-Kampf 'Karpow - Kasparow' gezeigt hat. Denn in solcher Konstellation kommen die Stärken der Aktivspieler nicht zur Geltung, weil die Reflektoren dies mit ihrem guten Gespür für aktive Prophylaxe zu verhindern wissen.

Ihre Eröffnungen

Oft treiben Aktivspieler die Theorie spezieller Varianten voran. Besonders legendär war diesbezüglich Kasparows ChessBase-Datei mit ihren vielen spektakulären Neuerungen und Neubewertungen.

Typische Eröffnungen

Mit Weiß kommen in Frage: 1.e4, scharfe Varianten des offenen Sizilianers, Königsgambit, Evans-Gambit.

Mit Schwarz zum Beispiel die Najdorf-Variante und Königsindisch.

Theoretiker

Weltmeister: Steinitz, Botwinnik, Kramnik

Sonstige namhafte Spieler: Tarrasch, Nimzowitsch ('Mein System'), Peter Leko, Anish Giri, Georg Meier, Ulf Andersson, Nikola Sedlak, Sergei Tiwjakow, Ruslan Ponomarjow, Hans Berliner, Matthias Wahls, Victor Moskalenko, Mark Dvoretzki, Josif Dorfman ('Die Schachmethode'), Alexander Bangijew ('Felderstrategie'), Lars Bo Hansen

Lars Bo Hansen verwendet im Englischen die sehr gut passende Bezeichnung 'theorist'. Im Deutschen ist die Bezeichnung schwieriger und statt 'Theoretiker' kommt auch Dogmatiker, Systematiker oder Wissenschaftler in Betracht.

Ihre Eigenschaften

Man kann Schach als konkretes Spiel ansehen und stets ausschließlich Varianten berechnen. Man kann aber auch eine allgemeine Theorie entwickeln. Diese kann ganz allgemein gehalten sein, wie beispielsweise, dass man immer die Anzahl der eigenen Zugmöglichkeiten maximieren sollte – oder sie kann spezieller auf konkrete Strukturen zugeschnitten sein. Ein Geheimnis der Faszination des Schachs könnte übrigens darin bestehen, dass sämtliche allgemeinen Theorien eines gemeinsam haben: Sie sind letztlich alle nicht ganz überzeugend.

Allerdings wäre die Sache sonst ja auch zu einfach und Schach wäre nur ein Teilgebiet der Mathematik. Nur in bestimmten theoretischen Endspielen gibt es Faustregeln, die mathematischen Gesetzen gleichkommen. In allen anderen gibt es Ausnahmen – und mitunter sogar weit mehr Ausnahmen als Regelfälle! Entsprechend besteht die wahre Kunst gar nicht darin, die Faustregeln auswendig zu lernen, sondern darin, seine Intuition hinsichtlich der Ausnahmen zu schulen.

Wir wollen in der Folge mit speziellen Theorien zu solchen Strukturen und weiteren positionellen Themen weitermachen und verstehen den Spielertyp des Theoretikers in genau diesem Sinne. In der Regel werden diese Strukturen bzw. positionellen Themen durch die Eröffnung aufgeprägt und bestimmen auch zumindest das frühe Mittelspiel. Mitunter kann sich ihre Wirkung jedoch sogar bis ins Endspiel erstrecken – wie z.B. in der Französischen Verteidigung, im Wolga-Gambit oder in gewissen sizilianischen Varianten.

Ihre Stärken

Theoretiker kennen sich in ihren Strukturen extrem gut aus. Sie sind mit allen Manövern und Plänen bestens vertraut und können sich bei deren Anwendung auch auf ihre diesbezüglich geschärfte Intuition verlassen. In den ihnen vertrauten Strukturen sind Theoretiker unglaublich stark. Ihre Eröffnungssysteme sind sehr stabil und können langfristig genutzt werden. Theoretiker spielen logisch und systematisch. Beispielsweise zeigen Botwinniks Anmerkungen zu seinen Partien dies ganz klar auf. Viele Vertreter dieses Typus' sind gut in theoretischen Endspielen und kennen die gesamte relevante Endspieltheorie auswendig.

Ihre Schwächen

Sie halten an ihren Prinzipien fest, auch wenn diese mitunter nicht zur Stellung passen. In solchen Fällen kommen sie oft in Zeitnot. Sie sind etwas unflexibel und bleiben ihren Eröffnungen auch dann treu, wenn sie damit keine guten Ergebnisse erzielen. Natürlich können auch ihre jeweiligen spezifischen Theorien selbst Schwachpunkte haben. Wir gehen hier allerdings von starken Theoretikern aus, die zumindest in ihrem Geltungsbereich und Anwendungsgebiet über sehr plausible Theorien verfügen. Allerdings mangelt es einigen Theoretikern mitunter etwas an dem Gespür für die Grenzen des jeweiligen Anwendungsgebietes – wie auch an der erforderlichen Flexibilität, um in einer konkreten Stellung bei Bedarf auf andere Lösungsansätze umzuschwenken.

Wie spielen Theoretiker gegen die anderen Spielertypen?

Natürlich sind sie stets bemüht, unter Einsatz 'ihrer' Eröffnungen in 'ihre' Stellungen zu kommen. Allerdings sind sie bei Bedarf auch in der Lage, sich anzupassen und Strategien auf den Gegner zuzuschneiden, wenn sie sich ein entsprechend passendes Bild machen können. So kommen beispielsweise Theorien ins Spiel – wie etwa diejenige, dass man gegen Angriffsspieler möglichst das dynamische Potenzial reduzieren sollte, was ja Kramnik im WM-Kampf gegen Kasparow auf so mustergültige Weise umzusetzen vermochte.

Wie sollte man *gegen* Theoretiker spielen?

Man sollte versuchen, ihre mitunter mangelnde Flexibilität zu nutzen und sie aus 'ihrer' Stellung herauszubringen. Gelegentlich kann es passieren, dass sie mit dieser oder jener Eröffnung in der letzten Zeit 0 aus 5 geholt haben – und dass sie diese ungeachtet dessen erneut spielen. Bei alle anderen Spielertypen wäre so etwas höchst unwahrscheinlich, aber gegen einige Theoretiker kann es sich durchaus lohnen, sich trotzdem oder gerade deswegen auf die besagte Eröffnung vorzubereiten. Für Aktivspieler kann das erste Match 'Tal gegen Botwinnik' zum Studium empfohlen werden. Derweil zeigte sich im WM-Kampf 'Anand gegen Kramnik' der Wert von Neuerungen, die zu hochtaktischen Stellungen führten, in denen der Theoretiker Kramnik sich nicht mehr zu Hause fühlte, weil sein Wissen um die Strukturen plötzlich wertlos war.

Typische Systemeröffnungen, die zu klaren Strukturen führen

– sowie einige ihrer bekanntesten Verfechter:

Berliner Mauer im Spanier (Kramnik)

Französisch (Botwinnik, Moskalenko)

Rubinstein–Variante im Franzosen (Georg Meier)

Damengambit Abtauschvariante mit Botwinniks berühmter Bauernwalze im Majoritätsangriff mit f3 nebst e4

'Fort Knox' im Franzosen (1.e4 e6 2.d4 d5 3.♘c3 dxe4 4.♘xe4 ♗d7 gefolgt von ♗c6, ♗xe4, c6 usw.)

Londoner System (Sedlak)

Stonewall im Holländer (Moskalenko)

Beschleunigter Drache im Sizilianer (1.e4 c5 2.♘f3 ♘c6 3.d4 cxd4 4.♘xd4 g6)

Maroczy Struktur mit beiden Farben (Tiwjakow)

Sweschnikow (Peter Leko)

Reflektoren

Weltmeister: Capablanca, Smyslow, Petrosjan, Karpow, Carlsen

Sonstige namhafte Spieler: Michael Adams, Akiba Rubinstein, Vincent Keymer, Klaus Bischoff, 'Alpha Zero', 'Leela Zero'

Ihre Eigenschaften

Sie haben ein sehr tiefes Spielverständnis und erkennen relevante Muster, die allen anderen verborgen bleiben. Sie haben ein sehr feines Gespür für die Harmonie und Koordination der Figuren. Sie können quasi mit den Figuren kommunizieren und haben quasi ein 'absolutes Gehör' für deren Botschaften. Sie sind auch sehr gut, wenn es darum geht, die gegnerischen Figuren immer mehr einzuschränken und ihre Koordination zu stören. Entsprechend typisch für sie sind aktive Prophylaxe sowie Dominanz- und Restriktionsstrategien. Sie sind sehr gut in Abtauschfragen und beim Ansammeln und Verdichten kleiner Vorteile. Auch sind sie sehr gut in strategischen Endspielen, in denen ihre Stärken voll zur Geltung kommen, weil das dynamische Potenzial der Damen hier nicht mehr 'stört' und entsprechend weniger dynamisches Chaos aufkommen kann.

Sie haben ein gutes Gefühl für positionelle Opfer auf lange Sicht, und zwar besonders für Qualitätsopfer. Sie berechnen nicht so viele Varianten, ihre Entscheidungen basieren mehr auf allgemeinen Erwägungen, auf ihrem tiefen Spielverständnis, ihrem Gefühl für Harmonie und Koordination sowie auf ihrer gekonnten aktiven Prophylaxe.

Die Regentschaft starker Reflektoren auf dem Weltmeisterthron ist mitunter sehr dominant und lang andauernd – wie z.B. die von Karpow und Carlsen. Für die anderen Spielertypen ist es nicht leicht, an einen so starken Reflektor her-anzukommen, weil es so gut wie unmöglich ist, dessen spezielle Qualitäten zu erlernen bzw. zu trainieren. So kann man zwar Taktik und Variantenberechnung sehr gut trainieren, aber ein derartiges Gefühl für Harmonie und Koordination der Figuren wie das von Karpow oder Carlsen – so etwas hat man oder man hat es eben nicht.

Ihre Schwächen

Sie sind in der konkreten Variantenberechnung nicht so gut und sollten das daher entsprechend trainieren. Auch Eröffnungen können zu ihren Schwachpunkten gehören. Zumindest treiben sie die Theorie in scharfen Varianten nicht so voran wie z.B. Aktivspieler. Einem Reflektor reicht es oft, eine spielbare Stellung zu bekommen. Entsprechend sollte der Gegner konkrete dynamische Stellungen anstreben, in denen der Preis jedes einzelnen Zuges hoch ist und die viel konkrete Berechnung erfordern. Zu beachten ist hier noch, dass Magnus Carlsen ziemlich rechenstark ist und in seiner Jugend auch durchaus als Aktivspieler angesehen werden konnte.

Typische Eröffnungen

Einem Reflektor genügt es oft, eine spielbare Stellung zu erreichen und er legt keinen gesteigerten Wert auf einen objektiven Vorteil oder darauf, dass ein Computer ihm ein mehr oder weniger ausgeprägtes Plus attestiert. Eine gewisse Flexibilität ist sicher auch von Vorteil, um konkreter gegnerischer Vorbereitung besser ausweichen zu können.

Mit Weiß: 1.d4 gefolgt von strategischen Systeme – oder 1.e4 und dort z.B. Spanisch mit c3 und d3 oder der langsame Italiener mit c3 und d3

Mit Schwarz: Caro–Kann, Tartakower–Variante im Damengambit

Pragmatiker

Weltmeister: Fischer, Euwe, Lasker

Sonstige namhafte Spieler: Kortschnoi, Caruana, Ding Liren, Karjakin, Vachier-Lagrave, Luis Engel, 'Alpha-Beta Engines'

Ihre Stärken

Pragmatiker zeichnen sich dadurch aus, dass sie einen sehr konkreten Ansatz haben. Sie können häufig sehr genau und weit rechnen und machen selten grobe Fehler. Besonders kommen den Pragmatikern scharfe, taktische Stellungen entgegen, in denen es viel zu berechnen gibt und man sich nicht einfach nur auf seine Intuition oder sein Gefühl verlassen sollte. Konkrete Variantenberechnung ist die Grundlage für die Entscheidungsfindung am Brett und wird der Intuition meistens übergeordnet. Das beste Beispiel dafür sind die Engines, die auf dem Alpha-Beta-Algorithmus basieren und Millionen von Varianten innerhalb kürzester Zeit berechnen können.

Pragmatiker beziehen viele praktisch relevante Faktoren in ihre Entscheidungsfindung mit ein und sind häufig gut darin, die Gegner vor praktisch unangenehme Entscheidungen zu stellen. Sie sind in der Lage, sich ihre Bedenkzeit praktisch sinnvoll einzuteilen und geraten daher selten in Zeitnot. Durch ihre Berechnungen gestützt sind sie auch gerne bereit, Material wegzunehmen und sich anschließend zu verteidigen. Das hat zwei verschiedene Gründe:

Erstens ist es aus psychologischer Sicht unangenehm für den Gegner, mit weniger Material zu spielen, da er ja 'etwas beweisen muss', um nicht langfristig in Nachteil zu geraten.

Zweitens sind Pragmatiker häufig in der Lage, sich mithilfe genauer Variantenberechnung sehr zäh zu verteidigen. Das beste Beispiel hierfür ist Sergei Karjakin, der ja (zumindest von seinem respektvollen Spitznamen her) den Status des 'russischen Verteidigungsministers' innehat.

Ihre Schwächen

Der konkrete Ansatz kann allerdings ebenso als Schwäche wie als Stärke gesehen werden. In technischen, positionellen Stellung geraten viele Pragmatiker gelegentlich ein bisschen ins 'Schwimmen', da sie nicht wissen, was sie berechnen sollen. Allgemein haben Pragmatiker Schwierigkeiten, langfristige Pläne zu erkennen und diese in ihre Überlegungen mit einzubeziehen. Das können sowohl tiefliegende positionelle Pläne als auch sich anbahnende Königsangriffe sein, die jedoch noch 'zu weit' hinter dem Horizont liegen, um gesehen zu werden.

Einigen Pragmatikern wird es außerdem schwerfallen, ein intuitives Opfer zu bringen, wenn die Konsequenzen nicht eindeutig zu berechnen sind. Manchmal sind

Pragmatiker (ähnlich wie Theoretiker) etwas zu materialistisch. Insgesamt sind sie jedoch relativ ausgewogen und haben wenige eklatante Schwächen. Nicht ganz ohne Grund sind viele der aktuellen Topspieler Pragmatiker oder haben sich immer mehr zu solchen entwickelt.

Trainingsoptionen für Pragmatiker

In technischen Stellungen können sich Pragmatiker einiges von den Reflektoren (Magnus Carlsen als bestes Beispiel) oder auch von den Theoretikern abgucken und somit lernen, sich in solchen Stellungen mehr auf ihre Intuition zu verlassen, statt konkrete Berechnungen durchzuführen. Für einige dürfte es hilfreich sein, Angriffspartien von Aktivspielern zu studieren, um ein Gefühl für den langsamen Aufbau eines Königsangriffs zu bekommen. Ständige Arbeit am Eröffnungsrepertoire ist natürlich auch sehr ratsam um sicherzustellen, dass man auch den Stellungstyp aufs Brett bekommt, den man sich wünscht.

Ihre Gegner

Am meisten Probleme haben Pragmatiker vor allem in ruhigen, technischen Stellungen gegen starke Reflektoren oder Theoretiker, wenn diese 'ihre' Stellungen bzw. Strukturen aufs Brett bekommen. Gegen solche Gegner muss das Ziel eines Pragmatikers sein, genau diese Art von Stellungen zu vermeiden und möglichst scharfe, komplizierte Partien zu spielen. Partien gegen Aktivspieler haben das Potenzial, sehr wild und dynamisch zu werden. Allerdings müssen Pragmatiker hier besonders auf mögliche Angriffspläne achten und diese im Stil eines Reflektors früh genug erkennen und verhindern.

Ihre Eröffnungen

Pragmatiker spielen meistens scharfe, prinzipielle Varianten und kennen sich in ihrem Repertoire gut aus. Sie sind schon in der Eröffnung auf direktes Spiel aus und vermeiden in der Regel strategische Eröffnungen wie z.B. Englisch oder Katalanisch. Häufig treiben sie in ihren Partien die Eröffnungstheorie voran.

Typische Eröffnungen

mit Weiß: 1.e4 ('Best by test' laut Bobby Fischer), Spanisch, offene Varianten gegen Sizilianisch

mit Schwarz: Sizilianisch (insbesondere Najdorf), Grünfeld

Kapitel I

Das Spiel gegen Schwächen

Mit dem Begriff *Schwäche* bezeichnet man Felder oder auch Bauern, die nicht mehr von eigenen Bauern gedeckt bzw. gegen feindliche Angriffe verteidigt werden können.

Das konsequente und präzise Spiel gegen Schwächen gehört zu den Markenzeichen von Carlsens Schach-DNA. Oft spürt er schon sehr früh, wenn Felder oder Bauern im gegnerischen Lager zur Schwäche neigen und macht diese dann konsequent und mitunter sogar bis hinein ins Endspiel zur Zielscheibe.

Selbstverständlich gehört diese Fähigkeit bis zu einem gewissen Grad zur Schach-DNA jedes strategischen Spielers, aber das feine Gespür für die kleinsten Nuancen, über das der Reflektor Magnus Carlsen verfügt, ist nur sehr schwer zu erlangen.

Es gelten folgende Faustregeln:

- Schon eine einzelne Schwäche kann dazu neigen, die ganze Umgebung und somit einen gesamten *Felderkomplex* anzustecken.
- Als Angreifer sollte man darauf abzielen, die Verteidiger schwacher Felderkomplexe abzutauschen.
- Falls die eigene Stellung eine *statische* Schwäche aufweist, sollte man sich in der Regel nicht rein passiv verteidigen.
- Wenn der Verteidiger sein Spiel nicht dynamisieren und sich entsprechend keine Gegenchancen verschaffen kann, sollte der Angreifer systematisch und in aller Ruhe Druck gegen die Schwäche aufbauen und auf lange Sicht das 'Prinzip der zwei Schwächen' zum Einsatz bringen.

Dieses besagt: Da das Spiel gegen eine einzige Schwäche häufig nicht zum Gewinn ausreicht, sollte der Angreifer bestrebt sein, eine zweite Schwäche zu schaffen, und zwar möglichst weit weg von der bereits bestehenden. Wenn dies gelingt, ist es sehr wahrscheinlich, dass der Verteidiger früher oder später mit der ausreichenden Deckung beider Schwächen überfordert wird.

Zur Veranschaulichung folgen nun einige instruktive Beispiele.

1) Die Nutzung der Felderschwäche f4 (bzw. f5) als Springervorposten

Zu diesem klassischen Thema gibt es sehr viel Anschauungsmaterial. Der zweite Weltmeister Emanuel Lasker vertrat die Ansicht, ein starker weißer Springer auf f5 (oder ein schwarzer auf f4) könne sogar einen Minusbauern aufwiegen.

Im folgenden Beispiel demonstriert Magnus auf sehr lehrreiche Weise, wie man einen Gegner ausmanövrieren kann, dessen Stellung solche Schwächen aufweist – wie im gegebenen Fall die weißen Felder und besonders das Feld f5.

Carlsen, Magnus (2861)

Sokolov, Ivan (2663)

Wijk aan Zee 2013

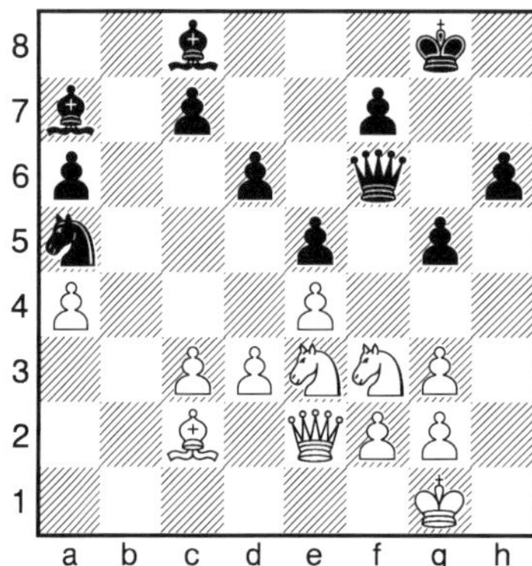

Auf den ersten Blick scheint nicht viel los zu sein. Doch Magnus hat erkannt, dass dies der Moment ist, den Finger auf die weißfeldrigen Wunden im gegnerischen Lager zu legen.

26.d4

„Das ist die Pointe. Ich habe Zeit, Initiative zu entwickeln, bevor Schwarz seinen Springer und seine Läufer wieder ins Spiel bringen kann."

(Magnus Carlsen im *ChessBase Magazin* 154)

26...g4?!

Dieser unbedachte Vorstoß öffnet dem weißen Springer eine vielversprechende Reiseroute.

1) Laut Magnus war 26...c6 angebracht, um dem weißen Springer das Zentrumsfeld d5 zu nehmen. Weiß steht allerdings auch dann besser und hat vielfältige Optionen wie z.B. 27.♕d3 oder auch direkt 27.♘f5.

2) 26...exd4?! 27.cxd4 ♗xd4? scheitert übrigens an 28.♘d5 ♕g7 29.♘e7+ +–.

27.♘d5 ♕d8 28.♘h4 c6

Nach 28...exd4? 29.♕d2 (29.♘f5!?) gerät Schwarz auf die Verliererstraße; z.B. 29...♕g5 30.♕xg5+ hxg5 31.♘e7+ ♔f8 32.♘xc8 gxh4 33.♘xa7 dxc3 34.gxh4 ♘c4 35.♗d1 ♘a3 36.a5 c2 37.♗xc2 ♘xc2 38.♘b5+–.

29.♘e3 h5

Laut Magnus scheitert 29...exd4? diesmal an 30.♘hf5+–.

30.♘hf5 ♕f6 31.♕d3 ♗b6 32.♗b1

Weiß lässt den Springer a5 einen Moment aus den Augen, aber der Gegner kann keinen Nutzen daraus ziehen (siehe nächste Anmerkung).

32...♔f8

32...♘b3?! kann mit 33.♕c4 beantwortet werden, denn 33...♘d2? scheitert an 34.♕xc6+−.

33.♗a2 ♗c7

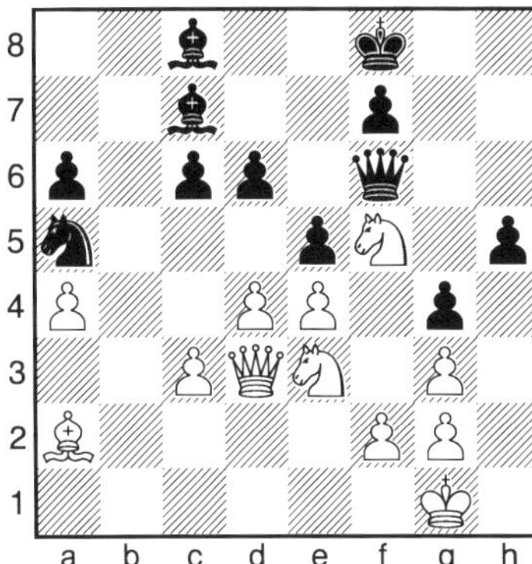

„Ich habe alles erreicht, was ich wollte, aber ein leichter Durchbruch ist immer noch nicht in Sicht, denn Versuche, mit f3 oder f4 am Königsflügel zu spielen, sind keineswegs überzeugend. Ich kam zu dem Schluss, dass ich wohl irgendwie a6 angreifen muss, womöglich nach Einschub der Züge d4-d5 und c6-c5." (Magnus Carlsen)

34.♕b1! ♔e8 35.♕b4 d5!?

Dieser Vorstoß ist vermutlich gut, weil der deplatzierte Randspringer die Möglichkeit erhält, via c4 ins Spiel zurückzukommen. Wie es bei statischen Schwächen üblich ist, verspricht rein passives Abwarten kaum Erfolg, da Weiß sein Spiel dann einfach weiter verstärken könnte.

36.♗b1 exd4?!

Diese Stellungsöffnung kommt eher Weiß zugute.

Nach 36...♘c4! steht Weiß zwar besser, aber ein Gewinn ist nicht in Sicht. Hier ein Blick auf zwei mögliche Abspiele, in denen Schwarz jeweils Gegenspiel erhält:

– 37.♘xc4 dxc4 38.♕xc4 ♗xf5 39.exf5 exd4 40.cxd4 ♗b6

– 37.exd5 ♘xe3 38.♘xe3 exd4 39.cxd4 h4 40.♕c5 hxg3

37.cxd4 dxe4?!

Erneut war 37...♘c4 38.e5 ♕g5 39.♗d3 ♘xe3 40.♘xe3 ♗d7 das geringere Übel.

38.♗xe4 ♗e6 39.♕c5 ♔d7

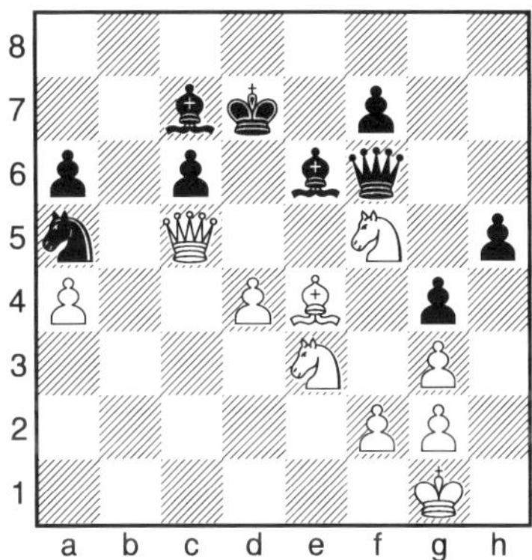

40.d5!

Magnus öffnet die Stellung im richtigen Moment, wonach der schwarze König kein sicheres Plätzchen mehr findet. Somit wird ein Vorteil in einen anderen umgewandelt – nämlich das Spiel gegen Schwächen in direkten Königsangriff.

40...cxd5 41.♘xd5 ♗xd5 42.♕xd5+ ♔c8 43.♘e3

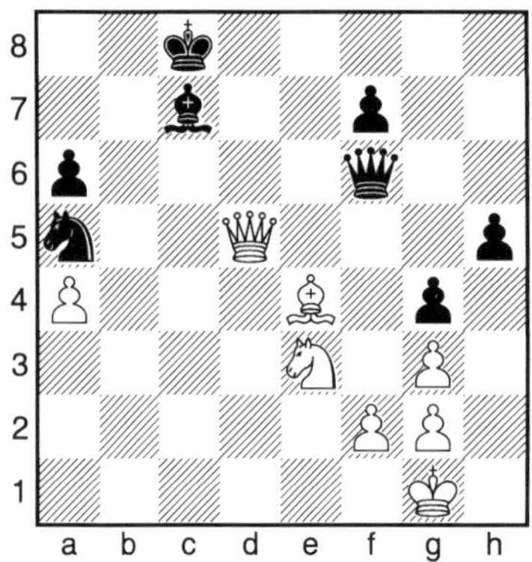

„Zwar ist das Material noch ausgeglichen, aber der Unterschied in den Bereichen Aktivität und Königssicherheit ist einfach zu gewaltig."

(Magnus Carlsen)

43...♕a1+ 44.♔h2 ♕xa4

44...h4 45.♕a8+ ♔d7 46.♗f5+ ♔e7 47.♘d5+ ♔d6 48.♘xc7 hxg3+ 49.fxg3 ♔xc7 50.♕c8+ ♔b6 51.♕d8+ ♔a7 52.♕xa5 ♕h8+ 53.♔g1 ♕d4+ 54.♔f1+− (Magnus Carlsen)

45.♕a8+ ♔d7

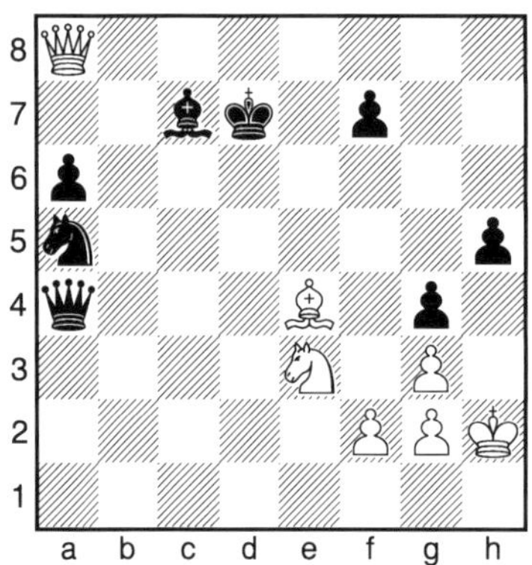

46.♘d5?

„Aus reiner Faulheit spielte ich diesen Zug recht schnell, und zwar in der Annahme, die Antwort ♗d8 sei tatsächlich der einzige Zug." (Carlsen)

□46.♗f5+ ♔e7 47.♕a7 ♕c6 48.♕d4+− „Zentralisation! Und die Drohung ♘d5 ist tödlich." (Magnus Carlsen)

46...♗d8?

– Nach 46...♕c6! ist der weiße Gewinn wahrscheinlich, aber nicht sicher; z.B. 47.♕h8 ♕e6 (Magnus Carlsen) 48.♘f6+ ♔d6 49.♗d5 ♕e7 50.♕h6 ♔c5 und Schwarz kann noch Widerstand leisten.

– 46...♕d4?! ist besser als die Partiefolge, sollte aber langfristig ebenfalls verlieren; z.B. 47.♕f8 ♕e5 48.♕xf7+ ♔c6 49.♘f6+ ♔b5 50.♗d3+ ♔c6 51.♘xh5 (Magnus Carlsen) 51...♔b7 52.♘f6 ♘c6 53.♘xg4+−.

47.♗f5+ ♔e8 48.♕c8 und **1-0**, da es gegen die Drohung ♗d7+ keine Parade gibt.

2) Druckspiel auf einem schwachen Felderkomplex

Schon ein einzelnes schwaches Feld neigt oft dazu, die gleichfarbigen Nachbarfelder anzustecken.

Karjakin, Sergey (2753)

Carlsen, Magnus (2845)

Shamkir 2019 [B33]

1.e4 c5 2.♘f3 ♘c6 3.d4 cxd4 4.♘xd4 ♘f6 5.♘c3 e5 6.♘db5 d6 7.♘d5 ♘xd5 8.exd5 ♘e7 9.c4 ♘g6 10.♕a4 ♗d7 11.♕b4 ♗f5 12.♕a4 ♗d7 13.♕b4 ♗f5 14.h4 h5 15.♗g5 ♕b8 16.♗e2 a6 17.♘c3 ♕c7 18.g3

Dank des positiven Aspekts, dass der Springer g6 eingeschränkt wird, ist dieser Zug in Ordnung. Allerdings sind die geschwächten weißen Felder am weißen Königsflügel von nun an schutzbedürftig und eine solche Verpflichtung ist gegen einen Gegner wie Magnus Carlsen eine nicht zu unterschätzende Hypothek.

18...♗e7 19.♗e3 e4 20.0-0

20...0-0!?

Ein typisches Merkmal von Magnus Carlsens Herangehen an positionelles Druckspiel: Angesichts der gegnerischen Felderschwächen am Königsflügel ist das mit einem Bauernopfer zum Wohle aktiven Figurenspiels verbundene Risiko quasi von Hause aus vertretbar.

21.♗xh5 ♘e5 22.♗e2 ♕d7 23.♕a4 ♕c8

Da die Kompensation von Schwarz auf *dynamischen* Faktoren beruht, darf die Dame natürlich nicht abgetauscht werden.

24.c5?!

Die mit diesem gewaltsamen Ansatz einhergehende Dynamisierung spielt Schwarz in die Karten, weil er am Damenflügel neue Möglichkeiten erhält.

Mit 24.♕d1 konnte Weiß den Spieß umdrehen und Ausgleich erzielen.

1) Nach 24...♗h3? 25.♘xe4 ♗xf1 26.♕xf1 hat Weiß mehr als genug Kompensation für die Qualität. In diesem Zusammenhang ist der Besitz des weißfeldrigen Läufers für Schwarz unverzichtbar, weil damit Druck auf die weißen Felderschwächen aufgebaut werden kann.

2) ⌓24...♘xc4 25.♗d4 ♘xb2 26.♕d2 ♘c4 27.♕f4 ♘e5 28.♘xe4=

24...dxc5 25.♘xe4 c4 26.♘c3

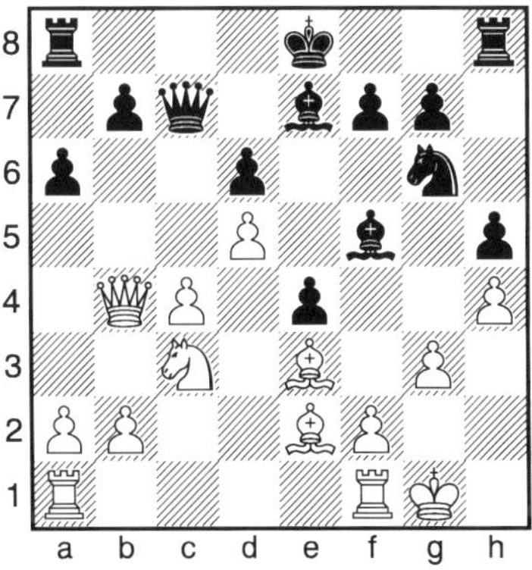

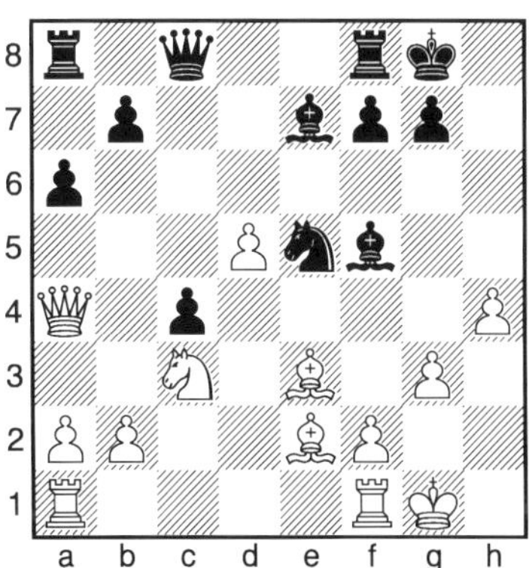

26...b5

Nach der Partie meinte Magnus, sein Gegner sei von diesem Zug überrascht gewesen. Das ist erstaunlich, besteht doch für Schwarz keinerlei Notwendigkeit, sich auf Figurentausch einzulassen und Dauerschach anzustreben. Somit wäre das Herangehen 26...♗d3 27.♗xd3?! (27.♕d1!?) 27...♘f3+?! (27...♘xd3!?) 28.♔g2 ♘xh4+ 29.gxh4 ♕g4+ nur etwas für ängstliche Gemüter.

Nach eingehendem Studium von Magnus Carlsens Spielweise begreift man, dass ein ganz wesentlicher Baustein in der angemessenen Behandlung verschiedenster Bauernstrukturen besteht. So legt der Textzug zwar für den Moment den Damenflügel still, allerdings behält Schwarz sich die Option zur Freibauernbildung vor.

27.♕d1 b4 28.♘a4

Weiß hatte für den Springer womöglich eine 'Weiterreise' im Sinn, aber Schwarz verlegt das aktive Geschehen erst mal zum gegenüberliegenden Flügel. Entsprechend bietet dieses Herangehen ein typisches Beispiel für die Anwendung des 'Prinzips der zwei Schwächen' (siehe Seite 19).

28...♗e4 29.♕d4 ♕f5 30.f4?

Nach diesem Zug hielt Magnus die weiße Stellung für verloren. Die von ihm nach der Partie vorgeschlagene Lösung 30.f3 ♗xf3 31.♖ae1 ♕h5 ist schwer einzuschätzen.

Allerdings scheint 30...♘xf3+ 31.♗xf3 ♗xf3 32.d6 ♗f6 33.♕xc4 ♖ad8 für Schwarz interessanter zu sein, da seine Figuren mehr Drohungen aufstellen können.

30...♕g6 31.♗f2 ♘d3 32.h5 ♕f5

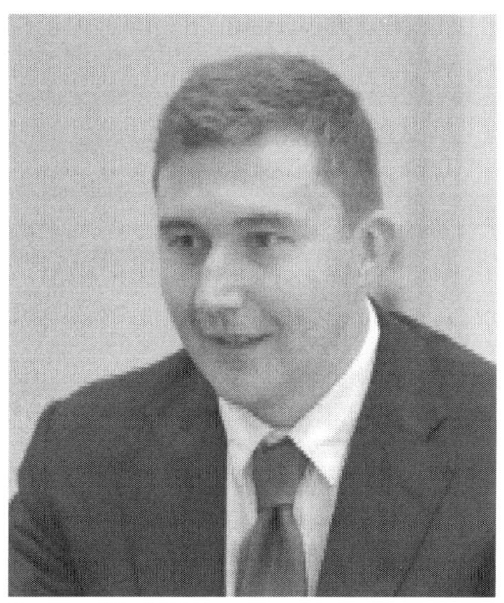

Sergey Karjakin

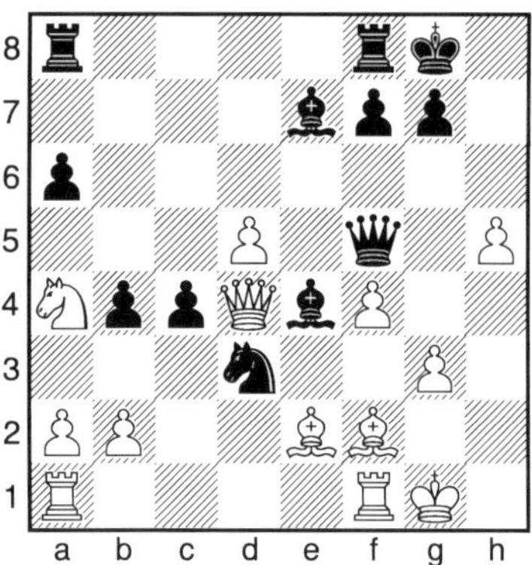

33.♗g4

Einerseits entlastet der Läufertausch den Verteidiger, aber hier überwiegt das Interesse des Angreifers, diesen wichtigen Verteidiger der schwachen Felder zu eliminieren. Guter Rat ist jedoch teuer, denn nach beispielsweise 33.♗xd3 cxd3 34.♕e5 ♕xe5 35.fxe5 ♗xd5 36.♘b6 ♖ad8 37.♘xd5 ♖xd5 sichert der d-Freibauer gute Gewinnchancen.

33...♕xg4 34.♕xe4 ♗d6 35.♕g2 ♖ae8 36.♗d4 ♕xh5 37.♕f3 ♕g6 38.♔h1 ♖e4 39.♗f2 ♖fe8 0-1

3) Doppelbauern als Schwäche

Doppelbauern können sowohl positive als auch negative Eigenschaften haben. Oft bieten sie statische Vorteile, wenn sie zum Beispiel wichtige Zentralfelder decken, aber im dynamischen Sinne sind sie nun einmal von Hause aus schwer beweglich oder sogar vollkommen unbeweglich.

Carlsen, Magnus (2853)

Karjakin, Sergey (2772)

New York 2016 [C65]

1.e4 e5 2.♘f3 ♘c6 3.♗b5 ♘f6 4.d3 ♗c5 5.c3 0-0 6.♗g5 h6 7.♗h4 ♗e7 8.0-0 d6 9.♘bd2 ♘h5 10.♗xe7 ♕xe7 11.♘c4 ♘f4 12.♘e3 ♕f6 13.g3 ♘h3+ 14.♔h1 ♘e7 15.♗c4 c6 16.♗b3 ♘g6 17.♕e2 a5 18.a4 ♗e6 19.♗xe6 fxe6 20.♘d2 d5?!

Dieses Vorrücken schwächt die schwarzen Felder, und Felderschwächen führen in Stellungen mit Doppelbauern oft zu Problemen.

Besser war 20...♘xf2+! 21.♔g2 ♘h4+! 22.♔g1 (22.gxh4? ♕g6+ –+) 22...♘h3+ 23.♔h1 ♘f2+ mit Remis durch Zugwiederholung.

21.♕h5?!

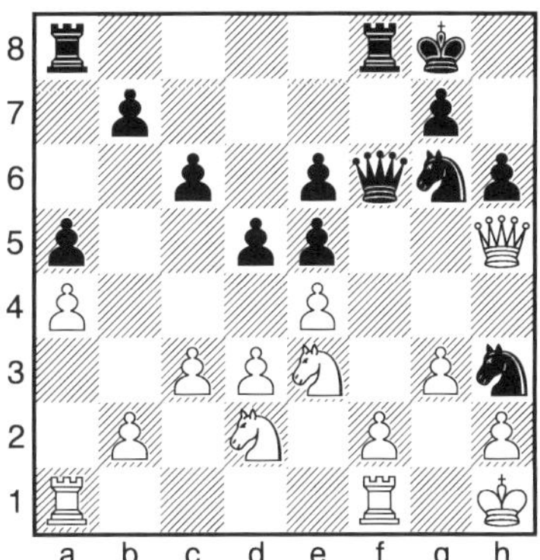

Danach kann Schwarz seinen Fehler korrigieren, während Weiß nach 21.f3 etwas Vorteil behalten hätte.

21...♘g5?

Laut Wesley So lässt Karjakin hier die Möglichkeit 21...♘xf2+ 22.♔g2 ♕f7! 23.♔g1 ♕f6! 24.♔g2 ♕f7= ungenutzt.

22.h4

„Magnus ist so glücklich darüber, seinen Gegner in einem langen Endspiel quälen zu können, dass er sich ohne viel Federlesens dafür entscheidet. Laut Online-Quellen hat er weniger als eine halbe Minute an diesem Zug überlegt."

(Wesley So im *ChessBase Magazin*)

⌓22.♖ae1! ♘f3 23.♘g4 ♕g5 24.♕xg5 hxg5 25.♘xf3 ♖xf3 26.♖d1±

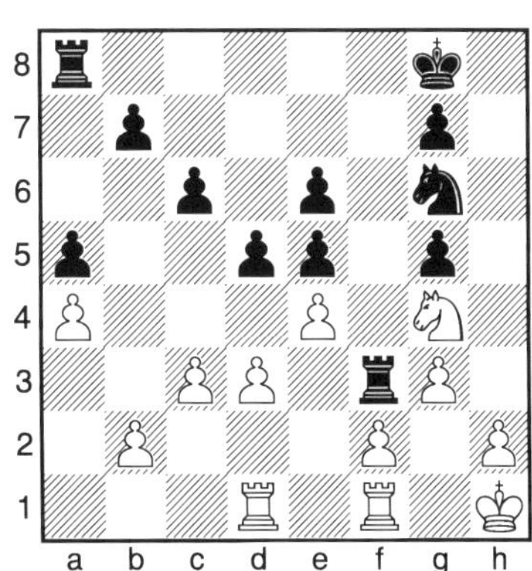

„Man mag sich fragen, was schlimmer ist als ein Doppelbauer. Nun ja ... *zwei* Doppelbauern." (Wesley So)

22...♘f3 23.♘xf3 ♕xf3+ 24.♕xf3 ♖xf3 25.♔g2 ♖f7 26.♖fe1 h5

26...♖af8 wird laut Wesley So mit 27.♘d1 h5 28.♖e2 aufgefangen.

27.♘f1 ♔f8 28.♘d2 ♔e7 29.♖e2

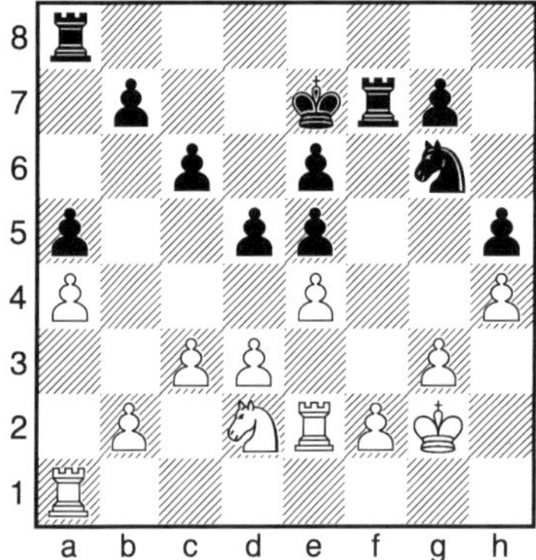

„Überdeckung des Bauern f2. Ich hatte keine Zweifel, dass Weiß diese vielversprechende Stellung bei fehlerlosem Spiel zum Sieg führen würde. Das hat nichts mit Sergey zu tun, die schwarze Struktur ist einfach schlecht." (Wesley So)

29...♔d6 30.♘f3 ♖af8 31.♘g5 ♖e7 32.♖ae1 ♖fe8 33.♘f3 ♘h8

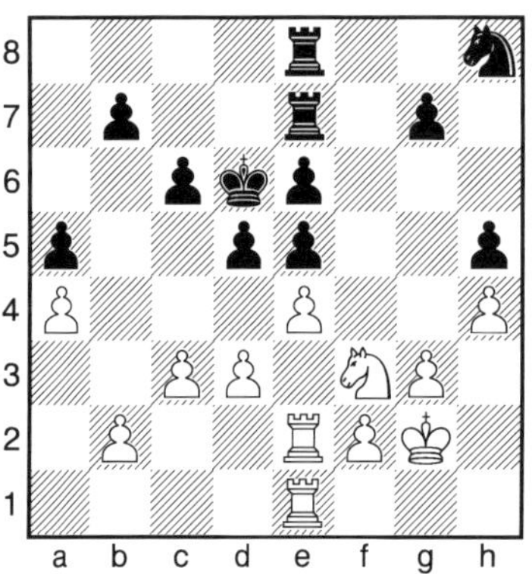

34.d4

Diese Umwandlung eines Vorteils in einen anderen ist typisch für Doppelbauernstrukturen: Nach Einsatz dieses Zentrumshebels werden die dunklen Felder im schwarzen Lager sehr schwach.

Laut Wesley So führte die beachtliche Alternative 34.b4!? axb4 35.cxb4 ♘f7 36.a5 zu weißer Initiative.

34...exd4 35.♘xd4 g6 36.♖e3 ♘f7 37.e5+ ♔d7

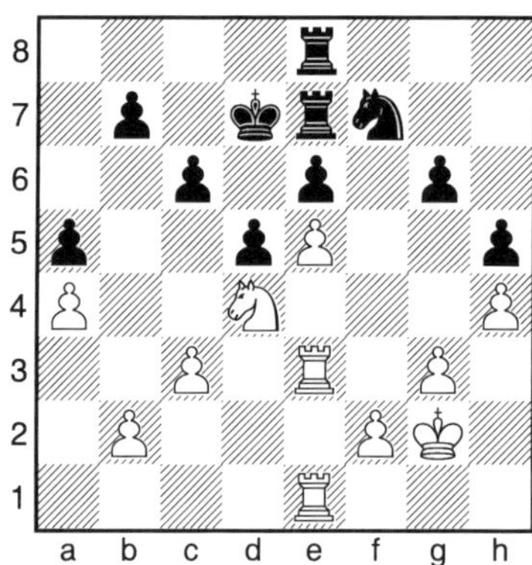

38.♖f3?!

Nach dieser Ungenauigkeit kann Schwarz am Damenflügel eine viel bessere Auffangstellung einnehmen.

Hingegen hätte Weiß nach 38.b4 ♖a8 39.♘b3 auf beiden Flügeln Druckspiel gegen die schwarzen Schwächen entwickeln können.

38...♘h6?

38...c5! 39.♘b3 b6 ist nur minimal schlechter für Schwarz.

39.♖f6 ♖g7 40.b4 axb4 41.cxb4 ♘g8

41...♘f5? 42.♘b3 b6 43.a5 ♔c7 44.♖c1 ♔b7 45.axb6 ♔xb6 46.♘c5 ♖ge7 47.♖xg6+−

42.♖f3 ♘h6 43.a5 ♘f5 44.♘b3 ♔c7

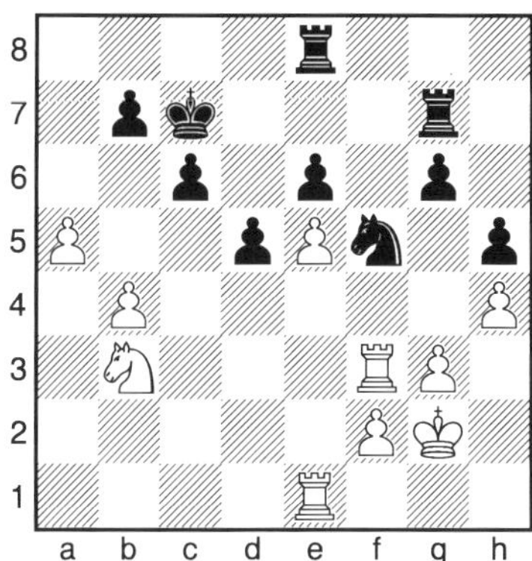

45.♘c5?!

Da dies die folgende Umsetzung des schwarzen Königs nach a7 zulässt, war 45.♖c1! laut Wesley So genauer, was er mit folgenden Varianten belegt:

1) 45...g5 46.hxg5 ♖xg5 47.♔h3 ♖g4 48.b5 ♖a4 49.bxc6 bxc6 50.♖fc3 ♘e7 51.♘c5 ♖xa5 52.♘xe6+ ♔d7 53.♘c5+ ♔c7 54.♖b3 ♖b5 55.♖a3+− bzw. 54...♖b8 55.♘e6+ ♔c8 56.♖f3+−

2) 45...♔b8 46.a6 ♖c7 47.♖fc3 bxa6 48.♖xc6 ♖xc6 49.♖xc6 ♔b7 50.♘a5+ ♔a7 51.♖c7+ ♔b8 52.♖f7+−

45...♔b8! 46.♖b1 ♔a7 47.♖d3 ♖c7

– 47...g5? 48.hxg5 ♖xg5 49.b5+− (Wesley So)

– 47...b6? 48.axb6+ ♔xb6 49.♖a3 ♖a7 50.♖xa7 ♔xa7 51.♔f3± (Wesley So)

48.♖a3 ♘d4 49.♖d1 ♘f5 50.♔h3 ♘h6 51.f3 ♖f7 52.♖d4 ♘f5 53.♖d2 ♖h7 54.♖b3 ♖ee7?

54...♖f7 ist besser, um auf 55.b5? mit 55...cxb5 56.♖xb5 ♖c7 reagieren zu können.

55.♖dd3?

55.b5! cxb5 56.♖xb5 ♘e3 57.♖d3 ♘c4 58.f4

„Nun hätte Weiß die zur Stellungsverbesserung benötigte Zeit. Die schwarzen Türme sind an die Verteidigung von Bauern gebunden, was nie ein gutes Zeichen ist. Türme sind für die Offensive gemacht, nicht für die Verteidigung!“ (Wesley So)

Es hätte folgen können 58...♖h8 59.♖db3 ♖b8 60.♖b6 ♘xa5 61.♖3b5 ♘c6 62.♖b1 ♘d8 63.♖d6± bzw. 62...d4 63.♖6b5±.

55...♖h8 56.♖b1

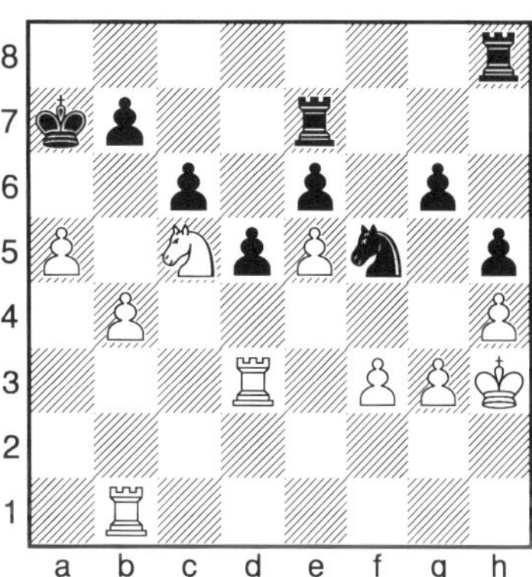

56...♖hh7?

Das ist zu passiv. Besser war 56...♖f8 57.b5 cxb5 58.♖xb5 ♖c8 59.g4 ♘h6 60.♖db3 ♖cc7 mit guten Remischancen in den Abspielen:

– 61.a6 b6 62.♘b7 ♖c6 63.♘d6 ♘f7 64.♖xb6 ♖xb6 65.♘c8+ ♔xa6 66.♖xb6+ ♔a5 67.♘xe7 ♔xb6 68.♘xg6 hxg4+ 69.fxg4 ♔c5

– 61.♔g3 ♘f7 62.♔f4 ♘d8 63.♔g5 ♖e8

57.b5! cxb5 58.♖xb5 d4 59.♖b6 ♖c7 60.♘xe6 ♖c3 61.♘f4 ♖hc7?!

61...♖g7 62.♖f6 ♖g8 63.e6 ♖xd3 64.♘xd3 ♔a6 65.g4 ♘e7 66.gxh5 gxh5 67.f4 ♔xa5 68.♖f7+−

62.♘d5!?

62.♖xg6 ♖xd3 63.♘xd3 ♖c3 64.♖f6 ♘e3 65.♘f4+− (Wesley So)

62...♖xd3 63.♘xc7 ♔b8 64.♘b5 ♔c8

64...♖xf3 65.a6 ♖xg3+ 66.♔h2 ♖f3 67.♖xb7+ ♔c8 68.♘a7+ ♔d8 69.♘c6+ ♔c8 70.e6+−

65.♖xg6 ♖xf3 66.♔g2! ♖b3 67.♘d6+ ♘xd6 68.♖xd6 ♖e3 69.e6 ♔c7 70.♖xd4 ♖xe6 71.♖d5! ♖h6 72.♔f3 ♔b8 73.♔f4 ♔a7 74.♔g5 ♖h8 75.♔f6 1-0

Allerdings können Doppelbauern auch stark sein – wie z.B. in der folgenden Partie.

Carlsen, Magnus (2882)

So, Wesley (2776)

Saint Louis 2019 [C54]

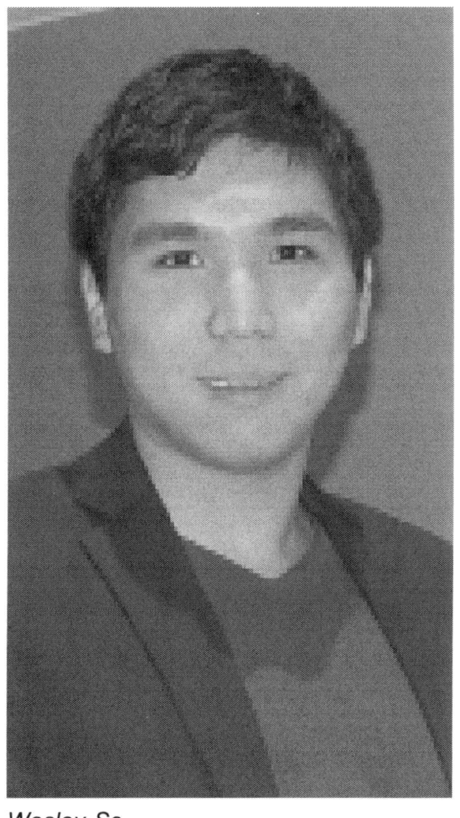

Wesley So

1.e4 e5 2.♘f3 ♘c6 3.♗c4 ♗c5 4.0-0 ♘f6 5.d3 0-0 6.c3 d6 7.h3 h6 8.♖e1 a6 9.a4 a5 10.♘bd2 ♗e6 11.♗b5 ♘a7 12.d4 ♘xb5 13.dxc5 ♘a7 14.b3 ♖e8 15.cxd6 ♕xd6 16.♗a3 c5

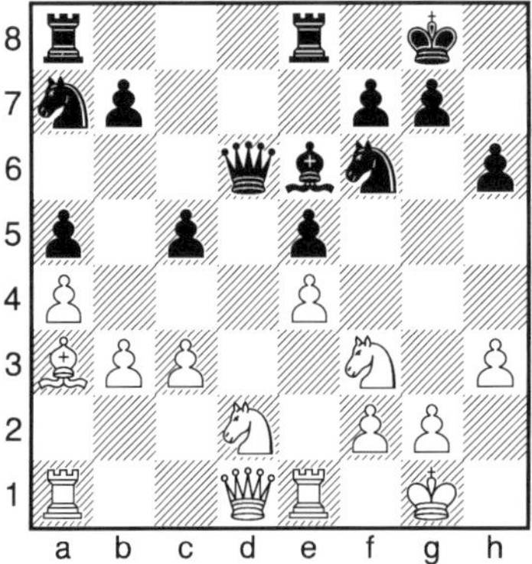

Nun lässt Magnus eine sehr originelle Idee folgen.

17.♘c4!? ♕xd1 18.♖axd1 ♗xc4 19.bxc4

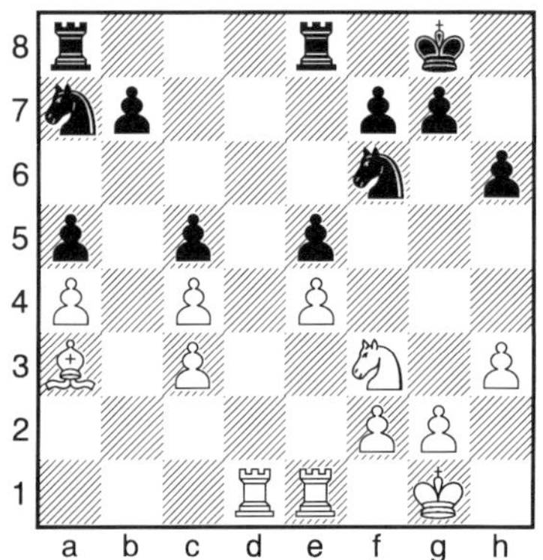

Nach freiwilliger Inkaufnahme eines Doppelbauern setzt Weiß auf die Nutzung der offenen Linien und darauf, dass den schwarzen Springern die Felder b4 und d4 verwehrt sind.

19...b6?!

Danach haben die besagten Springer ernste Probleme, gute Perspektiven zu finden.

Einfacher zu spielen war 19...♘c8 mit der möglichen Folge 20.♗xc5 ♖a6 21.♘d2 ♖c6 22.♗e3 ♘d6=.

20.♘h4 ♖ad8 21.f3 g6 22.g3

22.g4!?

22...♘h5 23.♔f2 ♘c6?

Damit kommt der Springer endgültig vom Weg ab, während Schwarz sich nach 23...♘c8 immer noch halten können sollte.

24.♗c1 ♔g7 25.♗e3 ♖xd1 26.♖xd1 ♖d8

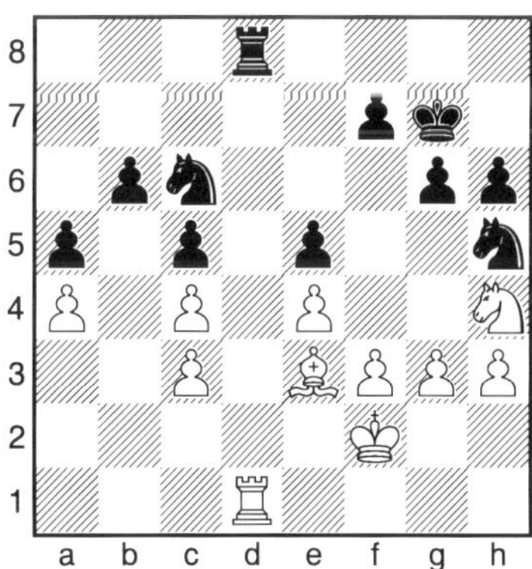

27.♖b1!

Weiß braucht den Turm, um Druck machen zu können. Hingegen hat die d-Linie keine Bedeutung, da die dortigen Einbruchsfelder leicht zu bewachen sind.

27...♖b8 28.♘g2 ♘f6 29.♔e2 ♘e8 30.♗f2 ♘d6 31.♘e3

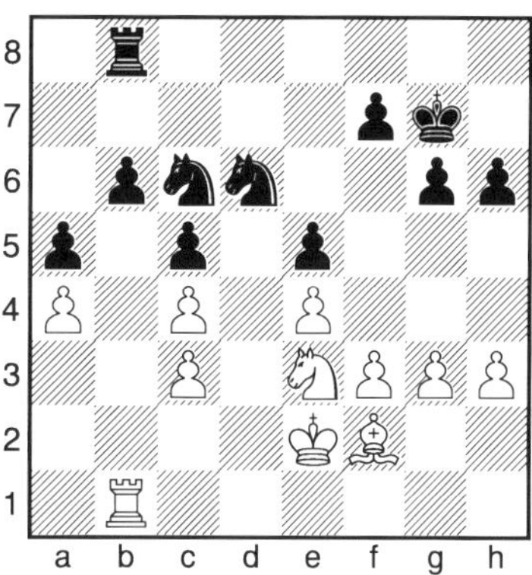

31...♘e7?

Dieser Fehler erlaubt dem Weißen die Abwicklung in ein gewonnenes 'Fischer-Endspiel', also eines mit ♖+♗ gegen ♖+♘, in dem die Seite mit dem Läufer auf Gewinn spielt.

Schwarz musste weiter abwarten. Nach beispielsweise 31...♘d8 32.♘d5 (32.♖d1 ♘8b7 33.♘d5 ♘d8) 32...♘e6 33.♖xb6 ♖xb6 34.♘xb6 ♘b7 konnte er noch Widerstand leisten.

32.♘d5 ♘xd5 33.cxd5 ♖b7 34.♔d3 f5

34...c4+ 35.♔d2 ♘c8 36.f4 ♘d6 37.♔e3 f6 38.fxe5 fxe5 39.g4

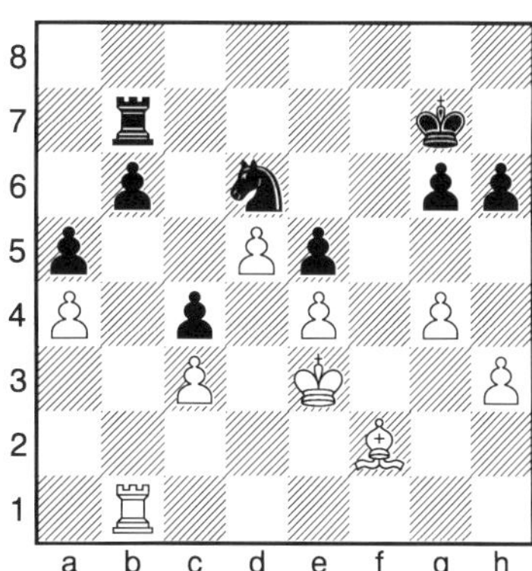

Nun kommt früher oder später das 'Prinzip der zwei Schwächen' zur Anwendung (siehe Seite 19); z.B. nach 39...♔f6

40.♗g3 ♘f7 41.h4 ♖b8 42.h5 ♖b7 43.♗h4+ ♔g7 44.♖b5 ♘d6 45.♖b2 ♘f7 46.♖b1 ♘d6 47.♗g3 ♘f7 48.♔e2 gxh5 49.gxh5 ♔f6 50.♗h4+ ♔g7 51.♗f2+−.

35.c4 fxe4+

Nach der Partie zeigte Magnus noch die beeindruckende Variante 35...♔f6 36.g4 f4 37.♗e1 g5 38.♗c3+−.

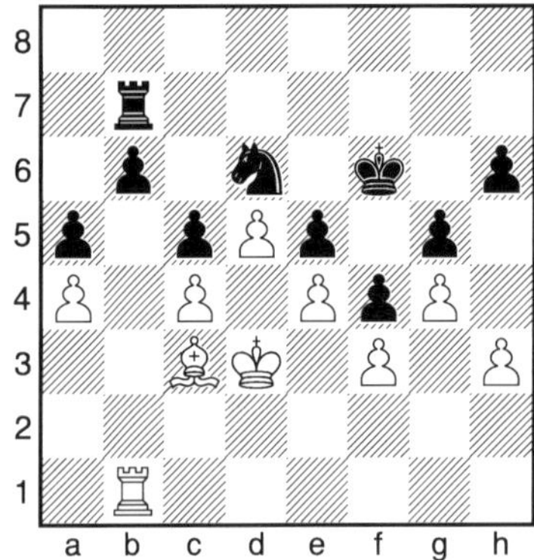

Schwarz ist in tödlichem Zugzwang.

36.fxe4 ♖f7 37.♖xb6 ♖xf2 38.♖xd6 ♖f3+ 39.♔e2 ♖c3 40.♖e6 ♖xc4 41.♖xe5 ♖xa4 42.♖e7+ ♔f6?!

Hier beschleunigt der aktive Zug nur den Untergang.

Allerdings ist Schwarz ohnehin verloren, wie die folgenden Beispielvarianten zeigen: 42...♔f8 43.♖e6 (43.d6? ♖d4 44.e5 a4=) 43...♖b4 44.♔f3 a4 45.♖xg6

– 45...a3 46.♖a6 ♖b3+ 47.♔g4! c4 48.d6 ♖d3 49.♔f5 c3 50.♖xa3 c2 51.♖a8+ ♔f7 52.♖a7+ ♔f8 53.♖c7 ♖xd6 54.♖xc2+−

– 45...c4 46.♔e3 a3 47.♖a6 ♖b3+ 48.♔d4 c3 49.♔d3+−

43.d6 1-0

Aufgaben

(Lösungen ab Seite 32)

Aufgabe 1

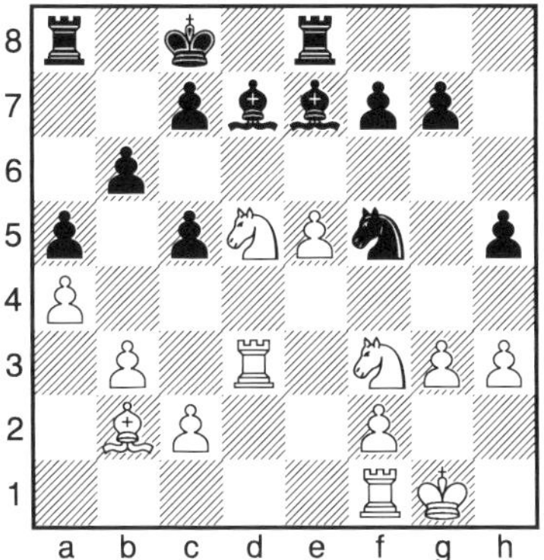

Schwarz am Zug gewinnt

Aufgabe 2

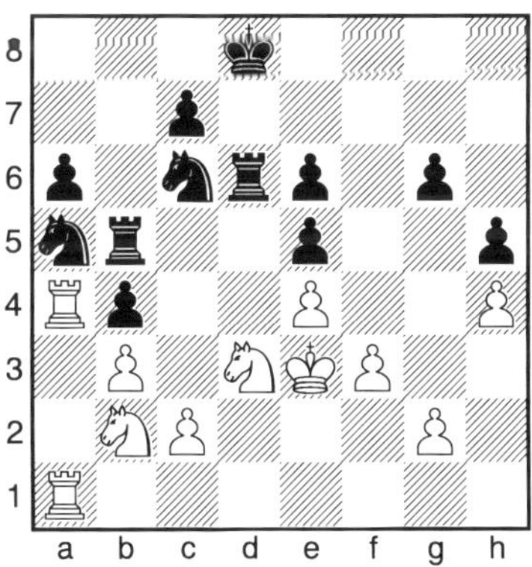

Weiß am Zug gewinnt

Lösungen

Lösung 1

Smeets, Jan (2662)

Carlsen, Magnus (2814)

Wijk aan Zee 2011

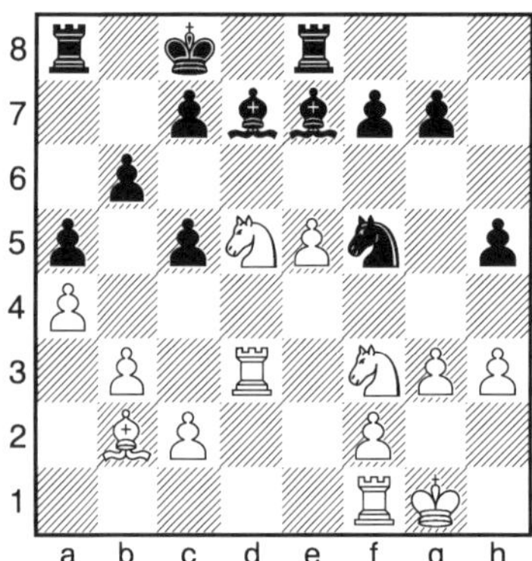

17...c4!

„Wenn ein solcher Zug gegen die 'Berliner Mauer' gespielt wird, dann muss Weiß sofort gewinnen oder er wird schlechter stehen. Sofort gewinnen kann er hier nicht, also..."

(GM Kritz im *ChessBase Magazin* 141)

18.♖c3 ♗c5 19.♔h2?!

19.♖xc4 leistet mehr Widerstand, aber nach 19...♗c6 20.♖d1 ♖d8 21.♖f4 ♘xg3 22.♘e7+ ♗xe7 23.♖xd8+ ♔xd8 24.fxg3 ♔e8 bleibt Schwarz am Drücker.

19...♗c6 20.bxc4 ♗xa4 21.♖a1?! ♗c6 22.♖f1 a4 23.♗a3 ♖a5 24.g4 hxg4 25.hxg4 ♘e7 26.♘b4 ♗b7 27.♔g3 ♘g6 28.♖e1 ♗xf3 29.♖xf3 ♖xe5 30.♖d1 ♖e4 31.♖xf7 ♖xg4+ 32.♔xg4 ♘e5+ 33.♔g3 ♘xf7 0-1

Lösung 2

Carlsen, Magnus (2862)

Aronian,Levon (2813)

Saint Louis 2013

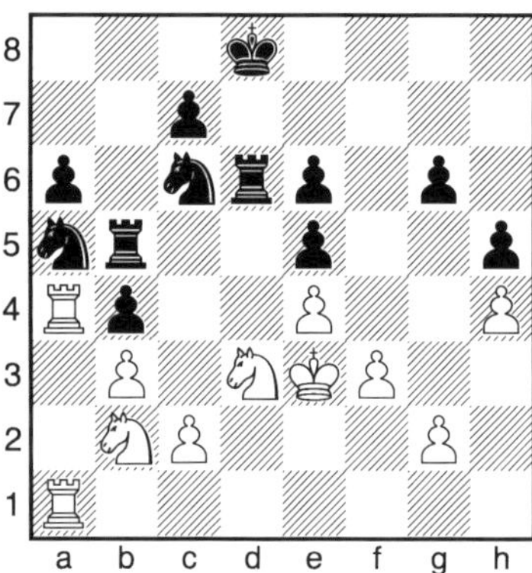

51.♘c4! ♘xc4+ 52.bxc4 ♖b8 53.c5 ♖d7?!

53...♖xd3+ 54.♔xd3 a5 ist zäher, sollte aber nach 55.♔c4 auf lange Sicht ebenfalls verlieren.

54.♖xa6 b3 55.♖xc6 bxc2 56.♘e1 ♔e7 57.♘xc2 ♖b3+ 58.♔e2 ♖b2 59.♖c1 ♖a2 60.♔e3 ♔f7 61.f4 ♔f6 62.fxe5+ ♔xe5 63.♘e1 ♖a3+ 64.♔f2 ♖d2+ 65.♔f1 ♖d7 66.♘f3+ ♔f4 67.♖xe6 g5 68.hxg5 ♔g3 69.♖f6 ♖a2 70.♘e5 1-0

Kapitel II

Die Nutzung offener Linien

Die Türme sind sehr starke Figuren und werden zumeist über offene Linien ins Spiel gebracht. Der gezielte und konsequente Umgang mit einer offenen Linie gehört selbstverständlich zur DNA jedes guten Spielers, weil dies den effektivsten Einsatz der Türme gewährleistet.

Es gelten folgende Faustregeln:

- Eine offene Linie wird zuerst mit einem Turm besetzt.
- Falls möglich, werden die Türme dann in der offenen Linie verdoppelt, was zur Bildung einer sogenannten *Batterie* führt.
- Falls auch die Dame in eine solche Batterie integriert wird, ist es meistens besser, wenn sie nicht an vorderster, sondern an zweiter oder dritter Stelle aufgestellt wird.
- Dann dringt ein Turm auf der 7. Reihe ein und im Idealfall werden die Türme auf dieser verdoppelt.

(Wichtige Anmerkung: In Lehrbüchern werden allgemeine Sachverhalte stets *aus der Perspektive von Weiß* beschrieben, so dass nur von der *7. Reihe* die Rede ist. Es versteht sich jedoch von selbst, dass *aus schwarzer Sicht* auch die *2. Reihe* gemeint sein kann.)

Gelingt diese Kraftumlegung von vertikal auf horizontal, so resultiert dies zumeist in mehr oder weniger beträchtlichem Materialgewinn, schließlich ist die 7. Reihe die Geburtsstätte bzw. der Aufenthaltsort vieler gegnerischer Bauern. Und je nach dem Öffnungsgrad der 7.Reihe kann die Verdopplung auf der 7. Reihe häufig auch zu Königs- oder sogar Mattangriff führen.

1) Beherrschung einer offenen Linie und Eindringen auf der 7. Reihe

Hier zunächst ein Lehrbuchbeispiel zu dem Leitsatz: Die Beherrschung einer offenen Linie ist häufig ein Meilenstein auf dem Weg zum Sieg.

Carlsen, Magnus (2484)

Werle, Jan (2407)

Wijk aan Zee 2004

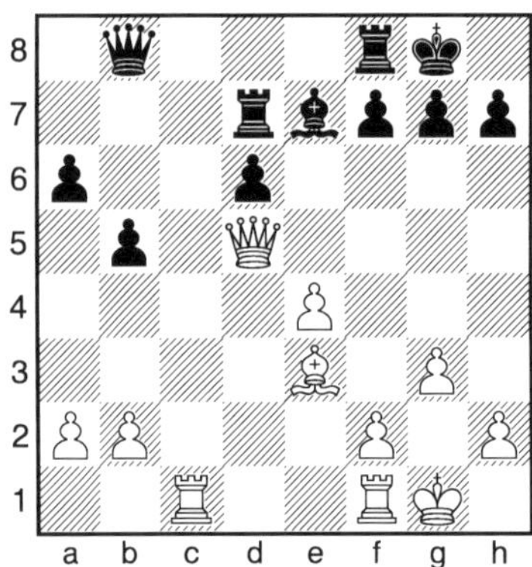

Weiß gewinnt durch die gezielte und konsequente Ausnutzung der c-Linie.

20.♖c6

Die Verdopplung wird vorbereitet.

20...♕a8

20...♖c8 21.♖xa6+-

21.♖fc1 ♖fd8 22.♗b6 ♖e8 23.♕f5 ♖b7 24.♗d4 ♗f8

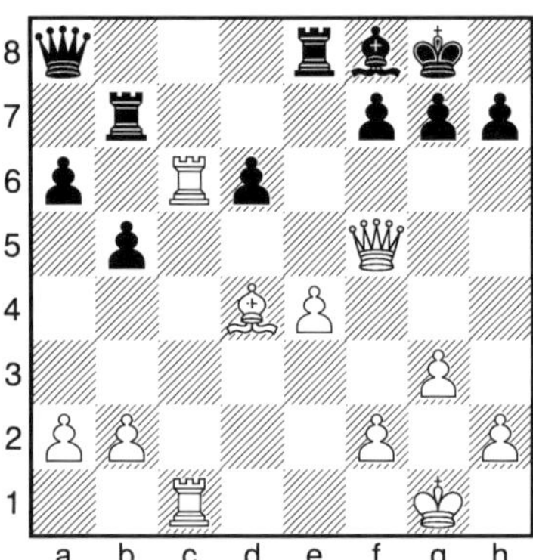

Nun kann Magnus entscheidend ins gegnerische Hinterland eindringen – zuerst auf die 8. und dann auf die 7.Reihe.

25.♖c8 ♖b8 26.♖8c7 ♖e7 27.♖xe7 ♗xe7 28.♖c7

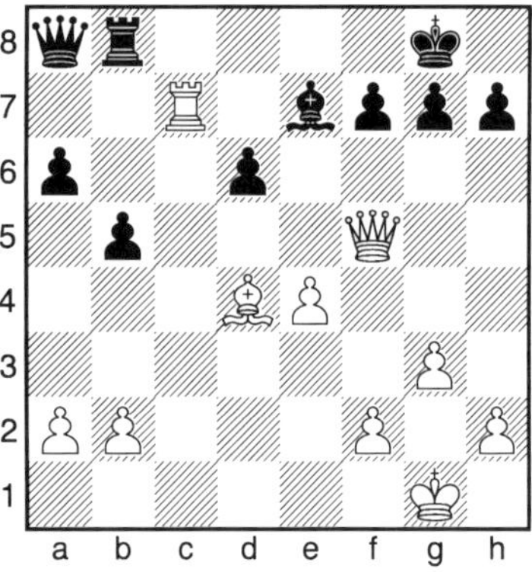

Das erste wichtige Teilziel ist erreicht: Der Turm ist auf der 7. Reihe eingedrungen und kann nicht mehr von dort vertrieben werden.

28...♖e8 29.♕d7 ♕d8 30.♕c6

Magnus betont noch einmal seine entscheidende Dominanz auf der c-Linie.

30...♗f8 31.♖a7 ♕c8 32.♕d5 ♕e6 33.♕xe6 ♖xe6 34.f3 d5 35.♖a8 ♖c6 36.exd5 ♖c7 37.♗c3 1-0

2) Die Nutzung eines Vorpostenfelds auf einer offenen Linie

Dies ist ein sehr wichtiges positionelles Werkzeug, und zwar besonders dann, wenn Turmtausch für den Verteidiger aus triftigen Gründen nicht in Frage kommt.

Carlsen, Magnus (2863)
Anand, Viswanathan (2792)
WM Sotschi 2014

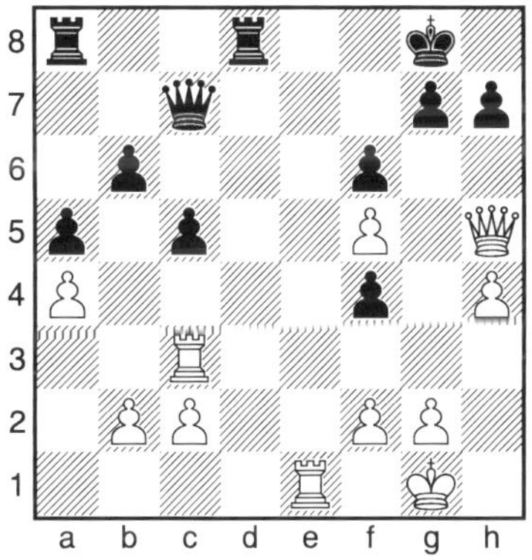

Das Vorpostenfeld e6 verleiht der Beherrschung der e-Linie entscheidende Kraft und der Verteidiger schwebt in großer Gefahr.

24.♖e6 ♖ab8?

24...h6 war zwar besser, aber nach 25.♖a3 ♖d2 26.♖a1 ♕f7 (26...♖xc2? 27.♕d1 ♖xb2 28.♕d5+-) 27.♕f3 ♖ad8 28.♖ae1 bleibt Weiß klar am Drücker.

25.♖c4 ♕d7 26.♔h2 ♖f8

Nach 26...♖e8 (26...♕d1?? 27.♖e8+!+-) 27.♖ce4 ♖xe6 28.fxe6 kommt eine mögliche Konsequenz eines weit vorgelagerten Vorpostenfeldes zur Geltung: Der Turmtausch hat zur Entstehung eines gefährlich weit vorgerückten Freibauern und somit zu einer hoffnungslosen Stellung für Schwarz geführt; z.B. 28...♕e7 29.♕f3 g5 30.♖e1 ♖d8 31.♕c6 ♖d6?! 32.♕xd6 ♕xd6 33.e7+-.

27.♖ce4 ♖b7 28.♕e2

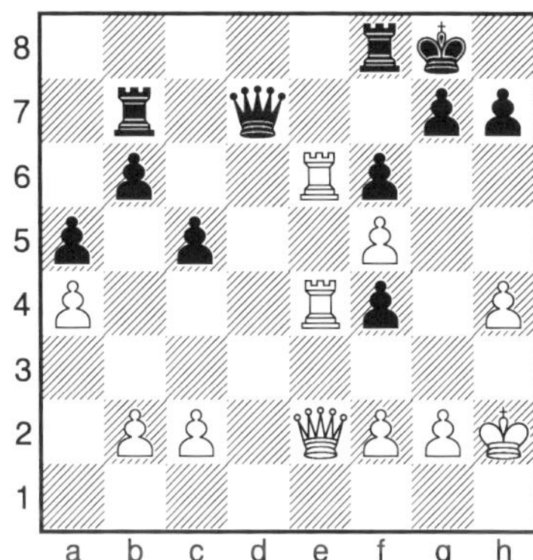

Damit hat Magnus eine sogenannte 'Aljechin-Kanone' in Stellung gebracht, also eine aus drei Schwerfiguren bestehende Batterie mit der Dame an letzter Stelle.

28...b5 29.b3 bxa4 30.bxa4 ♖b4 31.♖e7 ♕d6 32.♕f3?!

⌓32.f3+-

32...♖xe4 33.♕xe4 f3+ 34.g3 h5?

Anand hat die weiße Drohung übersehen.

Dabei hätte er nach 34...♕d2! 35.♕xf3 ♕xc2 36.♔g2 ♔h8 37.♕c6 (Negi im *ChessBase Magazin* 164) noch kämpfen können.

35.♕b7! 1-0

3) Die Nutzung einer offenen Linie im Königsangriff

Obwohl es sich im folgenden Beispiel nur um eine Blitzpartie handelt, weist Magnus die Bedeutung der offenen g-Linie überzeugend nach.

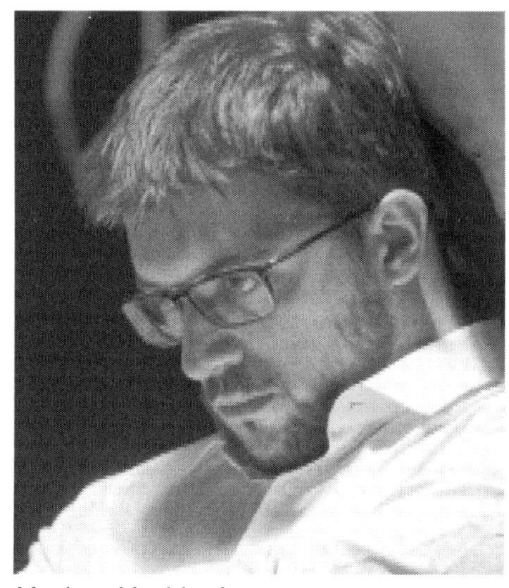

Maxime Vachier-Lagrave

Carlsen, Magnus (2832)
Vachier-Lagrave, Maxime (2796)
Leuven Blitz 2017

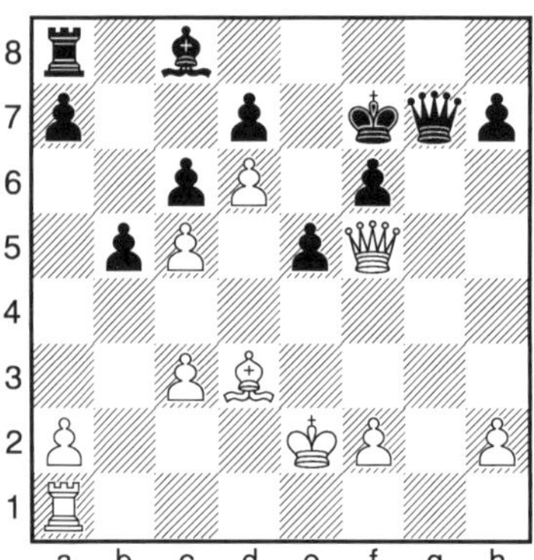

26.♖h1!?

„Weiß kann auf zahlreiche Arten gewinnen, aber der Partiezug ist äußerst ästhetisch, löst er doch auf fast mathematische Weise das Rätsel, wie man so schnell wie möglich einen Turm auf die g-Linie bekommt."

(P.H. Nielsen im *ChessBase Magazin* 180)

26...♖b8 27.♔f1!? ♕g6 28.♕f3 ♕h6 29.♖g1 ♗a6

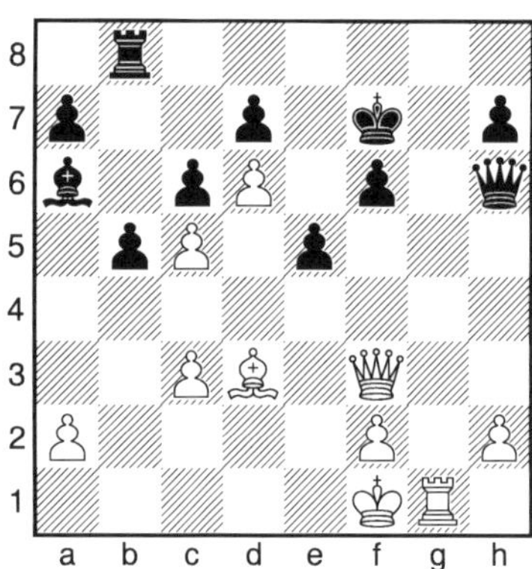

30.♕g4!

Weiß nimmt die g-Linie voll in Besitz und bindet Schwarz an die Verteidigung des Bauern d7.

30...♖d8 31.♖g3 e4 32.♕xe4 ♖e8 33.♕g4 ♗c8 34.♔g2

Noch stärker war 34.♗c2 ♕c1+ 35.♗d1+−.

34...♕g5 35.♕f3 ♕d5 36.♕xd5+ cxd5 37.♗xh7 ♖e5 38.f4 ♖e2+ 39.♔f1 ♖xh2 40.♗g8+ ♔f8 41.♗xd5 ♖h8 42.♔f2 ♗a6 43.♔e3 ♔e8 44.♔d4 ♔d8 45.♖g7 ♗c8 46.c6 dxc6 47.♗xc6 a5 48.♔c5 1-0

4) Angriff auf der 7. Reihe

Das Eindringen auf der 7. Reihe ist das erste wichtige Teilziel bei der Ausnutzung einer offenen Linie.

Carlsen, Magnus (2450)

Diamant, André (2149)

(WM U14) Chalkidiki 2003

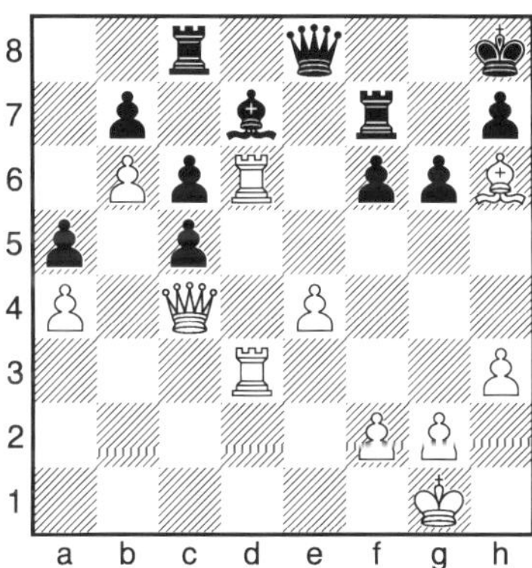

Hier steht Weiß derart übermächtig, dass er sogar die Dame opfern kann, um anschließend die Türme auf der 7. Reihe in Szene zu setzen.

27.♕xf7!? ♕xf7 28.♖xd7 ♕g8 29.♖xb7 g5

29...c4 30.♖dd7 c3 31.♖bc7 ♖b8 32.b7 c2 33.♖xc6+−

30.♖c7 ♕e6 31.♖dd7 ♖xc7 32.♖d8+ 1-0

Das folgende Beispiel ist komplizierter.

Carlsen, Magnus (2776)

Dominguez Perez, Leinier (2717)

Wijk aan Zee 2009

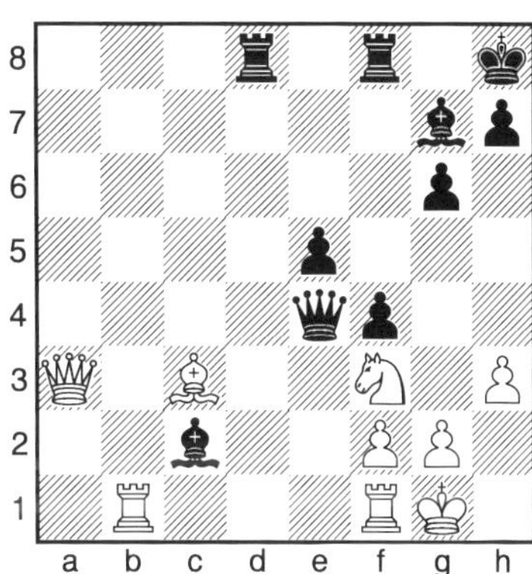

31.♖b5 ♕a4?!

− Ebenfalls schlecht wäre 31...♕c6?! 32.♖a5 ♖d3 33.♖c5 ♕a4 34.♕b2 ♕b3 35.♘xe5 ♕xb2 36.♗xb2 ♖d2 37.♘f3 ♗xb2 38.♘xd2+−.

− Hingegen hätte 31...♕c4!? den Schaden in Grenzen gehalten; z.B. 32.♖b7 ♖f7 33.♖xf7 ♕xf7 34.♘xe5 ♕c7 35.♖e1 h5 36.♘c6 ♖d1 37.♖xd1 ♗xd1 38.♕f8+ ♔h7 39.♗xg7 ♕xg7 40.♕xf4.

32.♕b2 ♗d3?!

32...♗e4 33.♗xe5 ♕a7 34.♖a1 ♕e7 35.♗xg7+ ♕xg7 36.♘e5 ♔g8 37.♕b3+ ♔h8 38.♕c3 ♖a8 39.♖e1 ♖ac8 40.♘f7+ ♔g8 41.♕xg7+ ♔xg7 42.♘d6+−

33.♖b7!

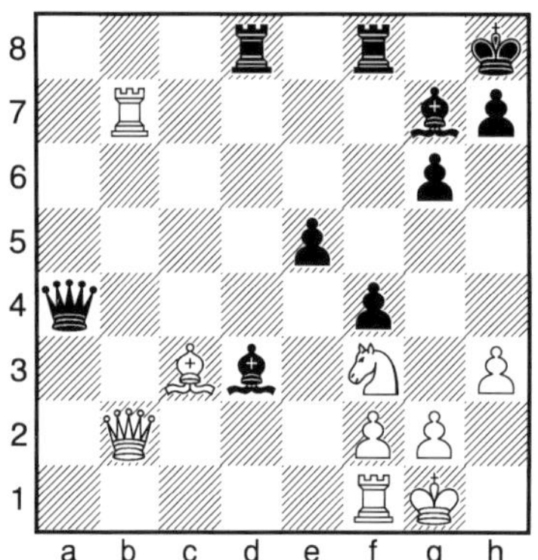

Der von dem eingedrungenen Turm auf b7 ausgehende Druck macht den Angriff unparierbar.

33...♕c2

1) 33...♗xf1 34.♗xe5 ♖d7 35.♗xg7+ ♔g8 36.♗xf8 ♖xb7 37.♕xb7 ♔xf8 38.♔xf1 ♕d1+ 39.♘e1+−

2) 33...♖d7 34.♘xe5

a) Nach 34...♗xe5 35.♗xe5+ ♔g8 36.♖xd7 ♕xd7 37.♖c1+− entscheidet das Eingreifen des zweiten Turmes auf der offenen c–Linie den Tag.

b) 34...♖xb7 35.♕xb7 ♕a6 36.♕e7 ♔g8 37.♘d7 ♖f7 38.♕d8+ ♗f8 39.♘xf8 ♖xf8 40.♕d5+ ♖f7 41.♖a1+−

(Krasenkow im *ChessBase Magazin* 129)

34.♕b4 ♖fe8 35.♖e1

35.♗xe5+− hätte direkt gewonnen.

35...♗e2 36.♘xe5 ♗xe5 37.♗xe5+ ♖xe5 38.♕xf4 ♕f5 39.♕h6 1-0

5) Die freiwillige Räumung einer offenen Linie

Unter gewissen Umständen kann es auch angebracht sein, eine offene Linie zu verlassen, um gegnerischen Entlastungstausch zu vermeiden.

Carlsen, Magnus (2832)
Kramnik, Vladimir (2808)
Rapid Leuven 2017

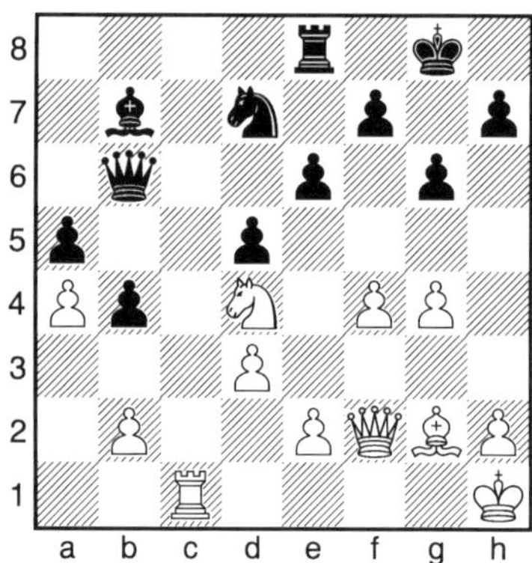

23.♖f1!?

„Durch Räumung der offenen Linie, die ohnehin nur zum Abtausch geeignet war, deutet Weiß die Möglichkeit an, als nächstes f5 zu spielen."

(P.H. Nielsen im *ChessBase Magazin* 180)

23...f6?!

23...♖c8 24.f5 gxf5 25.♗h3 ♔h8= war laut Computer genauer.

24.h4!? ♖f8 25.♔g1!

„Mein Lieblingszug in dieser Partie ... Die vorherigen weißen Züge deuteten sehr stark auf eine Aktion am Königsflügel hin, aber jetzt, da sich die Partie weiter entfaltet, hat man den Eindruck, der schwarze Damenflügel sei von vornherein kritisch schwach gewesen."

(P.H. Nielsen)

25...e5

Erneut bringt die Besetzung der offenen Linie mit 25...♖c8? kein Glück, denn nach 26.g5 f5 27.♖a1 hat Weiß eine strategische Initiative auf den schwarzen Feldern.

26.♘b3 ♕xf2+?

Nach dem Damentausch ist der Damenflügel nicht zu halten.

26...♗a8! war vonnöten; z.B. 27.♖c1 e4 28.♖c2 mit nur geringem Vorteil.

27.♔xf2 exf4 28.♘xa5 ♗a8 29.♖c1

Nun ist der Turm auf die offene Linie zurückgekehrt.

29...♘e5 30.♗f3

Nach Stabilisierung des Königsflügels wird Weiß am Damenflügel gewinnen.

30...d4 31.♘c4

31.♘c6!?+-

31...♗xf3

31...♘xf3 32.exf3 ♖c8 33.a5 ♖c7 34.a6 ♗d5 35.♖a1 ♖a7 36.g5+-

32.♘xe5 ♗xe2 33.♘d7 ♖f7 34.♘xf6+ ♖xf6 35.♔xe2 ♖e6+ 36.♔f2 ♔f7 37.a5 g5 38.hxg5 ♔g6 39.♖c5 f3 40.♔xf3 ♖e3+ 41.♔f4 ♖xd3 42.a6 ♖d1 43.♖a5 d3 44.♔e3 1-0

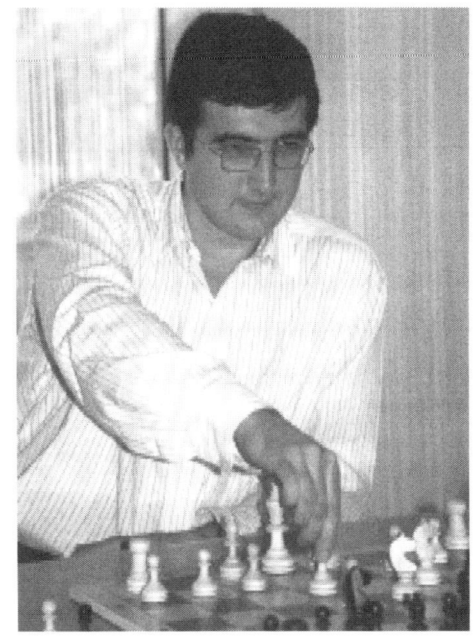

Vladimir Kramnik

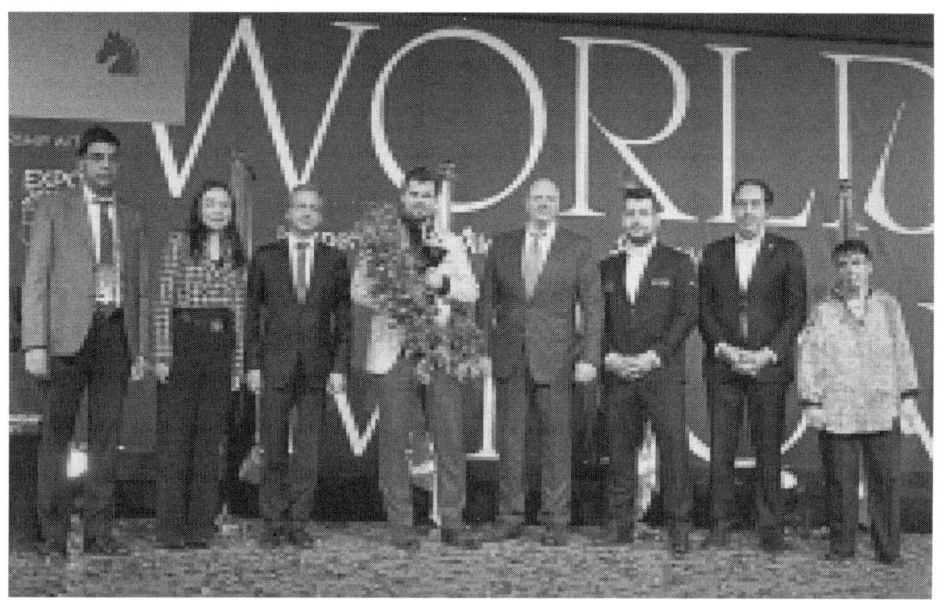

Siegerehrung Schach-Weltmeisterschaft 2021

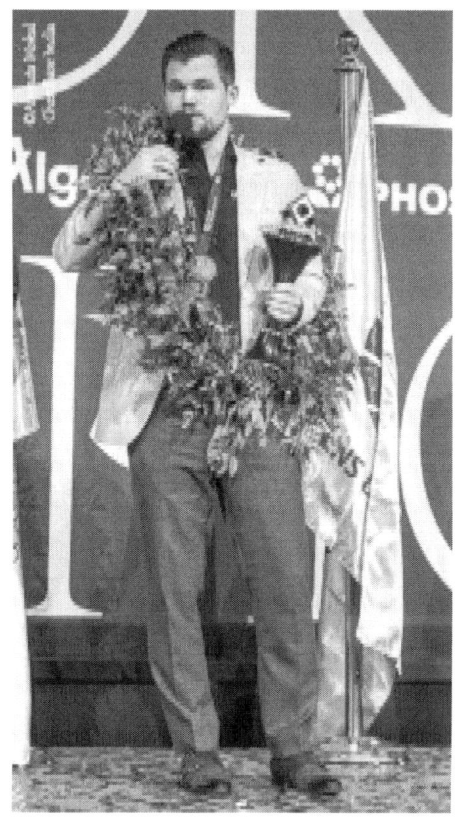

Der "alte" und "neue" Weltmeister
Magnus Carlsen

Aufgaben

(Lösungen ab Seite 42)

Aufgabe 1

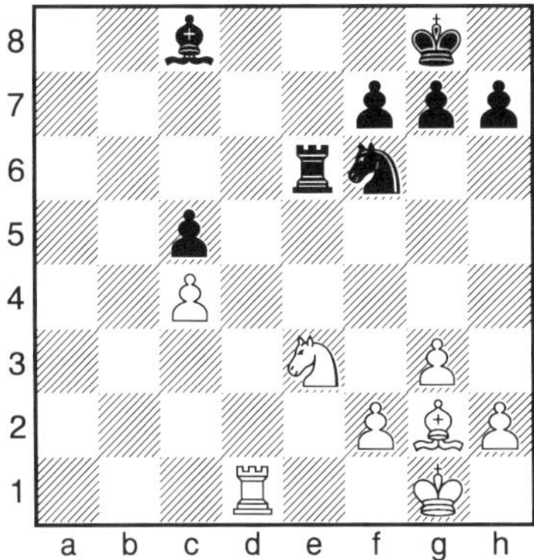

Weiß zieht und gewinnt

Aufgabe 2

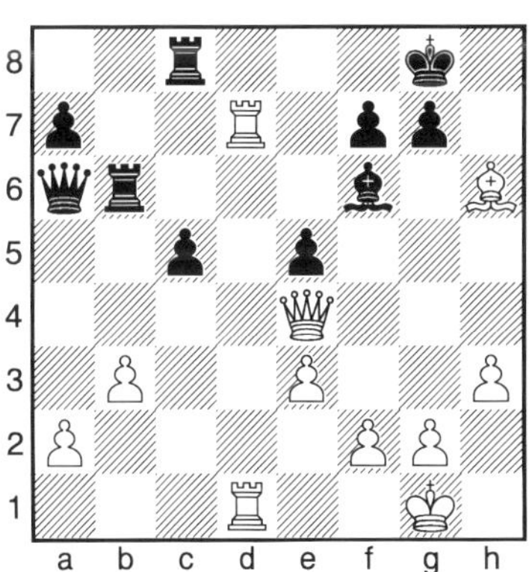

Warum verliert 25...gxh6?
Was sollte Schwarz spielen?

Aufgabe 3

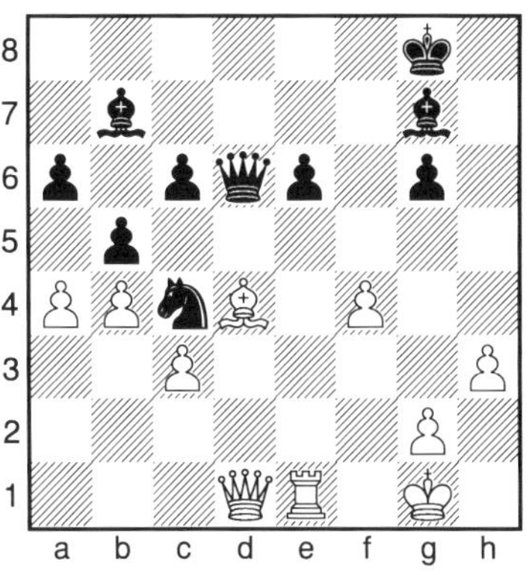

Weiß zieht und gewinnt

Lösungen

Lösung 1

Graf, Alexander (2646)
Carlsen, Magnus (2581)
Spanien 2004

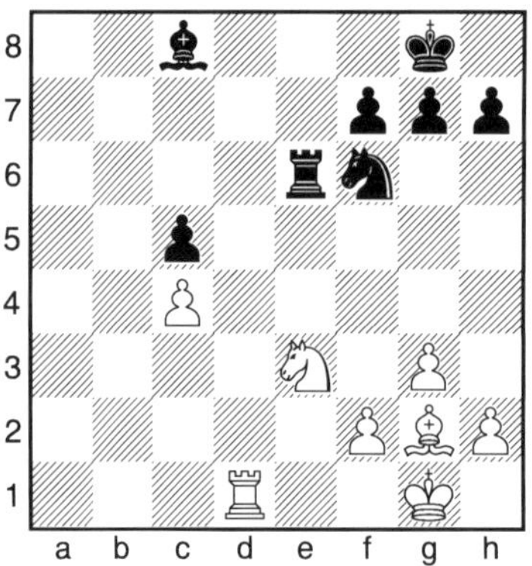

Mit **29.♗c6!** machte Weiß kurzen Prozess und es hieß sofort **1-0**, denn der Turm wird entscheidend auf der gegnerischen Grundreihe eindringen. Wie bereits weiter oben hervorgehoben wurde: Die Beherrschung einer offenen Linie ist häufig ein Meilenstein auf dem Weg zum Sieg.

Lösung 2

Carlsen, Magnus (2842)
Nakamura, Hikaru (2777)
Saint Louis 2018

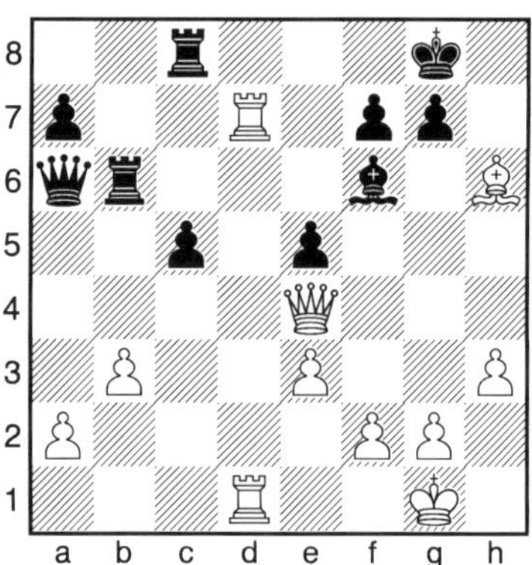

25...♖e8!?

– 25...gxh6? scheitert an 26.♖xf7 ♔xf7 27.♕h7+ ♔f8 28.♖d7+–.

– Hingegen wäre 25...♕xa2= ebenfalls spielbar.

26.♕g4 ♕xa2 27.e4 ♕xb3 28.♗e3 ♖b7

Die Stellung ist nun mehr oder weniger ausgeglichen, aber Magnus gewann später dennoch.

Lösung 3

Carlsen, Magnus (2714)

Pruijssers, Roeland (2408)

Kemer 2007

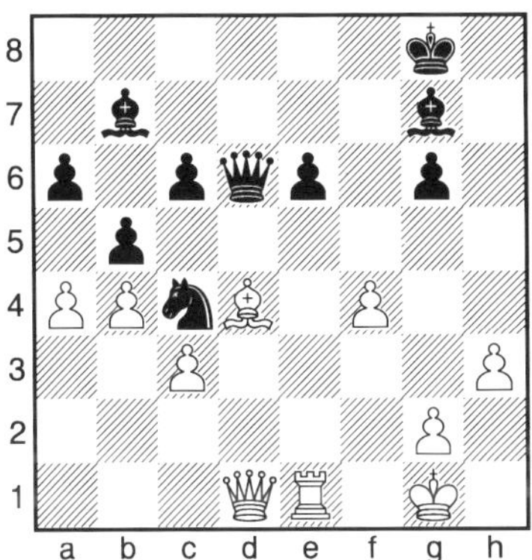

Alexander Graf

33.♗xg7

33.axb5? ♗xd4+ 34.♕xd4 ♕xd4+ 35.cxd4 cxb5 36.♖xe6 ♔f7=

33...♔xg7 34.♕xd6 ♘xd6 35.♖d1!

Man kann es gar nicht oft genug wiederholen: Die Beherrschung einer offenen Linie ist häufig ein Meilenstein auf dem Weg zum Sieg.

35...♘c4

35...♘f7 36.♖d7 ♗c8 37.♖c7 bxa4 38.♖xc8 a3 39.♖xc6 a5 40.♖a6+−

36.♖d7+ ♔f6 37.axb5 ♗c8 38.♖c7 ♘d6 39.bxa6 ♗xa6 40.♖xc6 1-0

Kapitel III

Raumvorteil

Zu diesem Thema zunächst eine wichtige Vorbemerkung: Über mehr Raum zu verfügen ist kein Vorteil an sich! – Ganz im Gegenteil kann üppige Raumnahme sich sogar als nachteilig herausstellen, weil weit vorgedrungene Bauern stets mit Schwächen im eigenen Hinterland einhergehen.

Die Erlangung von Raumvorteil ist oft ein wichtiges Ziel von Magnus Carlsens positionellem Druckspiel. Der angemessene und effektive Einsatz seiner Bauern zu diesem Zweck ist ein weiteres Markenzeichen seiner Schach-DNA.

Dabei hängt alles vom Leistungsvermögen einer gegebenen Stellung bezüglich gewisser Kernfragen ab. Haben die eigenen Figuren genügend Felder und können sie die eventuellen Einbruchsrouten gegnerischer Figuren ausreichend unter Kontrolle halten?

In der Schachliteratur hat sich die Bewertung des Faktors *Raum* im Laufe der Zeit mehrfach geändert. Anfangs schien man es fast als Regel anzusehen, dass der Mehrbesitz von Raum einen Vorteil an sich darstellt, woher übrigens auch die Bezeichnung Raum*vorteil* stammt.

Aber mit dem Aufkommen verschiedenster 'indischer' Spielweisen und spätestens seit der Popularisierung der Igel-Strukturen wurde diese Sichtweise von Grund auf neu überdacht. Und doch zeigen beispielsweise heutige Partien des Computerprogramms *Alpha Zero*, dass gekonnt herbeigeführter und konsequent verwerteter Raumvorteil eine echte Trumpfkarte sein kann. Und in den Händen von Magnus Carlsen ist er das auch zweifellos.

Es gelten folgende Faustregeln:

- Der Mehrbesitz von Raum wird nur dann als Raum*vorteil* bezeichnet, wenn er sich positiv auswirkt. Sei es, dass die Figuren in der gegnerischen Stellung unter Raum*mangel* leiden oder dass eigene Freibauern sich im Endspiel bereits näher am Verwandlungsfeld befinden.
- Die Seite mit Raumvorteil ist bestrebt, Figurentausch möglichst zu vermeiden.
- Von großer Bedeutung ist die Frage, ob die Figuren der Seite mit Raumvorteil genug Felder zur Verfügung haben, um im eigenen Lager alles unter Kontrolle zu halten. Andernfalls kann es sich nämlich auch unversehens als Nachteil herausstellen, dass die Bauern zu weit vorgeprescht sind.

1) Die Seite mit Raumvorteil ist bestrebt, Abtausch möglichst zu vermeiden.

Um speziell diese Faustregel geht es im folgenden Beispiel.

Carlsen, Magnus (2801)

Kramnik,Vladimir (2772)

London 2009

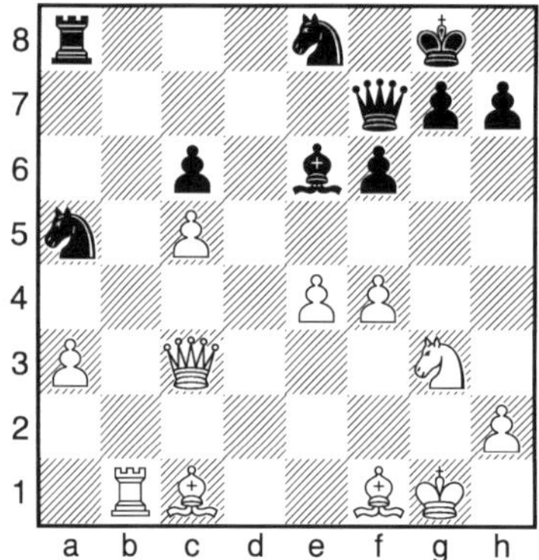

Da noch kein schwarzer Bauer die 6. Reihe überschritten hat, verfügt Weiß über deutlich mehr Raum. Offenbar zählen zu den Leidtragenden vorneweg die schwarzen Springer.

37.♖b4!

Damit verhindert Magnus jegliches Abtauschbestreben, welches der Gegner unter Nutzung des Feldes c4 im Sinn hatte. Beispielsweise stünde Weiß auch nach 37.f5?! ♗c4 38.♖b4 ♗xf1 39.♘xf1 ♘b7 klar besser, aber Schwarz hätte seine Stellung doch einigermaßen entlastet.

37...♕d7 38.f5

Typischerweise werden Bauern dazu eingesetzt, um speziell den gegnerischen Leichtfiguren immer mehr Felder zu nehmen.

38...♗f7 39.♗f4 ♕d1 40.♔f2 ♘b3 41.♗e2 ♕b1 42.♗c4

Eine Ausnahme von der Regel:

Der Angreifer darf Figurentausch nicht nur zulassen, sondern sollte diesen sogar anstreben, wenn er zum sofortigen Gewinn führt!

42...♖xa3 43.♘e2 und **1-0**, weil die schwarze Stellung vollkommen lahmgelegt ist. Es könnte noch folgen 43...♔f8 44.♗xf7 ♔xf7 45.♕c4+ ♔f8 46.♖b7 usw.

2) Bauernsturm

Ein solider Raumvorteil im Zentrum kann oft als Basis für einen Bauernsturm an einem der Flügel genutzt werden.

Carlsen, Magnus (2857)

Hossain, Enamul (2431)

Olympiade Baku 2016

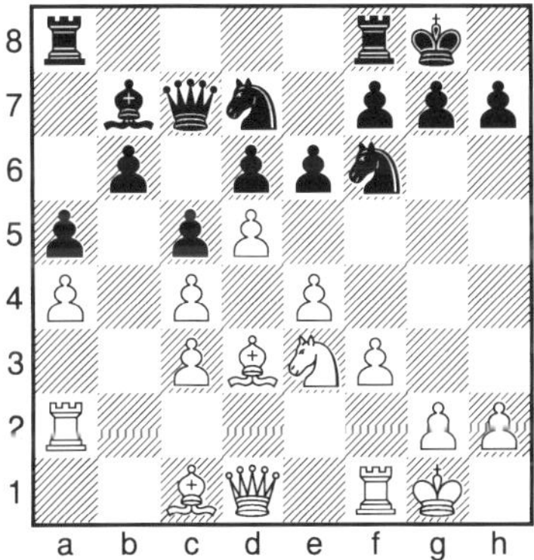

Weiß kann gefahrlos am Königsflügel losstürmen.

17.f4 exd5 18.exd5 ♖fe8 19.g4

Da die Lage im Zentrum nach wie vor stabil ist, droht dem weißen König keinerlei Gefahr, was man von seinem schwarzen Kollegen nicht behaupten kann.

19...♘f8 20.g5 ♘6d7

20...♘e4 21.♕c2 ♕e7 22.♘f5+–

21.h4 ♖ad8 22.h5 ♗c8 23.♘g4 ♖e7 24.♖g2

Magnus lädt in aller Ruhe sämtliche Figuren zum Angriff ein.

24...♔h8 25.♕f3 ♖de8 26.♕g3 ♖d8 27.♗d2 ♖de8 28.f5 ♘e5 29.♘xe5 ♖xe5 30.♗f4 ♘d7

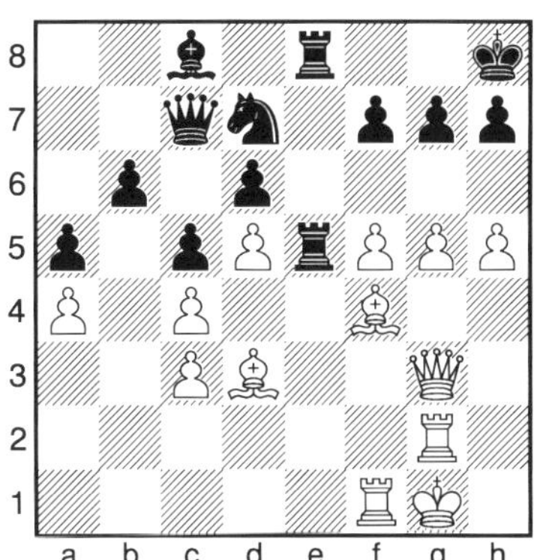

Das besänftigende Qualitätsopfer auf e5 kann einfach abgelehnt werden, weil der Angriff sowieso durchschlägt. Aufgrund des eklatanten Raummangels kann kein Verteidiger dem schwarzen König wirkungsvoll zur Hilfe eilen.

31.f6 g6 32.hxg6 fxg6 33.♗xg6 und **1-0** angesichts der möglichen Mattfolge 33...hxg6 34.♕h4+ ♔g8 35.♖h2 ♘f8 36.♕h8+ ♔f7 37.♕g7#.

Auch im Endspiel kann es von Vorteil sein, wenn die Bauern bereits weit vorgerückt sind.

Carlsen, Magnus (2625)

Vescovi, Giovanni (2633)

Wijk aan Zee 2006

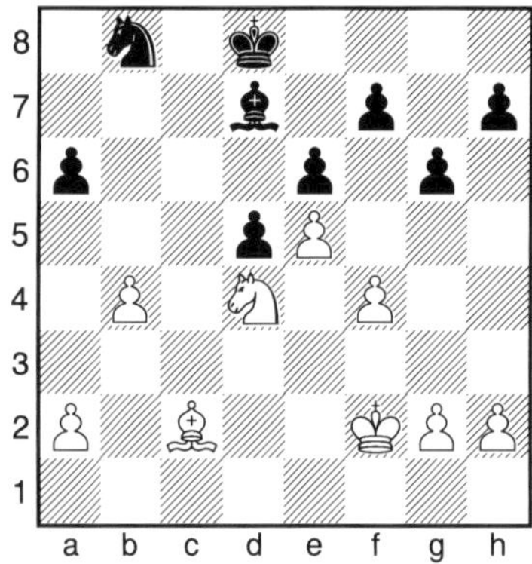

30.g4 h6

Auch das Spiel auf Entlastungstausch mit 30...♘c6 bringt keine Rettung, wie Magnus Carlsen (in *New in Chess* 2/2006) überzeugend nachwies: 31.♘xc6+ ♗xc6 32.♔e3 ♔c7 33.♔d4 ♔b6 34.a4

1) 34...♗d7 35.a5+ ♔b5 36.♔c3 ♗c8 37.♔b3 ♔c6 38.♗d3+–

2) 34...a5 35.b5 ♗d7

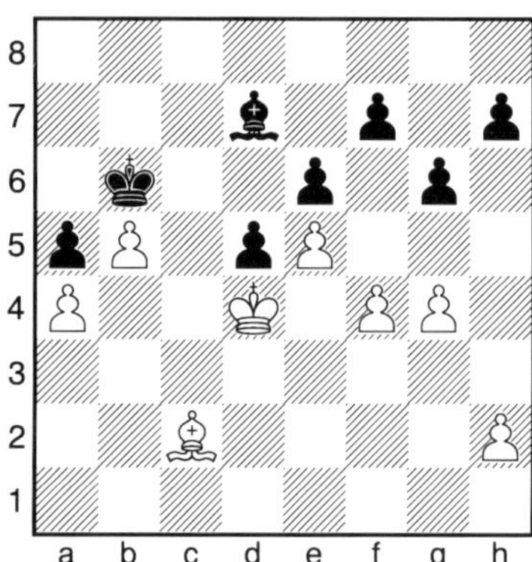

Als nächstes marschiert der h–Bauer voran, um den Raumvorteil weiter auszubauen, und danach *muss* es einfach einen entscheidenden Durchbruch geben; z.B. 36.h4 ♗c8 37.h5 ♗d7 38.h6 ♗e8 39.f5+–.

31.♔e3 ♔c7 32.a4 ♔b6

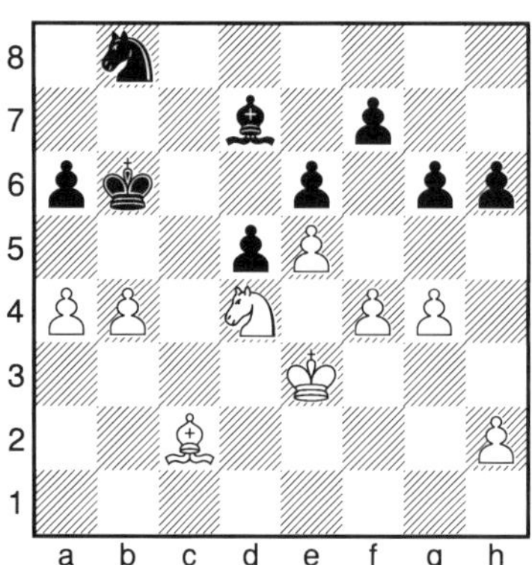

33.a5+!

Magnus baut seinen Raumvorteil weiter aus und legt die Schwäche a6 weißfeldrig fest.

33...♔b7 34.♗d3 ♗a4 35.♗e2 ♘d7 36.h4 ♘b8?!

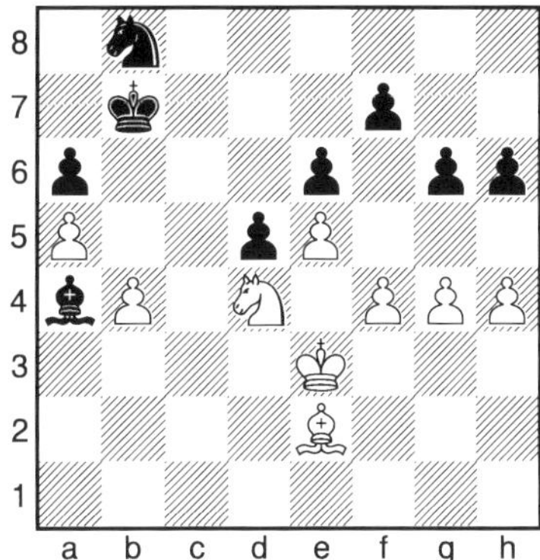

Nun entscheidet die Stellungsöffnung mittels eines für die Verwertung von Raumvorteil typischen Bauernvorstoßes.

37.f5! gxf5

37...♗d7 38.fxg6 fxg6 39.g5 hxg5 40.hxg5 ♘c6 41.♘xc6 ♗xc6 42.♗d3 ♗e8 43.♔d4 (Magnus Carlsen) 43...♔a7 44.♔c5 ♔b7 45.♔d6 d4 46.♔xe6 ♗b5 47.♗xg6+−

38.gxf5 ♗d7 39.♗h5 1-0

Wenn noch Türme auf dem Brett sind, geht es speziell um die stellungsgemäße Öffnung von Linien und den adäquaten Einsatz der Türme.

Carlsen, Magnus (2827)

Balogun, Oluwafemi (2255)

FIDE World Cup, Tiflis 2017

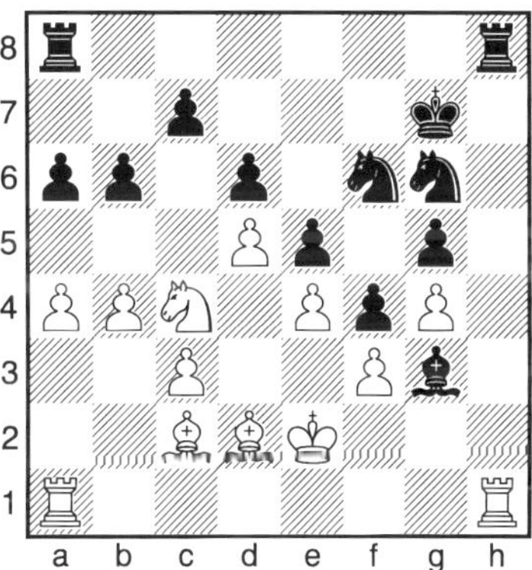

Dem weißen Raumvorteil am Damenflügel steht der schwarze am Königsflügel gegenüber. Objektiv hält sich das die Waage, aber Schwarz muss sehr genau spielen.

31.a5! b5?

Nach 31...bxa5!! 32.♘xa5 ♖h4! hätte Schwarz genug Gegenspiel; z.B. 33.c4 ♖ah8 34.♖xh4 ♘xh4 35.♖g1 (35.c5? ♘xf3! 36.♔xf3 ♖h2 37.♖f1 ♖xd2−+) 35...♘xf3 36.♔xf3 ♖h2 37.♖g2 ♖h3 38.♖g1 ♖h2 39.♖g2=.

(Sagar Shah im *ChessBase Magazin* 181)

32.♘a3 ♘e7 33.c4 c6?!

Diese Stellungsöffnung um jeden Preis ist zu radikal, aber Weiß bleibt auch nach der zurückhaltenden Alternative 33...bxc4 34.♘xc4 ♖h4 35.♗d3 am Drücker.

34.dxc6 ♘xc6

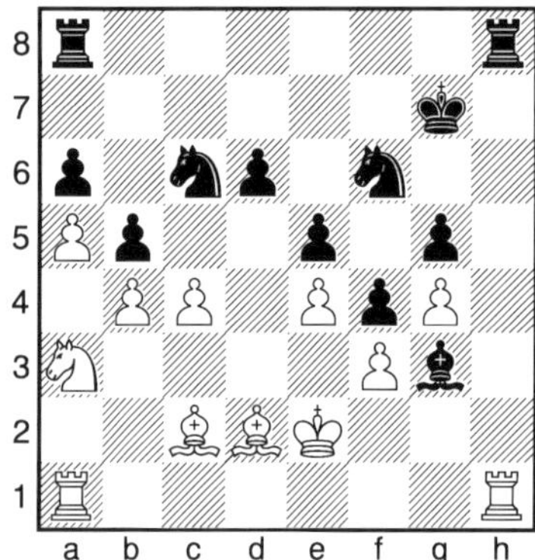

35.♗c3!

Typische Prophylaxe à la Magnus Carlsen zur Verhinderung des Störzuges ♘d4+.

35...♖xh1 36.♖xh1 bxc4 37.♘xc4 ♖b8 38.♘xd6 ♔g6

38...♘xb4 39.♘f5+ ♔f7 40.♗b3+ +–

39.♘f5 1-0

3) Raumvorteil als Kompensation für einen Bauern

Material ist eben nur *ein* Faktor der Stellungsbewertung, ein weiterer ist Aktivität. Und diesbezüglich hat Magnus Carlsen ein sehr feines Gespür für die schlummernden Potenziale der eigenen und der gegnerischen Figuren.

Carlsen, Magnus (2772)
Leko, Peter (2762)
Nanjing 2009 (C45)

1.e4 e5 2.♘f3 ♘c6 3.d4 exd4 4.♘xd4 ♗c5 5.♗e3 ♕f6 6.c3 ♘ge7 7.♗c4 ♘e5 8.♗e2 ♕g6 9.0-0 d6 10.f4

Dieses vermutlich überscharfe Herangehen ist entsprechend selten anzutreffen, funktioniert aber hier als Überraschungswaffe sehr gut.

10...♕xe4 11.♗f2 ♗xd4 12.cxd4 ♘5g6 13.g3

„Dieser Zug wurde 2001 in Monaco von Morosewitsch gegen Kramnik in die Praxis eingeführt."

(Magnus Carlsen im *ChessBase Magazin* 133)

Mit dem althergebrachten 13.♘c3 ♕xf4 14.♘b5 0-0 ist nicht viel aus der Stellung herauszuholen.

13...0-0?!

„Zu dieser Ungenauigkeit erklärte Leko später, er habe bereits eine Menge Zeit in der Eröffnung verbraucht und deshalb schnell diesen Reflexzug gemacht, ohne sich darüber bewusst zu sein, dass er deswegen in einer schwierigen Stellung landen würde.“ (Magnus Carlsen)

13...♗h3 14.♗f3 ♕f5 15.♖e1 d5 16.♕b3 „... ist die kritische Fortsetzung. Möglich ist nun sowohl 16...0-0 17.♘c3 ♗g4 18.♗xd5 mit Remis in Nakamura – Grishuk, gespielt kurz darauf beim Europa-Cup in Ohrid, als auch der anspruchsvollere Ansatz 16...0-0-0!?.“ (Magnus Carlsen)

14.♘c3 ♕f5 15.d5

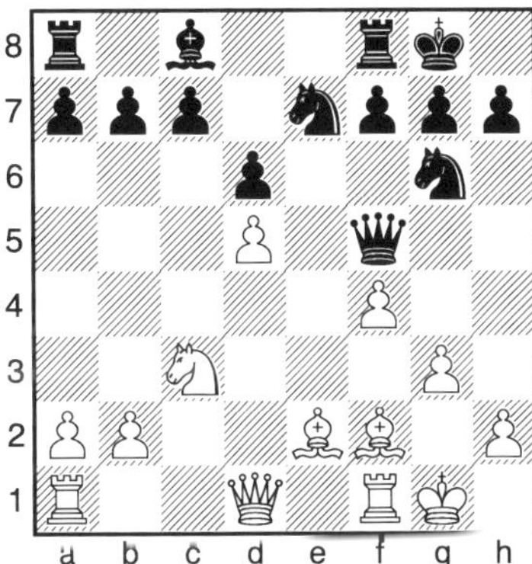

„Diese Stellung hatte ich angestrebt. Zwar habe ich keinen echten Vorteil, aber ich denke, dass die Stellung wesentlich einfacher mit Weiß zu spielen ist, da er über sehr viel Raum verfügt, während Schwarz beengt steht und es ihm entsprechend schwer fällt, seine Figuren ins Spiel zu bringen.“ (Magnus Carlsen)

15...a6 16.♖e1 ♔h8

Das wirkt gekünstelt, aber guter Rat ist ohnehin teuer, weil der weiße Raumvorteil die schwarze Stellung deutlich spürbar einengt. Am Königsflügel gibt es einfach zu wenige Felder für die Dame und drei Leichtfiguren. Allerdings haben besonders die Springer am meisten unter dem Raummangel zu leiden.

17.♖c1 ♗d7 18.♗f3 ♖ac8 19.♕b3 b5 20.♘e2 ♕h3 21.♘d4 ♗g4?!

„... 21...♘g8! wäre besser gewesen, wie Leko nach der Partie hervorhob. Schwarz will ♘f6 spielen, ohne sich wegen ♖c6 Sorgen machen zu müssen, was im späteren Partieverlauf sehr stark war.“

(Magnus Carlsen)

22.♗g2 ♕h5

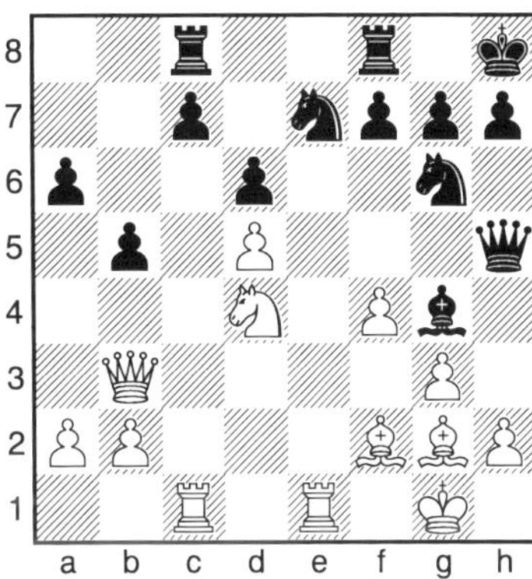

23.h4!?

„Nach diesem Schlüsselzug wirken alle schwarzen Figuren am Königsflügel ziemlich dümmlich, während die schwarzen Damenflügelbauern reif zur Ernte sind.“ (Magnus Carlsen)

23...♘g8?

Das öffnet dem weißen Turm eine direkte Einbruchsroute.

23...h6 wäre zäher gewesen.

24.♖c6! ♘f6 25.♖xa6

Nun fallen die schwarzen Bauern einer nach dem anderen.

25...♗d7 26.♘xb5 ♖b8 27.a4 ♘g4 28.♗f3 ♕h6

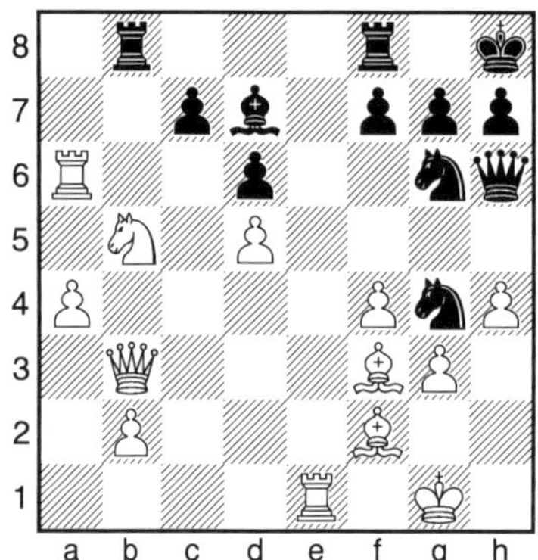

29.♕c4!

Diese starke Prophylaxemaßnahme ist typisch für Magnus Carlsens Spiel.

„Etwa an dieser Stelle investierte ich einige Zeit für die Suche nach einer Methode, das Gegenspiel soweit wie möglich einzuschränken."

(Magnus Carlsen)

Nach einem Fehler wie 29.♔g2?? würden sich die Nachteile der Bauernexpansion am Königsflügel zeigen: 29...♘xh4+ 30.gxh4 ♘xf2 31.♔xf2 ♕xh4+ –+.

29...♘xh4

29...♘xf2 scheitert laut Magnus an 30.♔xf2 ♘xh4 31.♖h1!+–.

30.♗xg4 ♗xg4 31.gxh4 ♗f3 32.f5 ♕h5 33.♕f4 ♗xd5 34.♘xc7 ♗b7 35.♖b6 f6 36.♗d4 ♕f7 37.♘e6 ♖g8 38.♔f2 ♖bc8 39.♗c3 ♗d5 40.a5 ♖c4 41.♘d4 ♗a8 42.♕xd6 ♕h5 43.♕f4 ♖cc8 44.♖be6 1-0

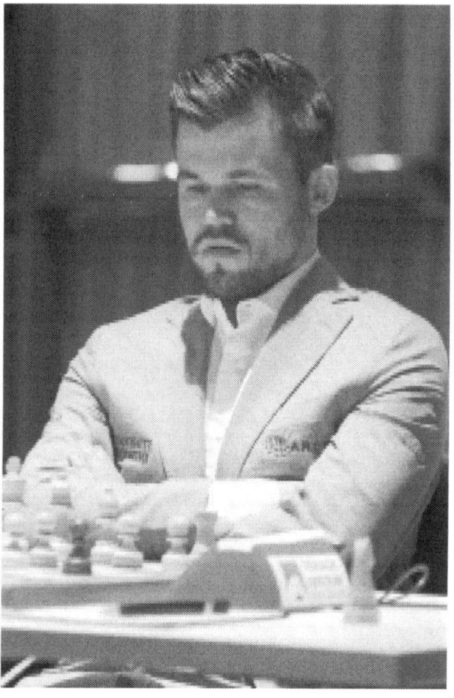

Magnus Carlsen

Aufgaben

(Lösungen ab Seite 54)

Aufgabe 1

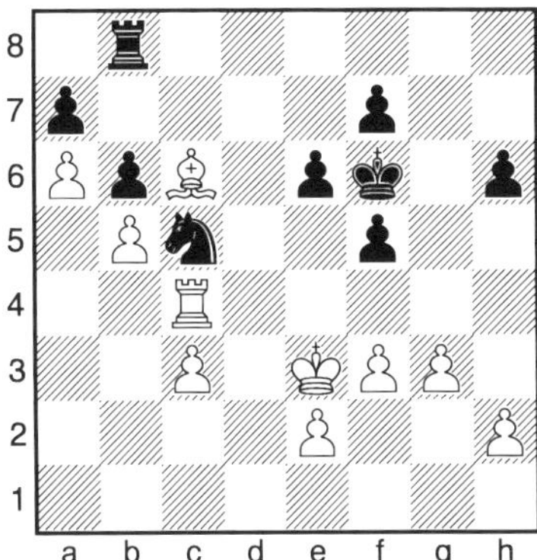

Wie kann Weiß direkt gewinnen?

Aufgabe 2

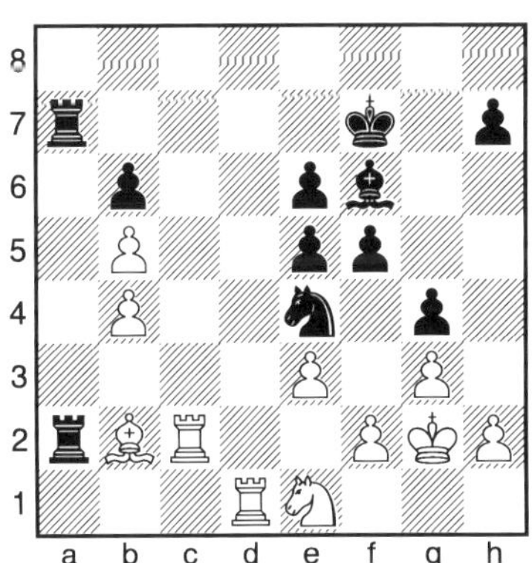

Wie kann Schwarz den Druck steigern?

Aufgabe 3

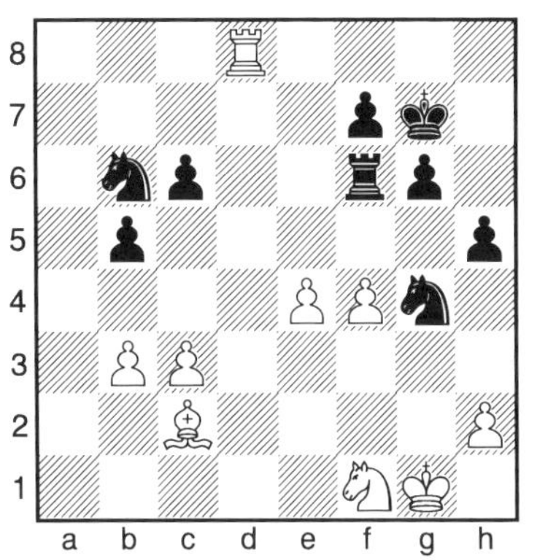

Wie kann Weiß seinen Raumvorteil in einen Angriff ummünzen?

Lösungen

Lösung 1

Carlsen, Magnus (2765)

Anton Guijarro, David (1988)

Madrid (Simultan) 2008

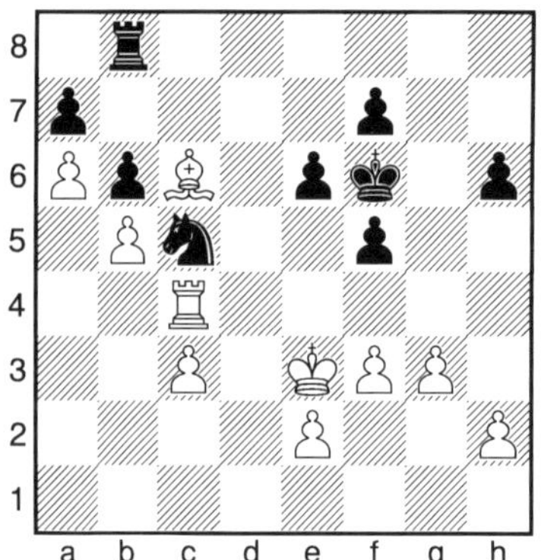

Magnus Carlsen fand die Lösung selbst im Simultan.

38.♖xc5!! bxc5 39.♗b7! und **1–0**, weil gegen b5–b6 kein Kraut gewachsen ist; z.B. 39...♔e5 40.b6 axb6 41.f4+ ♔d6 42.a7 (42.♗f3+–) 42...♖xb7 43.a8♕.

Lösung 2

Kramnik, Vladimir (2799)

Carlsen, Magnus (2733)

Wijk aan Zee 2008

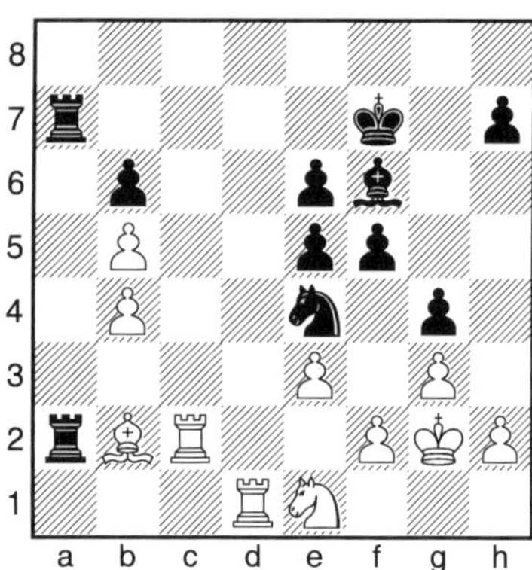

36...♘g5

Danach gerät selbst ein so starker Endspielvirtuose wie Vladimir Kramnik unter die Räder.

37.♖d6?!

Ein typisches Beispiel für verfehlte Aktivität, weil Weiß ohnehin keine Zeit hat, den Bauern b6 zu schlagen. Allerdings ist guter Rat sowieso schon teuer.

37...e4 38.♗xf6 ♔xf6 39.♔f1 ♖a1 40.♔e2 ♖b1?!

Magnus musste sich beeilen, um die Zeitkontrolle zu schaffen, sonst hätte er sicher den direkten Gewinn 40...♘f3!? 41.♘g2 ♖g1 gefunden.

41.♖d1

41.♖xb6? könnte sowohl mit 41...♖d7 als auch mit 41...♖aa1 widerlegt werden.

41...♖xb4 42.♘g2 ♖xb5 43.♘f4 ♖c5 44.♖b2 b5 45.♔f1 ♖ac7 46.♖bb1

Magnus analysiert die Alternative 46.♔g2 ♖c1 47.♖xc1 ♖xc1 48.♖xb5 ♘f3 49.♘e2 ♖e1 50.♖b2 ♔g5−+, wonach eine Beispielvariante lautet 51.♖a2 e5 52.♖b2 h5 53.♖a2 h4 54.gxh4+ ♘xh4+ 55.♔g3 ♖g1+ 56.♘xg1 f4+ 57.exf4+ exf4#.

46...♖b7 47.♖b4 ♖c4 48.♖b2 b4 49.♖db1 ♘f3 50.♔g2

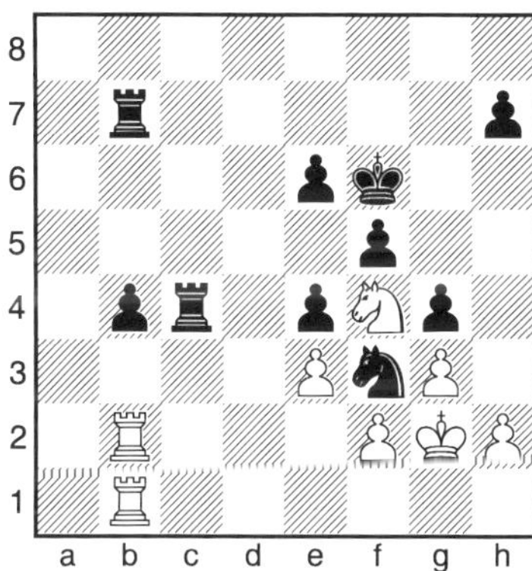

50...♖d7!

Die Aktivierung des zweiten Turms überfordert die Verteidigung.

51.h3

51.♖xb4?! ♖xb4 52.♖xb4 ♖d1 53.♘e2 ♘e1+ 54.♔f1 ♘d3+ −+

51...e5 52.♘e2 ♖d2 53.hxg4 fxg4 54.♖xd2 ♘xd2 55.♖b2 ♘f3 56.♔f1?! b3 57.♔g2

57.♖xb3 ♘d2+ −+

57...♖c2 0-1

Lösung 3

Carlsen, Magnus (2843)

Hou, Yifan (2654)

Grenke Chess Classic 2018

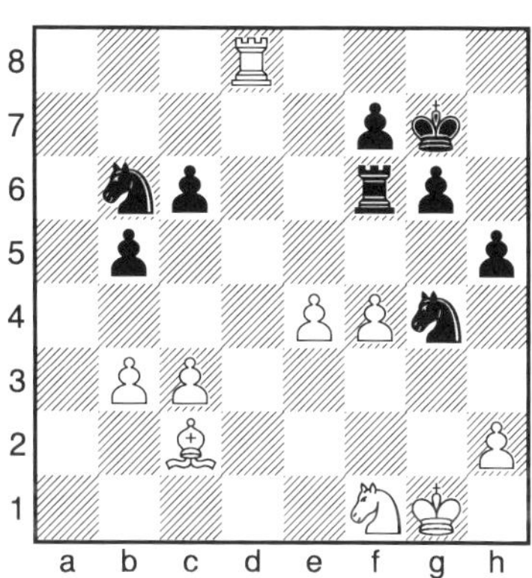

35.h3! ♘h6 36.f5!

Dieser Rammstoß öffnet die Bresche für den kommenden Springerangriff.

36...gxf5 37.♘g3 ♖g6 38.♔f2?

Nach diesem Fehler hat Schwarz allerdings eine Verteidigung.

Zum Gewinn führte 38.♔h2! mit den Abspielen:

– 38...fxe4 39.♘xh5+ ♔h7 40.♘f4 ♖g5 41.♗xe4+ ♔g7 42.♗xc6+−

– 38...♖g5 39.h4 ♖g4 40.♔h3+−

38...fxe4?

38...♖g5! 39.h4 ♖g4=

39.♘xh5+ ♔h7 40.♗xe4

40.♘f4!?+−

40...f5 41.♗g2 ♘f7 42.♖f8 ♘e5 43.♘f4!

Starke Prophylaxe.

43...♖d6 44.♖xf5 ♘bd7 45.♔e2 ♔g7 46.h4 ♘f7 47.♗e4 ♘de5 48.♘h5+ ♔h6 49.♘g3 ♖e6 50.♔e3 ♔g7 51.♖f1 ♔f8 52.♘f5 ♘g4+ 53.♔f4 ♘f6 54.♗f3 ♘d5+ 55.♗xd5 cxd5 56.♖a1 ♔g8 57.♖a8+ ♔h7 58.♖a7 ♖f6 59.h5 ♔g8 60.♖d7 b4 61.cxb4 1-0

Kapitel IV

Materialvorteil

Da der wichtigste und am häufigsten vorkommende Vorteil ganz einfach im Mehrbesitz von Material besteht, sollte jeder Spieler die angemessenen Verwertungstechniken in seiner DNA haben.

Dank seiner exzellenten Technik gelingt Magnus Carlsen die Ausnutzung eines Materialvorteils sehr gut und sicher. Er spürt sehr genau, auf welche Art und Weise der Mehrbesitz am besten verwertet werden kann – sei es durch den Übergang zu einem bestimmten Endspieltyp oder durch Einsatz des Mehrmaterials für konkrete Angriffsmaßnahmen. Und er tauscht nur dann Material bzw. er lässt nur dann Materialtausch zu, wenn dieses Herangehen zweckdienlich ist und den Erfordernissen der gegebenen Stellung entspricht.

Es gelten folgende Faustregeln:

- Material ist nur *ein* Faktor bei der Stellungsbewertung. Der Mehrbesitz von Material bedeutet nicht automatisch, dass man besser steht.
- Auch mit Materialvorteil sollte man nicht blindlings Figuren abtauschen. Vielmehr gelten die Faustregeln zum Abtausch auch weiterhin.
- Insbesondere sollte der Angreifer möglichst kein Gewinnpotenzial abtauschen, während der Verteidiger zumeist bestrebt ist, die Zahl der Bauern zu reduzieren.

1) Abwicklung in ein gewonnenes Endspiel

Hat man eine Gewinnstellung erreicht, kommt einem zuerst dieses naheliegende Herangehen in den Sinn. Allerdings ist es nur selten direkt umsetzbar und außerdem ist es ja sowieso nur *eine* von mehreren Optionen. Besonders bei einer Abwicklung in ein Bauernendspiel ist größte Vorsicht geboten und man sollte sich über das Ergebnis absolut sicher sein.

Carlsen, Magnus (2127)

Johansson, Per (2041)

Gausdal 2002

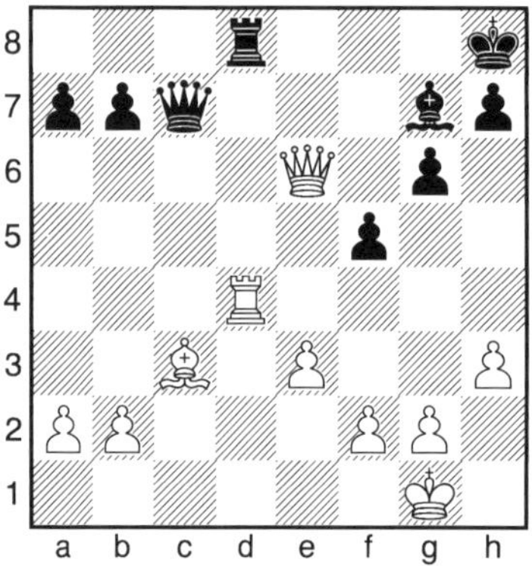

25.♕f7!?

Mit diesem Überlastungsmotiv leitet Weiß den forcierten Übergang zu einem leicht gewonnenen Bauernendspiel ein.

25...♕xf7 26.♖xd8+ ♕g8 27.♗xg7+ ♔xg7 28.♖xg8+ ♔xg8

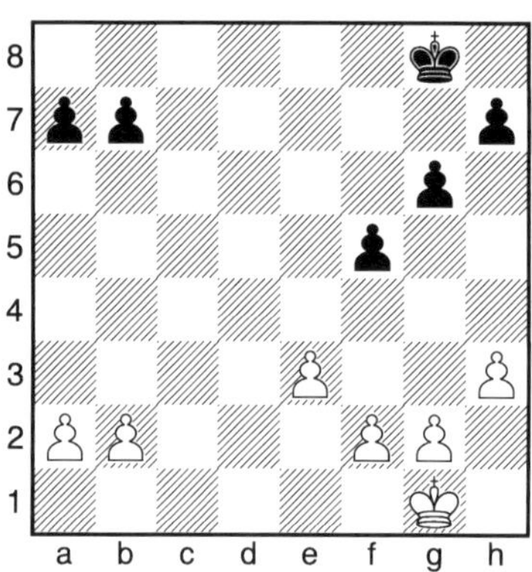

29.f3 ♔f7 30.♔f2 ♔e6 31.g4 ♔e5 32.gxf5 gxf5 33.♔g3 f4+ 34.♔f2 ♔f5 35.e4+ ♔e5 36.♔e2 ♔d4 37.♔d2 ♔c4 38.b3+ ♔d4 39.a4 h6 40.♔e2 b6 41.♔d2 a6 42.♔e2 b5 43.a5 h5 44.h4 ♔c5 45.♔d3 b4 46.e5 ♔d5 47.e6 ♔xe6 48.♔e4 1-0

Das folgende Endspiel wäre auch mit Damen auf dem Brett gewonnen, aber dank genauer Berechnung gelingt Magnus der Nachweis, dass das Bauernendspiel viel einfacher ist.

Adams, Michael (2710)

Carlsen, Magnus (2848)

London 2012

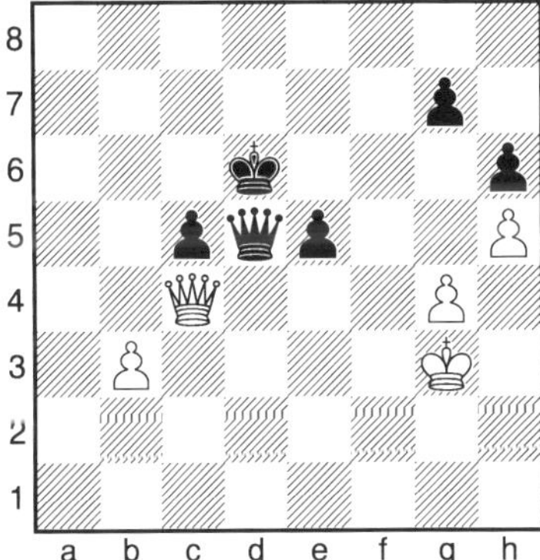

52...♕xc4!?

52...e4 gewinnt ebenfalls.

53.bxc4 e4!

Verfehlt wäre 53...♔e6? 54.♔f3 ♔f6 55.♔e4 ♔g5 56.♔xe5 ♔xg4 57.♔d5 ♔xh5 58.♔xc5 g5 59.♔d5 g4 60.c5 g3 61.c6 g2 62.c7 g1♕ 63.c8♕=.

54.♔f4 e3 55.♔f3

55.♔xe3 scheitert an 55...♔e5! 56.♔f3 (56.♔d3 ♔f4−+) 56...♔d4 57.♔f4 ♔xc4 58.♔f5

1) Jetzt jedoch nicht 58...♔d4?? 59.♔g6 c4 60.♔xg7 c3 61.g5 c2 62.gxh6 c1♕ 63.h7 ♕g5+ 64.♔f7 ♕xh5+ mit Gleichstand, denn der schwarze König befindet sich knapp außerhalb der Gewinnzone d8-d5-e5-e4-h4.

2) Richtig ist 58...♔d5 59.♔g6 ♔e6 60.♔xg7 c4 61.g5 c3 62.g6 c2 63.♔h8 c1♕ 64.g7 ♕g5 65.g8♕+ ♕xg8+ 66.♔xg8 ♔f6!−+.

55...♔e6

Der König umgeht das Minenfeld, denn 55...♔e5? 56.♔xe3 ♔f6 57.♔e4 ♔e6 wäre nur remis.

56.♔e2 ♔f6 57.♔f3 ♔g5

Endlich kann er eindringen.

58.♔xe3 ♔xg4 59.♔e4 ♔xh5 60.♔d5 g5 61.♔xc5 g4 62.♔d4 g3 63.♔e3 63.c5 g2 64.c6 g1♕+ −+

63...♔g4 und **0-1** angesichts der möglichen Folge 64.c5 ♔h3 65.c6 g2 66.c7 g1♕+.

2) Verwertung einer Mehrfigur

In dem folgenden theoretischen Endspiel ist Zugzwang die schärfste Waffe des Angreifers.

Kramnik, Vladimir (2812)
Carlsen, Magnus (2855)
Leuven Rapid 2016

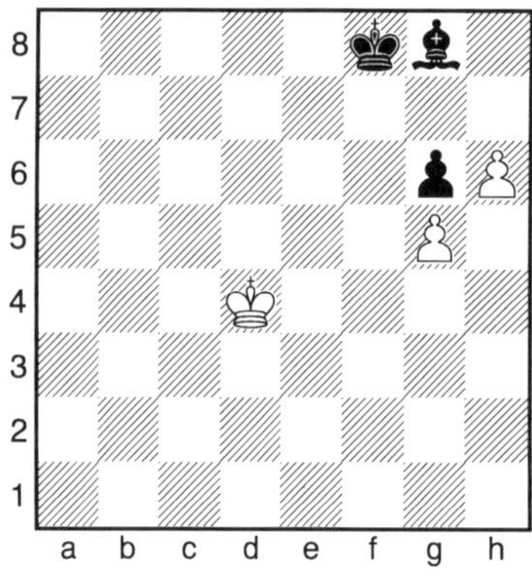

51...♔e8!!

Nur so kann der König letztendlich vordringen.

Nach 51...♔e7?! 52.♔e5 ♔f7 53.♔d5! müsste er zwecks Neuanlauf doch wieder umkehren: 53...♔f8+ 54.♔d4 ♔e8!–+.

(Mekhitarian im *ChessBase Magazin* 173)

52.♔e4 ♔d7 53.♔d3 ♔e6 54.♔e4 ♗h7 0-1

Im Besitz einer Mehrfigur ist die Abwicklung in ein Endspiel jedoch nur *eine* von mehreren Möglichkeiten. Und unter Umständen ist dieses Herangehen gar nicht gut, weil der Mehrbesitz oft viel effektiver im Königsangriff zu verwenden ist.

Carlsen, Magnus (2851)
Harikrishna, Pentala (2763)
Norway Chess, Stavanger 2016

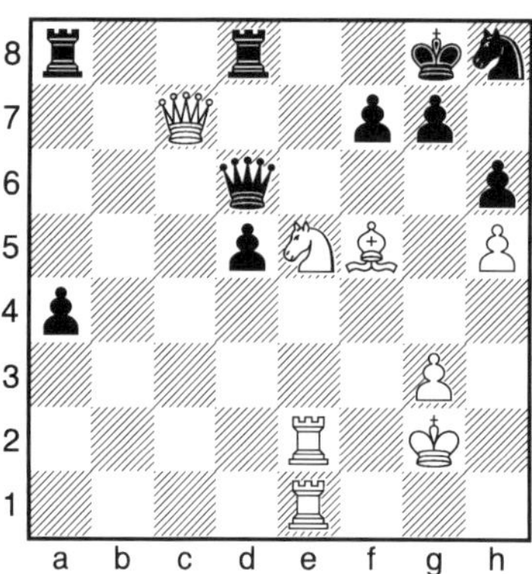

36.♕c2!

Obwohl auch das Endspiel nach 36.♕xd6?! ♖xd6 37.♘c4 ♖dd8 38.♘b6 ♖ab8 39.♘xa4 auf lange Sicht gewonnen sein sollte, wäre dieser Ansatz ein Zeichen schlechter Technik.

36...♖e8 37.♗h7+ ♔f8 38.♕f5 ♖e7 39.♗g6 ♔g8 40.♘xf7 ♖xf7 41.♗xf7+ 1-0

Aufgaben

(Lösungen ab Seite 62)

Aufgabe 1

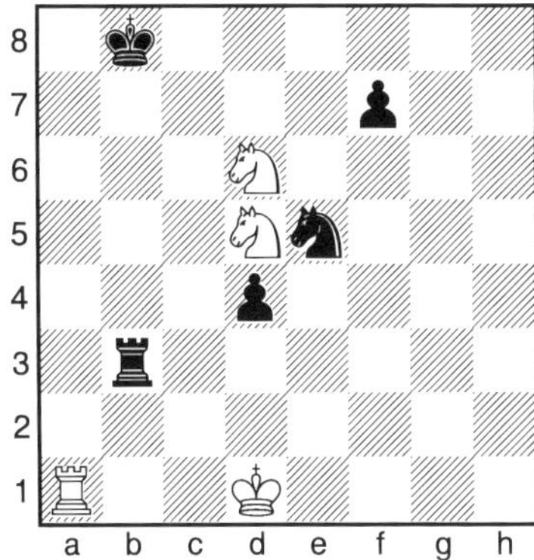

Wie verwertete Weiß seine Mehrfigur?

Aufgabe 2

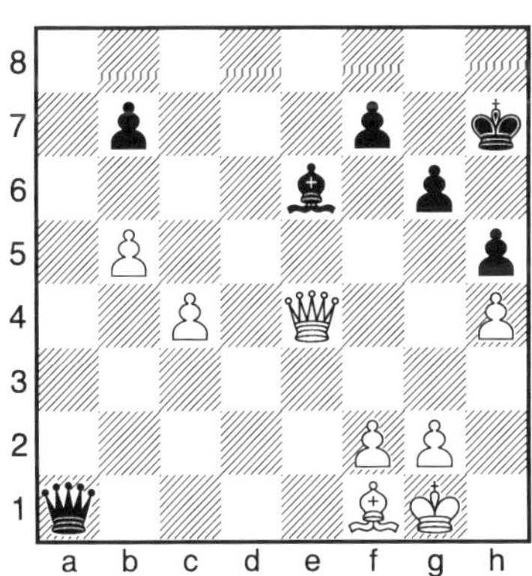

Wie verdichtete Weiß seinen Vorteil?

Aufgabe 3

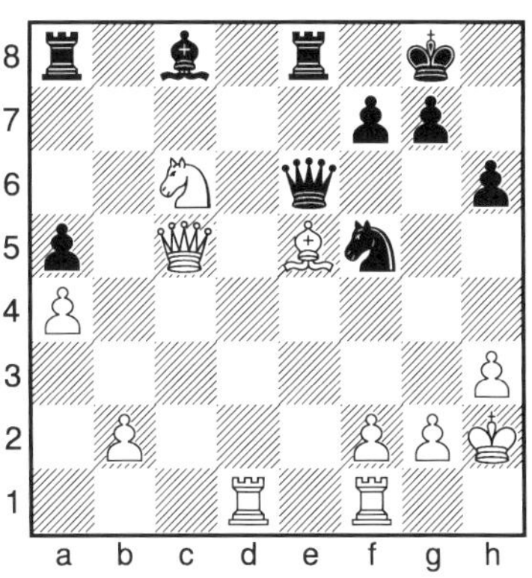

Wie hätte Weiß spektakulär gewinnen können?

Aufgabe 4

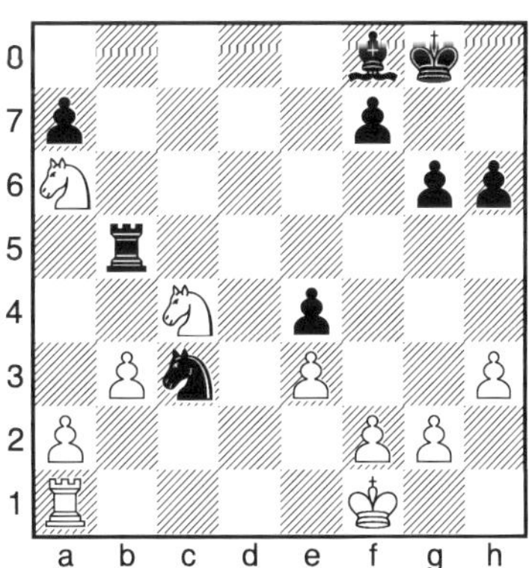

Wie kann Weiß gewinnträchtige Fortschritte erzielen?

Lösungen

Lösung 1

Carlsen, Magnus (2772)

Wang, Yue (2736)

Nanjing 2009

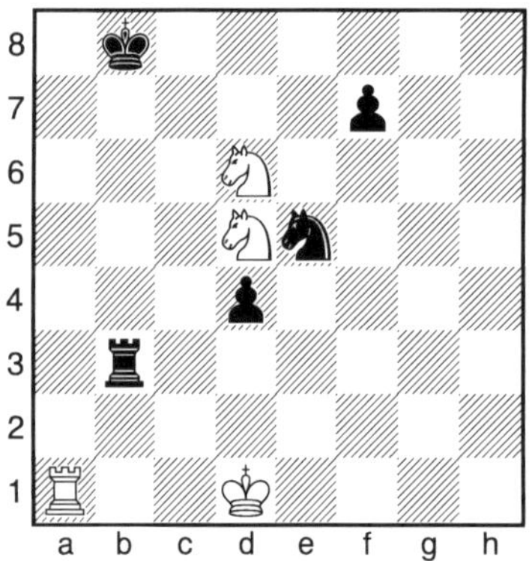

63.♔c2! ♖h3 64.♖b1+ ♔a7

64...♔a8?! 65.♘c7+ ♔a7 66.♖b7#

65.♖b7+ ♔a6 66.♖b6+ ♔a5

66...♔a7?! 67.♘b5+ ♔a8 68.♘dc7#

67.♖b5+ ♔a4

67...♔a6?! 68.♘c7+ ♔a7 69.♖b7#

68.♘b6+ ♔a3 69.♖xe5 1-0

Lösung 2

Carlsen, Magnus (2872)

Gelfand, Boris (2740)

London 2013

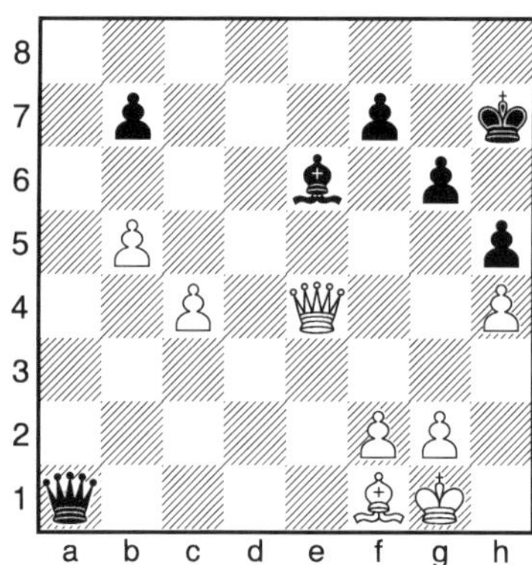

41.c5!

Nach dem Fehlversuch 41.b6? (41.♕xb7?? ♗xc4–+) 41...♔g7 42.c5 ♗d7 43.f4 ♕d1 kann Schwarz noch gewissen Widerstand leisten.

41...♕c3

41...♔g7 42.c6 bxc6 43.♕xc6 ♕a4 44.♕c7 ♕e4 45.b6 ♗d5 46.f4+–

42.♕xb7 ♕e1

42...♕xc5 43.b6 ♔g7 (43...♕c1 44.♕a6+–) 44.♕a6 ♗d5 45.♕b5 ♕xb5 46.♗xb5 ♗b7 47.♗e2+–

43.b6?!

43.♕e7!? ♕b1 44.b6 ♗c4 45.b7 ♕xf1+

46.♔h2 ♕xf2 47.b8♕+−

43...♗c4 44.♕f3

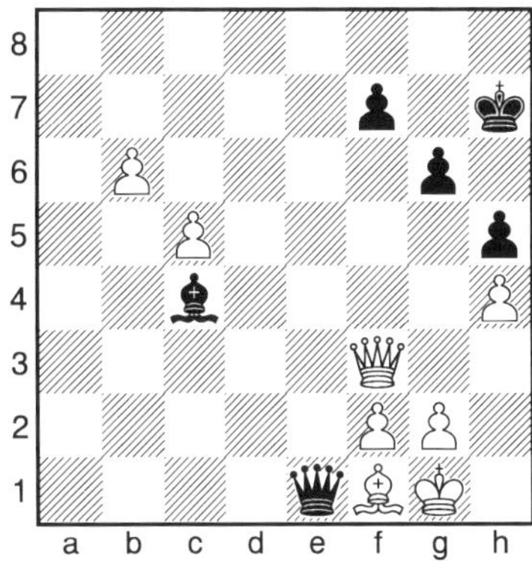

44...♕xf1+?!

44...♗xf1! war viel zäher, sollte aber letztlich auch nicht ausreichen; z.B. 45.♕xf7+ ♔h8 46.♕f6+ ♔h7 47.♔h2 ♕e8 48.♕f4 ♕d7 49.♕f3 ♗b5 50.b7 ♕c7+ 51.g3 ♔g7 52.♕d5 ♔h7 53.f4 ♗c6 54.b8♕ ♕xb8 55.♕xc6 ♕b2+ 56.♕g2 ♕c3 57.♕b7+ ♔h6 58.♕d5 ♕e3 59.c6 ♕f2+ 60.♕g2 ♕c5 61.f5 gxf5 62.♕d2+ ♔h7 63.♕d7+ ♔g8 64.♕e6+ ♔g7 65.♕g2+−.

45.♔h2 ♕b1

45...♗d5 46.♕xd5 ♕xf2 47.♕g5 f6 48.♕g3+−

46.b7 ♕b5 47.c6 ♗d5 48.♕g3 1-0

Lösung 3

Carlsen, Magnus (2484)

Kasparow, Garry (2831)

Reykjavik Rapid 2004

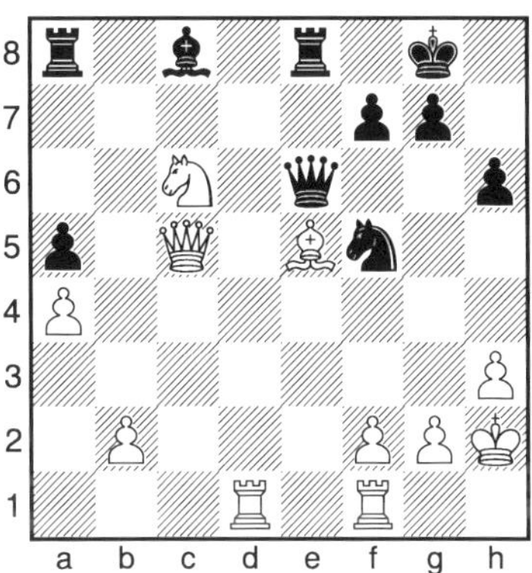

29.♖fe1?

□29.♗c7!+−

1) 29...♕b3 30.♕b5 ♕c2 31.♖c1 ♕d2 32.♘xa5 ♘d6 33.♕c6 ♖a6 34.♗b6 ♗e6 35.♖fd1 ♕f4+ 36.g3 ♕f5 37.♕xd6 ♖xa5 38.g4

2) 29...♕f6 30.♘xa5 ♕xb2 31.♕b5

3) 29...♗d7 30.♘b8 ♖exb8 31.♗xb8 ♖xb8 32.♕c7

4) 29...♗b7 30.♘d8; nicht jedoch 30.♘xa5? ♗xg2 31.♔xg2 ♘h4+ 32.♔g3 ♕e2 mit Gegenspiel.

29...♗b7 30.♘d4 ♘xd4 31.♕xd4 ♕g6 32.♕g4?!

32.f3 bot bessere Gewinnchancen.

32...♕xg4 33.hxg4 ♗c6 34.b3 f6 35.♗c3 ♖xe1 36.♖xe1 ♗d5 37.♖b1 ♔f7 38.♔g3 ♖b8 39.b4 axb4 40.♗xb4 ♗c4

41.a5 ♗a6 42.f3 ♔g6 43.♔f4 h5 44.gxh5+ ♔xh5 45.♖h1+ ♔g6 46.♗c5 ♖b2 47.♔g3 ♖a2 48.♗b6 ♔f7 49.♖c1 g5 50.♖c7+ ♔g6 51.♖c6 ♗f1 52.♗f2 ½-½

Lösung 4

Carlsen, Magnus (2710)

Onishuk, Alexander (2650)

Biel 2007

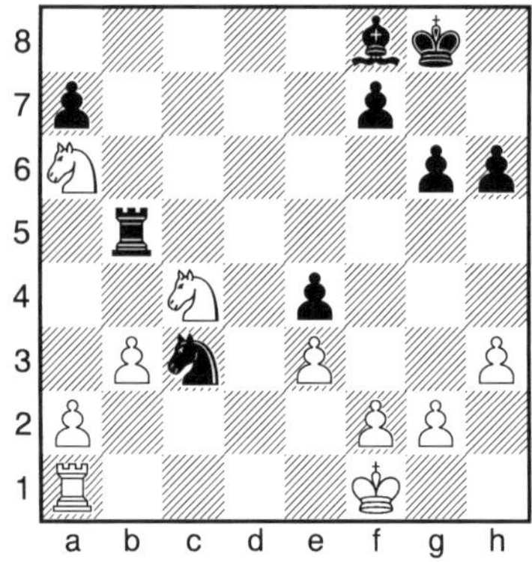

29.b4!!

„Das ist der Schlüsselzug. An den Motiven, die sich danach ergeben, fand ich großen Gefallen."

(Magnus Carlsen im *ChessBase Magazin* 120)

29...♗xb4

29...♗g7 30.a3 ♖d5 31.♘b8±

30.a4! ♖b7 31.♖c1

Nach Vertreibung des Springers wird die anschließende Fesselung auf der b-Linie tödlich sein.

31...♘d5 32.♖b1 f5?

32...♖e7 33.♘xb4 ♖b7 ist aus praktischer Sicht vorzuziehen. Weiß hat zwar die angenehme Wahl zwischen 34.♘d6 ♖xb4 35.♖xb4 ♘xb4 36.♘xe4 und Carlsens Vorschlag 34.♘xd5 ♖xb1+ 35.♔e2, aber in beiden Fällen sind noch technische Probleme zu lösen.

33.a5 ♔g7

33...♖e7 34.♘xb4 ♖b7 35.♘b6 ♘xb4 36.♖xb4 axb6 37.♖xb6 ♖a7 38.a6+−

34.♘e5 f4?!

Auch mit dieser Verzweiflungstat kann die Fesselung nicht abgeschüttelt werden.

35.exf4 e3 36.fxe3 ♘xe3+ 37.♔g1 ♘d5 38.♔h1 und in dieser Verluststellung überschritt Schwarz die Zeit.

Kapitel V

Das Spiel mit dem Läuferpaar

In Magnus Carlsens Händen ist das Läuferpaar eine sehr starke Waffe. Dabei ist dieses Thema ein ganz spezielles, weil nämlich ♗+♗ wesentlich mehr als die Summe der Teile ergibt. Denn im deutlichen Unterschied zu den vergleichbaren Konstellationen ♖+♖ oder ♘+♘ kann der eine Läufer den quasi 'naturgegebenen' Nachteil des anderen voll kompensieren – und zwar denjenigen, den man ebenso scherzhaft wie deutlich veranschaulichend als *Farbenblindheit* bezeichnen könnte.

Es gelten folgende Faustregeln:

- Die Seite mit dem Läuferpaar strebt nach völliger Kontrolle, um die Stellung zu Bedingungen öffnen zu können, die für die Läufer ideal sind.
- Beim Kampf des Läuferpaars gegen ♗+♘ bezeichnet der bekannte Trainer Holger Borchers den Läufer ohne Gegenspieler als 'grünen Läufer', denn dieser ist der Hoffnungsträger des Angreifers und 'Grün ist die Hoffnung'. Entsprechend sollte der grüne Läufer so stark wie möglich gemacht werden.
- Auf diesem Prinzip basiert übrigens auch die gegen Springer angewandte 'Steinitzsche Restriktions-Methode'.
- Die Läufer mögen bewegliche Bauernstrukturen, die nach ihren Bedürfnissen umgeformt werden können.
- Die wichtigste Gegenstrategie besteht in der Herbeiführung von Powerplay auf einem Felderkomplex, auf dem die Seite mit dem Springer stärker ist.

1) Triumph des 'grünen Läufers' im Königsangriff

Carlsen, Magnus (2837)

Wang, Yue (2690)

Rapid–WM, Riadh 2017

1.e4 e5 2.♗c4 ♘f6 3.d3 c6 4.♘f3 d5 5.♗b3 ♕c7 6.♘c3 dxe4 7.♘xe4

7.♘g5 wird mit 7...♗g4 8.♕d2 ♗h5 beantwortet.

7...♘xe4 8.dxe4 ♗e7?

Danach bekommt Magnus mit dem Läuferpaar einen echten Trumpf in die Hand.

Nach 8...♗g4 hätte er hingegen nicht viel vorzuweisen.

9.♘g5! ♗xg5 10.♗xg5 ♘a6 11.♗e3 0-0 12.♕d2 ♕e7?!

Laut Computer ist 12...♖d8 13.♕c3 ♕d6 14.0-0 ♗e6 etwas genauer, obwohl am weißen Vorteil auch dann kein Zweifel besteht.

13.♕c3 ♖e8 14.0-0-0 ♘c7 15.♖d3 ♕f6 16.f3

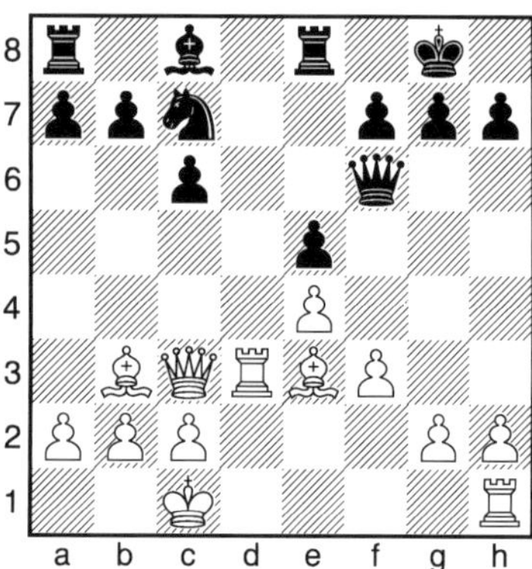

16...♘e6?

Da dieses Feld ein wichtiger strategischer Verkehrsknotenpunkt für die schwarzen Figuren ist, steht der Springer hier nur im Weg.

Stattdessen war 16...♗e6 angesagt, um das gegnerische Läuferpaar zu neutralisieren.

17.♖d6 g6?!

Durch diese Schwächung der schwarzen Felder wird der grüne Läufer e3 noch stärker.

Guter Rat war allerdings bereits teuer, denn auch nach 17...♖d8 18.♖hd1 ♖xd6 19.♖xd6 sollte Weiß auf lange Sicht gewinnen.

18.♖hd1 ♕g7 19.♕d2 h5 20.g3 ♘c7?!

Das Besänftigungsopfer 20...♘d4 21.♗xd4 exd4 22.♕g5 ♗e6 23.♖1xd4 bietet bessere praktische Chancen.

21.♗h6 ♕h7 22.♖d8 ♗h3?!

22...♗e6 hält den Schaden mittels Entlastungstausch in Grenzen, aber nach beispielsweise 23.♖xa8 ♘xa8 24.♗xe6 fxe6 25.g4 hxg4 26.fxg4 ♘b6 27.b3+– bleibt Weiß klar am Drücker.

23.♖xa8 ♘xa8 24.♗g5

Der Computervorschlag 24.g4 hxg4 25.♕g5 ♘c7 26.♖d6+– führte direkt zum Gewinn.

24...♘c7 25.♕a5 ♘e6

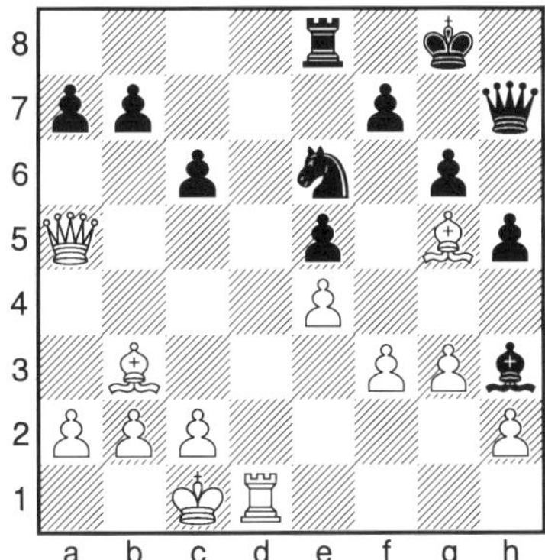

Nun kommt ein weiterer Vorteil des Läuferpaars zum Tragen: Läufer können bei Bedarf leichter als andere Figuren abgetauscht werden.

26.♗xe6! ♗xe6?!

26...fxe6 27.♖d3 ♕f7 28.♕d2+−

27.♖d8 und **1-0** angesichts der Mattfolge 27...♖xd8 28.♕xd8+ ♔g7 29.♗f6+ ♔h6 30.♕f8+ ♕g7 31.♕xg7#.

Carlsen, Magnus (2826)
Topalov, Veselin (2803)
Nanjing 2010 (C84)

1.e4 e5 2.♘f3 ♘c6 3.♗b5

„Kein Schottisch mehr! Nach einer schönen und beeindruckenden Partie gegen Bacrot konnte man mit einem weiteren Schotten rechnen, aber ich glaube, dass Carlsen mehr daran interessiert ist, jede spezielle Vorbereitung zu vermeiden und das Spiel so schnell wie möglich in die Phase zu bringen, die man als ‘Kampf am Brett’ bezeichnen könnte.“

(E. Moradiabadi im *ChessBase Magazin* 139)

3...a6 4.♗a4 ♘f6 5.0-0 ♗e7 6.d3 b5 7.♗b3 d6 8.a4 ♖b8 9.axb5 axb5 10.♘bd2 0-0 11.♖e1 ♗d7 12.c3 ♖a8 13.♖xa8 ♕xa8 14.d4 h6 15.♘f1 ♖e8 16.♘g3 ♕c8 17.♘h4 ♗f8?!

Statt dieses zu passiven Ansatzes verdiente 17...♘a5 mit Gegenspiel nach 18.♗c2 ♗f8 bzw. 18.♗a2 ♘c4!? den Vorzug.

18.♘g6!

Nun holt Magnus sich das Läuferpaar.

18...♘a5 19.♘xf8 ♖xf8

19...♘xb3?? 20.♘xd7 ♘xc1 scheitert an 21.♘xf6+ gxf6 22.♕xc1+−.

20.♗c2 ♖e8

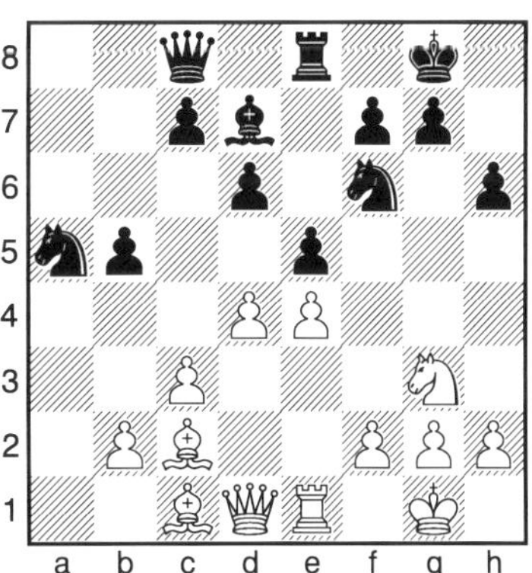

21.f4!

Jetzt kommt der Königsangriff erst richtig in Fahrt.

21...♗g4?

Angesichts der Drohung f4−f5 steht der Läufer hier gefährdet.

Nach dem besseren 21...c5 mit der möglichen Folge 22.dxe5 dxe5 23.fxe5 ♘g4 24.♘f5 ♗xf5 25.exf5 ♘xe5 26.f6 ♕e6 hätte Schwarz noch kämpfen können.

22.♕d3 exf4

Die Aufgabe des Zentrums öffnet den gegnerischen Figuren allerlei Angriffswege. Allerdings gab es ohnehin keine befriedigende Option mehr, wie die folgenden Beispielvarianten veranschaulichen mögen.

– 22...b4 23.f5+–; 22...♕b8 23.f5 ♕b6 24.h3 ♗h5 25.♔h2+–

– 22...♗d7 23.fxe5 dxe5 24.dxe5 ♘g4 25.♘f5 ♘xe5 26.♕g3 ♗xf5 27.exf5 f6 28.♗xh6 ♕d7 29.♗f4+–

23.♗xf4 ♘c4 24.♗c1 c5?!

Diese Dynamisierung des Spiels kommt letztlich Weiß zugute, führt diese Schwächung der schwarzen Felder doch unter anderem zu einem deutlichen Kraftzuwachs des grünen Läufers c1.

Guter Rat ist allerdings bereits teuer. So bot die Computerempfehlung 24...♗f5 25.♘xf5 ♕xf5 26.b3 ♘b6 27.exf5 ♖xe1+ 28.♔f2 ♖xc1 bessere praktische Chancen, weil die Stellung angesichts der drastischen Materialverschiebung ein völlig anderes Gesicht bekommen hat. Allerdings versprach auch diese Alternative letztendlich keine Rettung.

25.♖f1 cxd4 26.cxd4 ♕d8 27.h3 ♗e6 28.b3 ♕a5

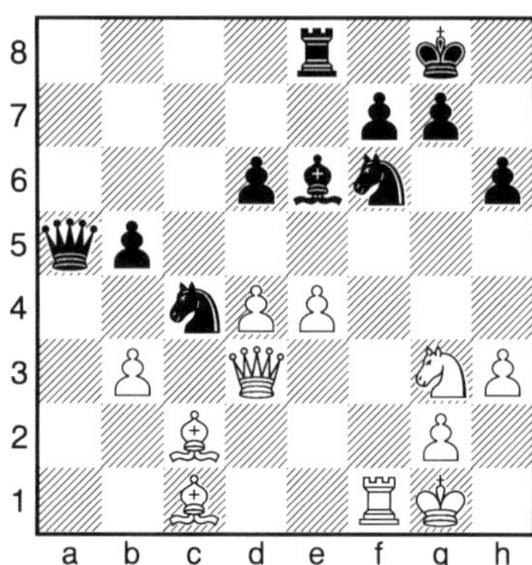

29.♔h2!?

Ein für Magnus Carlsens Stil typischer Prophylaxezug.

Das direkte 29.♗xh6 gewinnt allerdings ebenfalls.

29...♘h7 30.e5 g6 31.d5 ♘xe5 32.dxe6 und **1-0** angesichts der möglichen Folge 32...♘xd3 33.exf7+ ♔f8 34.♗xh6+ ♔e7 35.fxe8♕+ ♔xe8 36.♗xd3.

„Eine schöne Partie im typischen 'Magnus-Stil'. Der Weltranglisten-Erste sucht keine tief verborgene theoretische Überraschung, sondern entscheidet sich dafür, seinen Gegner einfach in einer Position zu überspielen, mit der dieser noch weniger Erfahrung hat als er selbst!"

(E. Moradiabadi im *ChessBase Magazin* 139)

2) Das Läuferpaar als Endspielwaffe

Carlsen, Magnus (2845)
Grishuk, Alexander (2771)
Shamkir 2019 (C65)

1.e4 e5 2.♘f3 ♘c6 3.♗b5 ♘f6 4.d3 ♗c5 5.c3 0-0 6.0-0 d6 7.♗a4 ♘e7 8.♗c2 ♘g6 9.d4 ♗b6 10.a4 c6 11.dxe5 ♘xe5 12.♘xe5 dxe5 13.♕xd8 ♖xd8 14.a5 ♗c5 15.♘d2 ♗e6 16.♖e1 b5 17.♘b3 ♗xb3 18.♗xb3

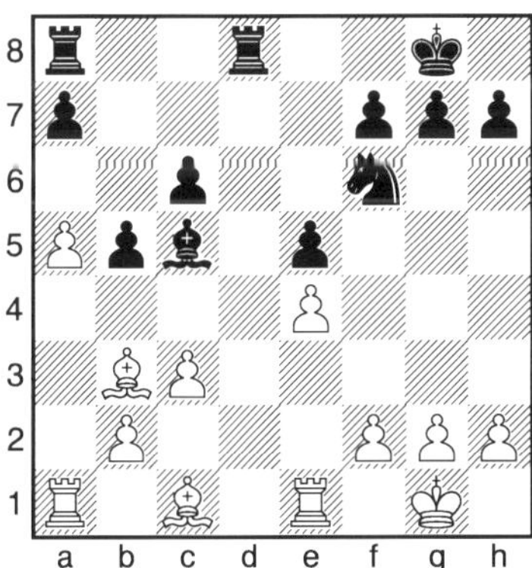

18...♘g4?!

Diese Scheinaktivität geht letztendlich nach hinten los.

Nach dem Versuch, mit 18...♖ab8 oder 18...b4 Initiative am Damenflügel zu entwickeln, stünde Weiß nur symbolisch besser.

19.♖e2 ♖d6 20.♗g5 ♔f8 21.♖f1 ♘f6?

Mit 21...♖b8!? 22.♗d2 b4 23.♗c4 ♘f6 24.cxb4 ♗xb4 25.♗e3 ♘d7 war der Schaden in Grenzen zu halten.

22.g3 a6 23.♔g2 ♘d7 24.♗c1 ♗a7 25.f4 f6 26.h4

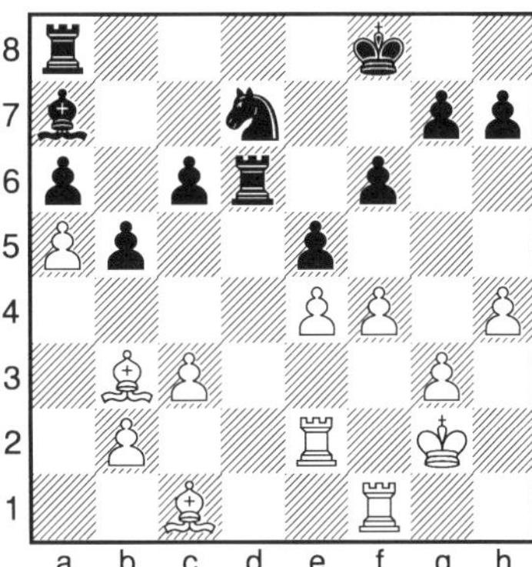

„Zu meiner ersten Bekanntschaft mit Magnus kam es bei einem Gastvortrag in einem Jugendcamp für die jüngste Gruppe norwegischer Talente. Ich sprach von Larsen und zeigte eine Reihe von Übungen, bei denen die richtige Antwort immer im Vorstoß des h-Bauern bestand!

In ihrem faszinierenden Buch 'Gamechanger' widmen Natasha Regan und Matthew Sadler ein ganzes Kapitel der Vorliebe von *Alphazero* (verglichen mit normalen Engines), seine Flankenbauern viel aggressiver vorzustoßen. Es hätte dem dänischen Giganten das Herz erwärmt, wenn er wüsste, dass ein Thema, von dem er immer wieder schrieb, es werde im Schach unterschätzt, jetzt durch die Spitzentechnologie aufrechterhalten und verfeinert wird.

Wenn Ihnen a5 und h5 in dieser Partie seltsam erscheinen, denken Sie nur an die Bedeutung des schwachen Bauern auf a6 und den Zugang zu g6 für den weißen Läufer. Es sind genau diese Details, die die schwarze Stellung zusammenbrechen lassen, und sie werden eben durch das Vorrücken der weißen Flankenbauern geschaffen."

(P.H. Nielsen im *ChessBase Magazin* 190)

26...Re8 27.h5 h6 28.Ba2 c5?

Mit 28...Rd3 29.Bb3 Ke7 30.Bc2 Rd6 31.b3 Rf8 war der weiße Königsangriff erheblich zu erschweren.

29.Be3!!

Ein sehr starkes Bauernopfer

29...exf4 30.gxf4 Rxe4 31.Bb1?!

Laut Computer war 31.Rfe1!? Re7 32.Kf1 Rc6 33.Bb1 genauer.

31...Re7 32.Rfe1

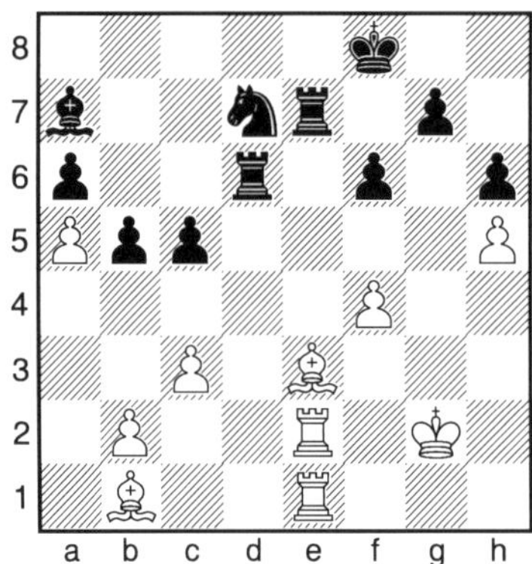

32...f5?

Die letzte Chance bestand in 32...Nb8! 33.Kf3 Nc6 34.Bf5 Rd8, wonach Schwarz noch zähen Widerstand leisten könnte.

33.Bxf5 Nf6 34.Kf3 Nd5?!

– 34...Nxh5? scheitert an 35.Bxc5 Bxc5 36.Rxe7+–.

– 34...Rd5 35.Bg6 Rdd7 36.Bf2 Rxe2 37.Rxe2 c4 38.Bxa7 Rxa7 39.Re6 Ra8 40.Ke3 Nd5+ 41.Ke4 Nf6+ 42.Kd4 Rd8+ 43.Kc5+–

35.Rd2 Rd8 36.Be4 Red7

36...Nxe3?! 37.Rxd8+ Kf7 38.Bg6+ +–

37.Red1 Nf6 38.Rxd7 Nxd7

38...Rxd7 39.Rxd7 Nxd7 40.Bb7 Nb8 41.Ke4 Ke7 42.Kf5 Kf7 43.Bf2 Kf8 44.Ke6 Ke8 45.Be3 Kf8 46.b4+–

39.Rd6 und **1-0** angesichts der Beispielvariante 39...Bb8 40.Rxa6 Ke7 41.Rg6 Kf8 42.a6 Ba7 43.Rc6 Bb8 44.Bf5 Ke7 45.Re6+ Kf7 46.b4 cxb4 47.cxb4 Kf8 48.a7+–.

Carlsen, Magnus (2834)
Nakamura, Hikaru (2793)
London 2015 (D11)

1.d4 d5 2.c4 c6 3.Nf3 Nf6 4.e3 Bg4 5.h3 Bh5 6.cxd5 cxd5 7.Nc3 e6 8.g4 Bg6 9.Ne5 Nfd7!? 10.Nxg6 hxg6 11.Bg2 Nc6 12.e4!?

Magnus öffnet die Stellung für seine Läufer.

12...dxe4 13.Nxe4 Bb4+ 14.Nc3 Nb6 15.0-0 0-0 16.d5 exd5 17.Nxd5 Bc5 18.Nc3 Bd4 19.Qf3 Qf6?!

Damit beraubt Schwarz sich selbst jeglicher Dynamik für ein Gegenspiel auf schwarzen Feldern.

Nach 19...Qe7 20.Bf4 Rfe8 21.a3 Rad8 ist die Stellung fast ausgeglichen.

20.Qxf6 Bxf6 21.Bf4 Rad8 22.Rad1

„Nach einer nicht allzu beeindruckenden Eröffnung hat Weiß einen gewissen Vorteil erlangt und das Läuferpaar im Grunde

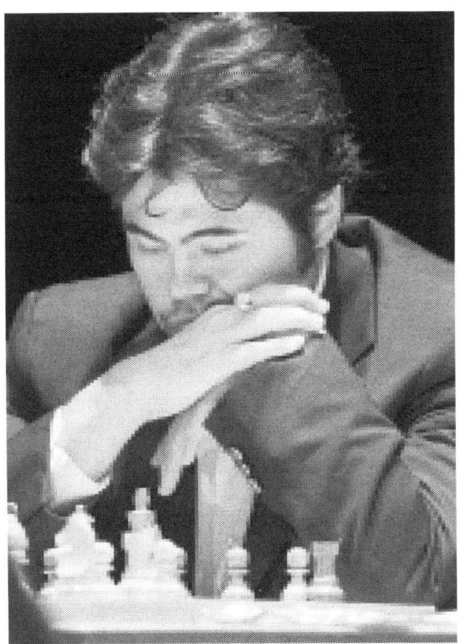

Hikaru Nakamura

gratis erhalten. Trotzdem sollte die schwarze Stellung angesichts der symmetrischen Struktur ohne Damen zu remisieren sein, wenngleich sie unangenehm zu spielen ist. Aber jetzt spielt Nakamura mehr nach seinem Instinkt und bringt die Stellung aus dem Gleichgewicht, statt den offensichtlichen Turmtausch auf der d-Linie folgen zu lassen."

(P.H. Nielsen im *ChessBase Magazin* 170)

22...♗xc3 23.bxc3 ♘a4 24.c4 ♘c3 25.♖d2!?

Diese Feinheit bremst das Gegenspiel aus.

25...♖xd2 26.♗xd2 ♘e2+

26...♘xa2?? 27.♗xc6! bxc6 28.♖a1+– (P.H. Nielsen)

27.♔h2 ♖d8 28.♗e3 ♘c3 29.a3 ♖d3 30.♖c1 ♘d1 31.♗e4 ♖d7 32.♗c5 ♘b2 33.♖c2 ♘a4 34.♗e3 ♘b6

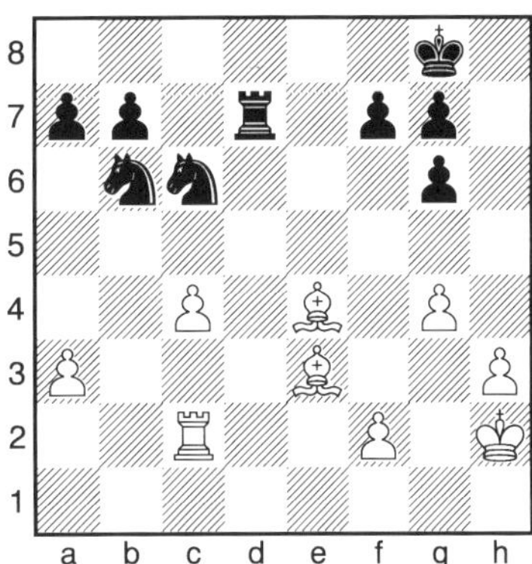

35.c5!?

Magnus bewertet den Vorteil des Läuferpaars höher als den Mehrbauern nach 35.♗xb6?! axb6 36.♖b2 ♖d4 37.♗d5 ♘a5 38.♖xb6 ♘xc4 39.♗xc4 ♖xc4 40.♖xb7 ♖a4.

35...♘d5 36.♖d2 ♘f6 37.♖xd7 ♘xd7 38.♔g3 ♔f8 39.f4 ♘f6 40.♗f3 ♔e7

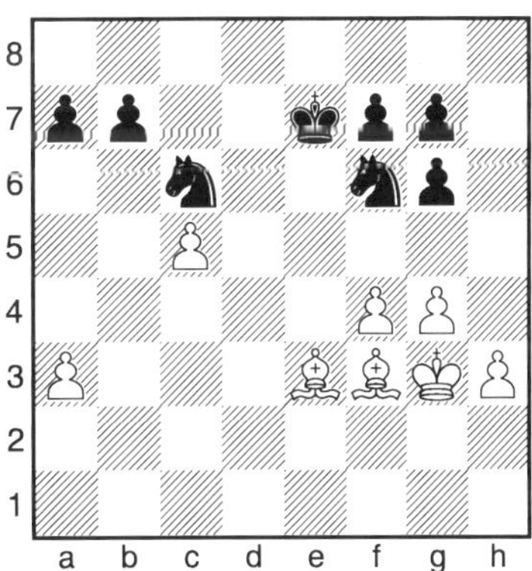

41.f5!?

Eine sehr kreative Art, Fortschritte zu machen: Dem König werden Einbruchswege am Königsflügel geöffnet.

41...gxf5 42.gxf5 ♔d7 43.♔f4 ♘e8 44.♔g5 ♔e7 45.♗f4 a6 46.h4 ♔f8 47.♗g3 ♘f6 48.♗d6+ ♔e8 49.♔f4 ♘d7 50.♗g2 ♔d8 51.♔g5 ♔e8 52.h5 ♘f6

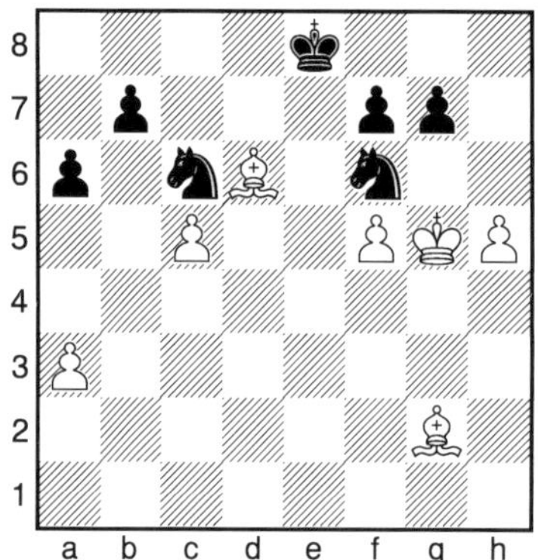

53.h6!?

Die konsequente Weiterverfolgung des Themas 'Schaffung von Einbruchswegen'.

53...♘h7+ 54.♔h5 ♘f6+ 55.♔g5 ♘h7+ 56.♔h4 gxh6 57.♔h5 ♘f6+ 58.♔xh6 ♘g4+?

Nach dem erzwungenen 58...♔d7! war nicht klar, ob Weiß gewinnen kann, denn der direkte Ansatz 59.♔g7? scheitert an 59...♘e8+ 60.♔xf7 ♘xd6+ 61.cxd6 ♘d8+ =.

59.♔g7 ♘d4 60.♗e4 ♘f2 61.♗b1 ♘g4 62.♗f4 f6

62...♘e2 63.♗c7 ♘d4 64.♗e4 ♔e7 65.♗f4+−

63.♗e4 ♘f2 64.♗b1 ♘g4 65.♗e4 ♘f2 66.♗xb7 ♘d3

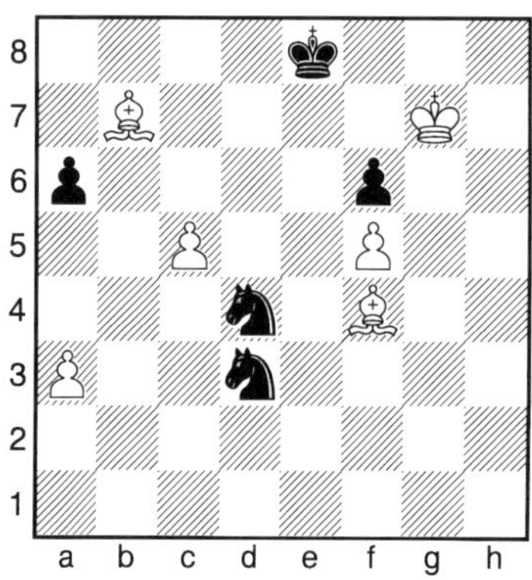

67.♔xf6!!

Dieses Figurenopfer zeugt von einer fantastisch tiefen Einsicht in die Stellungsprobleme!

67.♗d6? ♘xf5+ 68.♔xf6 ♘xd6 69.♗c6+! ♔d8 70.cxd6 ♘b2= (P.H. Nielsen)

67...♘xf4

67...♘xc5 68.♗d5 ♘d7+ 69.♔g5 ♔e7 70.♗d2+−

68.♔e5! ♘fe2 69.f6?

Statt dieser Ungenauigkeit hätte 69.c6! zum Gewinn geführt; z.B. 69...♘xc6+ 70.♗xc6+ ♔f8 71.♗d5! ♘c3 72.♗c4 a5 73.♔d4 ♘d1 74.a4 ♔e7 75.♗b3 ♘f2 76.♔c5 ♔f6 77.♗e6+−. (P.H. Nielsen)

69...a5 70.a4 ♔f7 71.♗d5+ ♔f8?

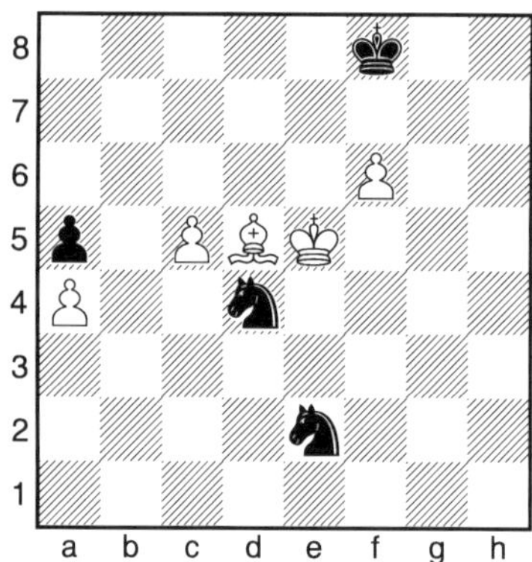

Statt dieses zu passiven Zuges hätte 71...♔g6! 72.c6 ♘xc6+ 73.♗xc6 ♔f7 den Laden zusammengehalten; z.B. 74.♗d5+ ♔f8 75.♗c4 ♘c3 76.♗b3 ♔e8 77.♔d4 ♘e2+ 78.♔c4 ♘c1!= bzw. 78.♔c5 ♘c3!=. (P.H. Nielsen)

72.♔e4!!

Nach diesem pointierten Rückzug werden die schwarzen Springer dominiert.

72...♘c2 73.c6 ♘c3+ 74.♔e5 ♘xa4 75.♗b3 ♘b6 76.♗xc2 a4 77.c7 ♔f7 78.♗xa4 1-0

Aufgaben

(Lösungen ab Seite 74)

Aufgabe 1

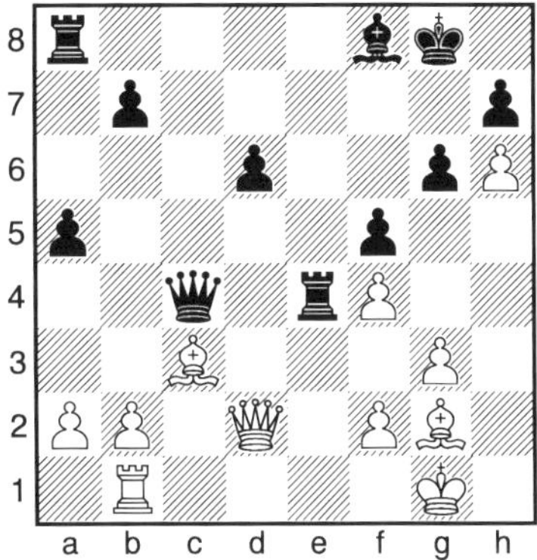

Welches ist der beste weiße Zug?

Aufgabe 2

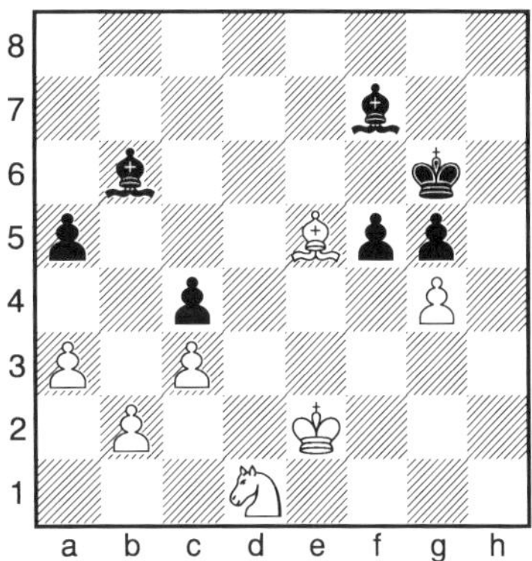

War 45...f4 eine gute Wahl?

Lösungen

Lösung 1

Carlsen, Magnus (2834)

Yuffa, Daniil (2504)

Qatar Masters, Doha 2015

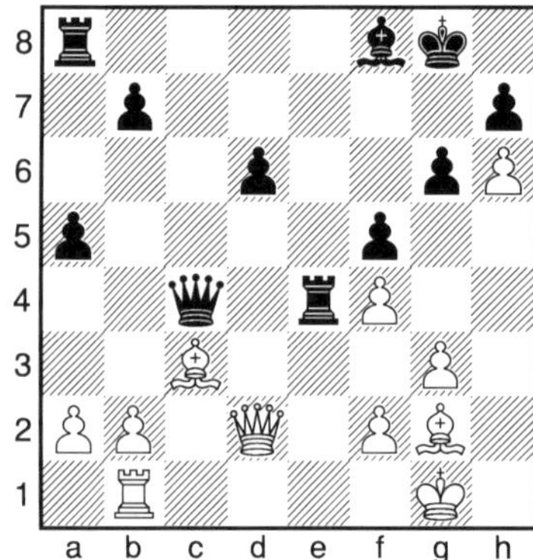

25.b3!

Nach dieser Feinheit, die auf die Installation einer Dame-Läufer-Batterie auf der langen schwarzen Diagonale abzielt, schlägt der weiße Angriff direkt durch.

– Allerdings steht Weiß auch nach einem simplen Zug wie 25.♖c1 auf Gewinn.

– Schlecht wäre hingegen der materialistische Ansatz 25.♗xe4? fxe4 26.f5, denn nach 26...♕d3 könnte Schwarz noch kämpfen.

25...♕c5

25...♕e6 26.♗xe4+–

– 26...♕xe4 27.♖e1 ♕c6 28.♕d4

– 26...fxe4 27.♕d4 ♔f7 28.♕h8

26.♗a1 d5 27.♖c1 1-0

Lösung 2

Karjakin, Sergey (2769)

Carlsen, Magnus (2857)

WM New York 2016

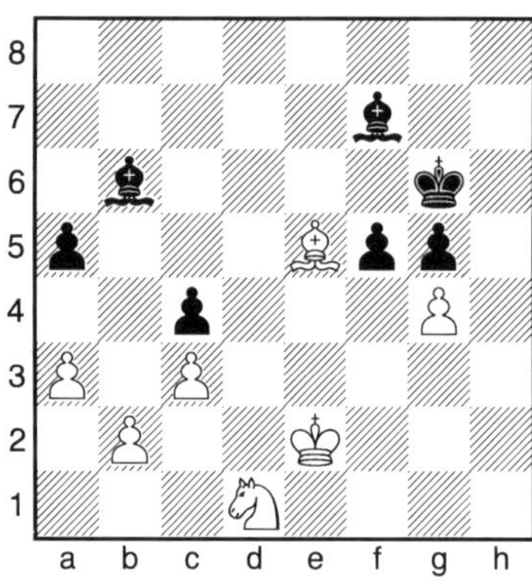

45...f4?

Nach dieser Fehleinschätzung ist die weiße Festung uneinnehmbar.

Mit 45...♗e6! war diese hingegen zu erstürmen, wie aus den folgenden instruktiven Varianten hervorgeht:

1) 46.gxf5+ ♔xf5 47.♗b8 ♗f7

a) 48.♘f2 ♗h5+ 49.♔f1 ♗f3

– 50.♗g3 ♗e3 51.♔e1 a4 52.♘d1 ♗xd1 53.♔xd1 ♔g4 54.♗d6 ♔f3–+

– 50.a4 ♗c6 51.♔e2 ♗xa4 52.♗d6 ♗e8

53.♘h1 ♗h5+ 54.♔f1 ♔g4 55.♔g2 ♗f7 56.♘f2+ ♔f5 57.♘d1 ♗h5 58.♘f2 ♗e8 59.♔f3 ♗c6+ 60.♔e2 g4 61.♗g3 ♗f3+ 62.♔d2 a4 63.♔c2 ♗e3−+

b) 48.♘e3+ ♔e4 49.♘c2 ♗h5+ 50.♔d2 ♗f2 51.a4 g4 52.♘a3 ♗f7 53.♘b5 ♔f3 54.♘d4+ ♔g2 55.♗c7 g3 56.♘e2 ♗e8 −+

2) 46.♘f2 fxg4 47.♗g3 ♔f5 48.♘d1 ♔e4 49.♘f2+ ♔d5 50.♘d1 ♔c6 51.a4 ♔d5 52.♘e3+ ♔e4 53.♘f1 ♗d7 54.♘d2+ ♔d5 55.♘f1 ♗xa4 56.♘e3+ ♔e4 57.♘xg4 ♗d8 58.♗d6 ♗e8 59.♘f2+ ♔d5 60.♗g3 ♗h5+ 61.♔e3 a4 62.♘h3 ♗g6 63.♘f2 ♗f6 64.♔d2 ♗h5 65.♗c7 ♗f3 66.♗g3 g4 67.♗f4 ♗e5 68.♗xe5 ♔xe5 69.♔e3 ♔f5 70.♔d4 g3 71.♘h3 ♗g4 72.♘g1 ♔f4 73.♔xc4 ♔e3−+

46.♗d4 ♗c7

46...♗xd4 47.cxd4 ♗e6 48.♔f3=

47.♘f2 ♗e6 48.♔f3 ♗d5+ 49.♔e2 ♗g2 50.♔d2 ♔f7 51.♔c2 ♗d5 52.♔d2 ♗d8 53.♔c2 ♔e6 54.♔d2 ♔d7 55.♔c2 ♔c6 56.♔d2 ♔b5 57.♔c1 ♔a4 58.♔c2 ♗f7 59.♔c1 ♗g6 60.♔d2 ♔b3 61.♔c1 ♗d3 62.♘h3

62.♘xd3 cxd3 63.♔d2 ♔c4 (63...♔xb2 64.♗c5=) 64.a4 ♗e7 65.b3+ ♔xb3 66.♔xd3 ♔xa4 67.c4 ♔b3 68.c5 a4 69.c6 ♗d6 70.♗b6 a3 71.c7 ♗xc7 72.♗xc7

− 72...♔b2? 73.♗d8 a2 74.♗xg5 a1♕ 75.♗f6+ +−

− ⌓72...a2 73.♗e5 ♔b4=

62...♔a2 63.♗c5 ♗e2 64.♘f2 ♗f3 65.♔c2 ♗c6 66.♗d4 ♗d7 67.♗c5 ♗c7 68.♗d4 ♗e6 69.♗c5 f3 70.♗e3 ♗d7 71.♔c1 ♗c8 72.♔c2 ♗d7 73.♔c1 ♗f4

73...♗g3 74.♔c2 ♗xf2 75.♗xf2 ♗xg4 76.♗g3=

74.♗xf4 gxf4 75.♔c2 ♗e6 76.♔c1 ♗c8 77.♔c2 ♗e6 78.♔c1 ♔b3 79.♔b1 ♔a4 80.♔c2 ♔b5 81.♔d2 ♔c6 82.♔e1 ♔d5 83.♔f1 ♔e5 84.♔g1 ♔f6 85.♘e4+ ♔g6 86.♔f2 ♗xg4 87.♘d2 ♗e6 88.♔xf3 ♔f5 89.a4 ♗d5+ 90.♔f2 ♔g4 91.♘f1 ♔g5 92.♘d2 ♔f5 93.♔e2 ♔g4 94.♔f2 ½-½

Kapitel VI

Der richtige Abtausch

Dieses Thema ist unter anderem deshalb so wichtig, weil etwas, das abgetauscht wurde, nicht mehr aufs Brett zurückkehrt.

Abtauschfragen gehören zu den Markenzeichen von Magnus Carlsen und das gewitzte Zitat „Bobby Fischer hat keine schlechten Figuren, und wenn er doch welche hat, dann tauscht er sie ab“ könnte durchaus auch auf ihn gemünzt sein.

Es gibt sehr viele Faustregeln, die aber alle nicht besonders gut sind. Allerdings hat Magnus ein sehr feines Gespür für die Regeln und die Ausnahmen von den Regeln. Im Rahmen dieses Werkes können leider nicht alle Details voll ausgeleuchtet werden.

Es gelten folgende Faustregeln:

- Fast jeder Abtausch führt zu mehr oder weniger großem Nutzen für die eine oder die andere Seite. Stellen Sie sicher, dass *Sie* der Nutznießer sind!
- Wichtig ist das, was auf dem Brett bleibt, und nicht das, was abgetauscht wird.
- Der Angreifer sollte den Abtausch von Angriffspotenzial möglichst vermeiden.
- Die auf Gewinn spielende Seite sollte den Abtausch von Gewinnpotenzial möglichst vermeiden.
- Als Verteidiger ist man bestrebt, möglichst viele Bauern abzutauschen.
- Die Seite, die mit zwei Leichtfiguren gegen einen Turm kämpft, sollte Abtausch möglichst vermeiden.
- Die Seite, die über Raumvorteil verfügt, sollte Abtausch möglichst vermeiden.
- Die Verteidiger von Schwächen sollten möglichst abgetauscht werden.

1) Die Verteidiger von Schwächen sollten möglichst abgetauscht werden.

Mit *Schwächen* sind im folgenden Beispiel schwache Felderkomplexe gemeint.

Carlsen, Magnus (2250)

Bindrich, Falko (2172)

WM U12, Iraklion 2002

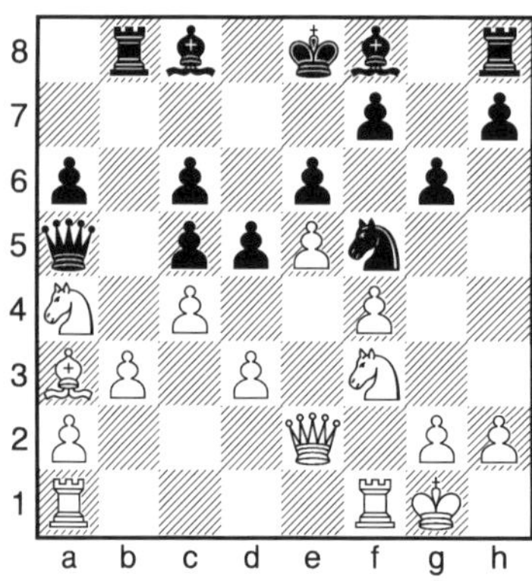

Die schwarzen Felder im schwarzen Lager sind chronisch schwach und die Dame ist ein wichtiger Verteidiger.

15.♕e1! ♖b4

Nach 15...♕xe1 16.♖axe1 ♘d4 17.♗xc5 fällt erst der Bauer c5 und danach bricht die gesamte Stellung in sich zusammen.

16.♗xb4 cxb4 17.cxd5 exd5 18.♖c1 c5 19.♕f2 d4 20.♘d2 ♗b7 21.♘c4 ♕c7 22.♖fe1 1-0

Im folgenden Beispiel führt ein Abtausch zu anhaltender weißfeldriger Initiative.

Carlsen, Magnus (2822)

Aronian, Levon (2809)

Saint Louis 2017

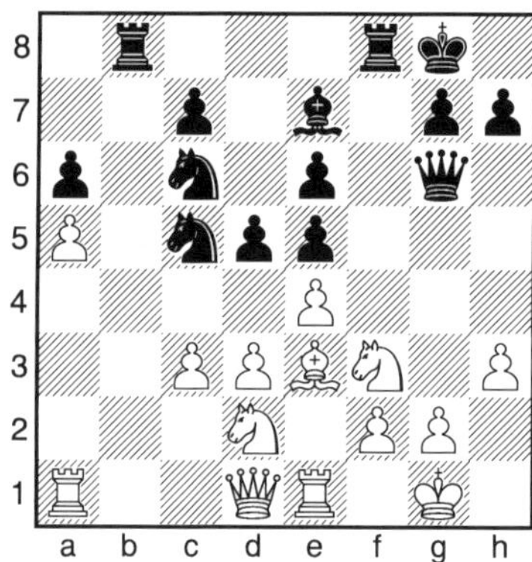

19.♗xc5!

Wichtig ist nicht, was vom Brett verschwindet – wichtig ist, was auf dem Brett bleibt. Und bezüglich dieser Faustregel sichert dieser Tausch Weiß eine weißfeldrige Initiative.

19...♗xc5 20.♕a4 ♖b2

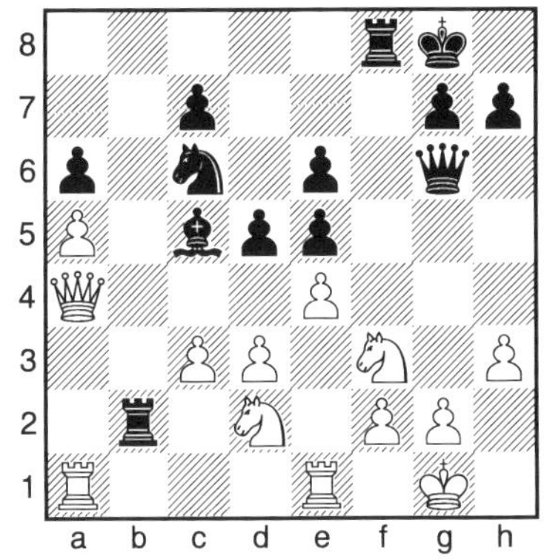

21.♖f1!!

Eine sehr starke und für Magnus typische Prophylaxemaßnahme.

Denn das überstürzte 21.♕xc6?? führt nach dem bösen Konter 21...♗xf2+ 22.♔xf2 ♖xd2+ sogar zum Verlust.

21...♘a7?

Mit 21...♕e8 22.♖ab1 ♖xb1 23.♖xb1 ♕d7 war der Schaden in Grenzen zu halten.

22.♘xe5 ♕h6 23.♘df3 ♘b5 24.♖ae1 ♘xc3 25.♕c6

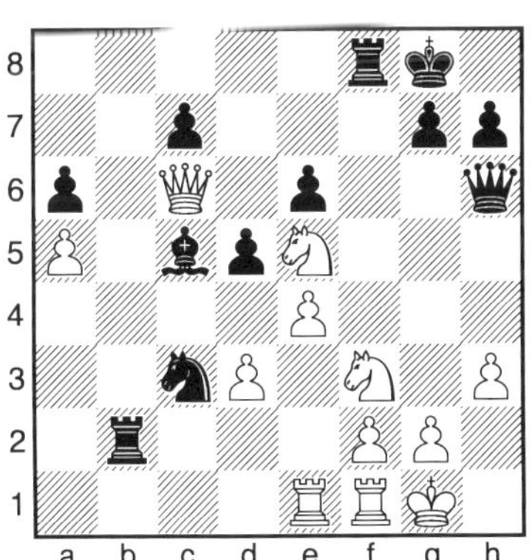

Erst jetzt macht Magnus sich an die Ausbeutung der Schwächen.

25...♗b4 26.♔h1

26.♘d7!?+−

26...dxe4 27.dxe4 ♘e2 28.♖b1 ♖xb1 29.♖xb1 ♗d6 30.♕xa6?!

30.♘g4 war genauer; z.B. 30...♕g6 31.♘fe5 ♕g5 32.♘d7 ♖d8 33.e5+−.

30...♘f4 31.♕b5 c5 32.a6 ♗xe5 33.♘xe5 ♕g5 34.♘g4 h5 35.♘e3 ♘xg2

Verzweiflung, aber die Stellung ist ohnehin verloren.

36.♘xg2 ♖xf2 37.♖g1 ♔h7 38.♕d3 ♕e5 39.♕e3 ♖a2 40.♕f4 ♕c3 41.♘e3 ♕f6 42.♕xf6 gxf6 43.♖c1 ♖xa6 44.♔g2 ♖a2+ 45.♖c2 ♖a5 46.♔f3 ♔g6 47.h4 ♖b5 48.♖a2 ♖b1 49.♖c2 ♖b5 50.♖c3 f5 51.exf5+ exf5 52.♖d3 1-0

2) Damentausch

Nach Verschwinden der stärksten Figuren ändert sich die gesamte Dynamikbilanz und statische Stellungsfaktoren gewinnen in der Regel an Bedeutung.

Dreev, Alexey (2648)

Carlsen, Magnus (2827)

FIDE World Cup, Tiflis 2017

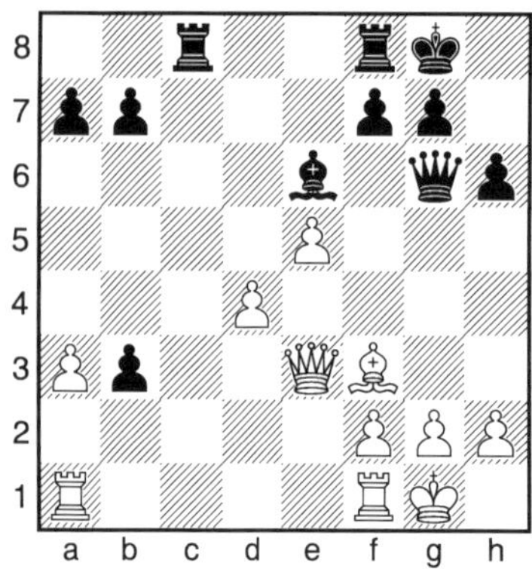

19...♕g5!?

Durch den Damentausch wird der Freibauer b3 enorm aufgewertet.

20.♖ab1 ♕xe3 21.fxe3 ♖fd8 22.♗xb7 ♖c3 23.d5 ♗d7 24.♖f4 a5 25.♔f2?

Nach dieser schablonenhaften Zentralisation des Königs gerät der Läufer ins Gedränge.

Nach dem erzwungenen Vorstoß 25.d6! führte die mögliche Folge 25...♗e6 26.♖d4 ♖b8 27.♗d5 b2 28.♗e4 ♖xe3 29.♗d3 zu praktischen Remischancen.

25...♖b8 26.♗c6

Die Flucht ins Turmendspiel rettet trotz der dort häufig gegebenen Remis-Tendenz nicht.

26.♗a6 verliert allerdings auch: 26...b2 27.a4 ♖c2+ 28.♔f3 ♖c1 29.♗d3 ♖b3 30.♖d4 ♖xd3−+.

26...♗xc6 27.dxc6 ♖xc6 28.♖d4

28.♖b2 ♖c1 29.a4 ♖a1−+

28...♖c2+ 29.♔f3 b2 30.♖dd1 ♖b5

30...♔f8−+

31.a4 ♖xe5 32.♖d8+ ♔h7 0-1

Aufgaben

(Lösungen ab Seite 82)

Aufgabe 1

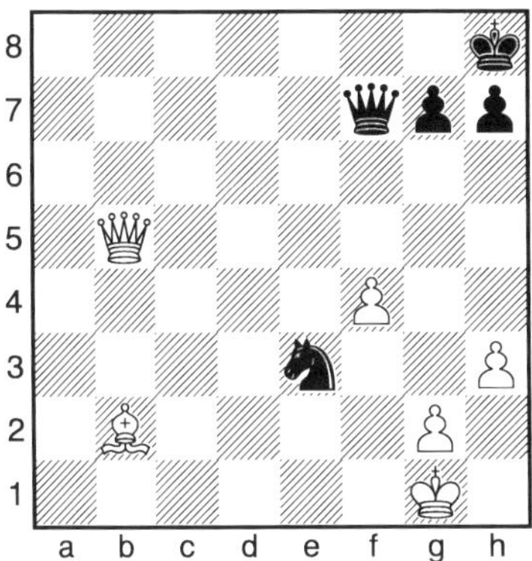

Wie gewinnt Weiß am überzeugendsten?

Aufgabe 2

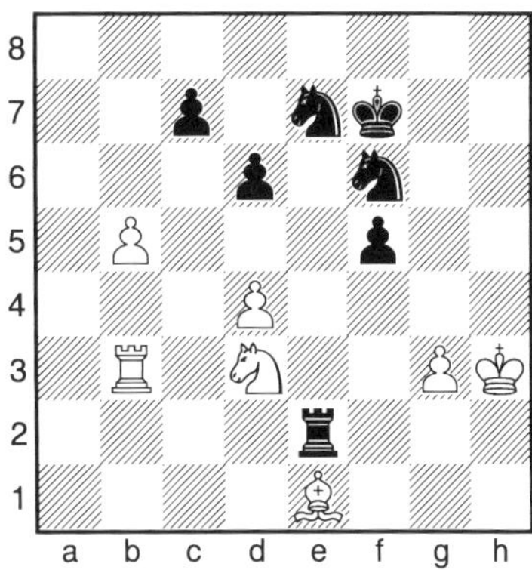

Ist das Abtauschangebot 48.b6 gut?

Lösungen

Lösung 1

Carlsen, Magnus (2827)

Birkisson, Bardur Orn (2164)

Douglas 2017

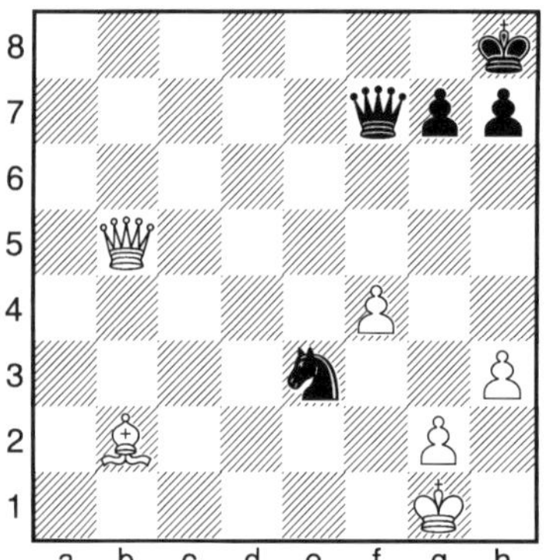

30.♕b8+

30.♗xg7+ ♔xg7 31.♕e5+ bzw. 30...♕xg7 31.♕e8+ gewinnt natürlich ebenfalls.

30...♕g8 31.♗xg7+ ♔xg7 32.♕e5+ ♔f7 33.♕xe3 ♕g6 34.♔h2 h5 35.♕b3+ ♔f8 36.♕b8+ ♔g7 37.♕e5+ 1-0

Lösung 2

Perelshteyn, Eugene (2524)

Carlsen, Magnus (2827)

Douglas 2017

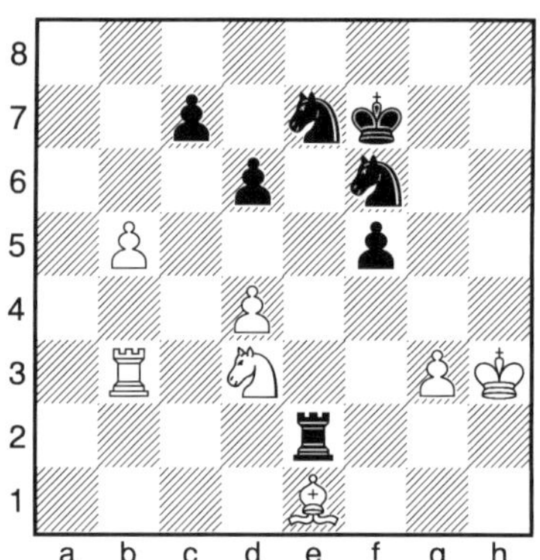

48.b6?

Das erleichtert die schwarze Aufgabe ganz erheblich.

48.♗a5 ♘ed5 49.♖b2 war viel zäher.

48...cxb6 49.♖xb6 ♘e4 und **0-1** angesichts der möglichen Abspiele:

– 50.g4 ♖e3+ –+

– 50.♖b2 ♘g5+ 51.♔h4 ♘f3+ 52.♔h3 ♖xb2 53.♘xb2 ♘xe1–+

– 50.♖b3 ♘g5+ 51.♔h4 ♘f3+ 52.♔h3 ♖h2#

Kapitel VII

Dominanz– und Restriktionsmethoden

Der richtige und effektive Umgang mit diesen positionellen Methoden ist eines der Hauptmerkmale von Magnus Carlsens Schach-DNA. Während er einerseits die gegnerischen Möglichkeiten immer mehr beschneidet, baut er andererseits die eigenen immer weiter aus.

Bei der Handhabung dieser Methoden sind die verschiedenen Spielertypen unterschiedlich gut. Starke Reflektoren wie Karpow, Kramnik und Capablanca engen besonders die gegnerischen Springer oft so ein, dass sie im Endspiel davon profitieren können.

Da diese Art von Einschränkung auch Magnus häufig geradezu lehrbuchartig gelingt, beschränke ich mich hier fast ausschließlich darauf.

Es gelten folgende Faustregeln:

- Da der Springer eine Figur ist, die in der Schachsprache als 'kurzschrittig' bezeichnet wird, kann er mitunter ziemlich ungelenk wirken.
- Zur Einschränkung eines Springers setzt der Angreifer oft auch Bauern ein.
- Springer brauchen konkrete Aufgaben und mögen keine Passivität.
- In der Endspieltheorie gibt es sogenannte 'Dominanz–Distanzen', deren Herbeiführung bzw. Einhaltung dem Zweck dient, dem Springer jegliches Schachgebot zu nehmen. Die folgenden Diagramme zeigen zwei der wichtigsten dieser Art, nämlich den sogenannten 'Springerschachschatten' und die sogenannte 'Karpow–Distanz'.

Springerschachschatten

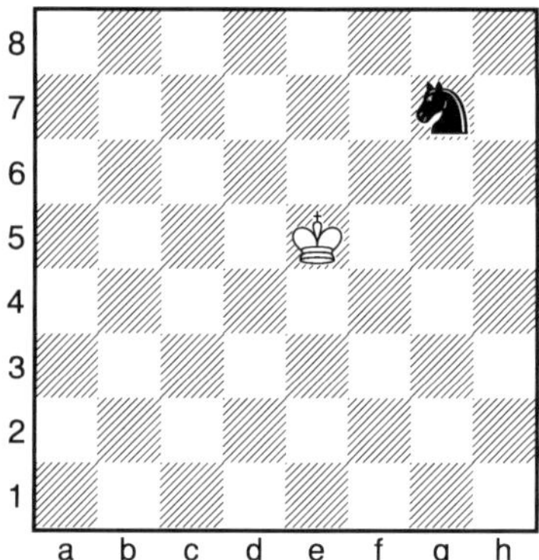

Karpow–Distanz

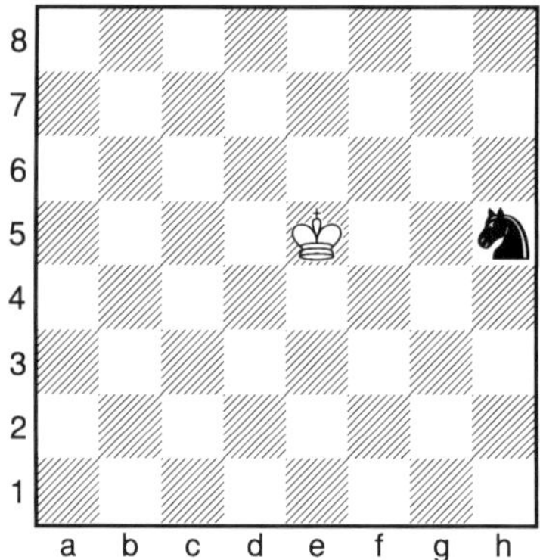

Im ersten Beispiel leistet Magnus Carlsens aktive Dame den entscheidenden Beitrag zum Sieg.

Ni Hua (2665)

Carlsen, Magnus (2801)

London 2009

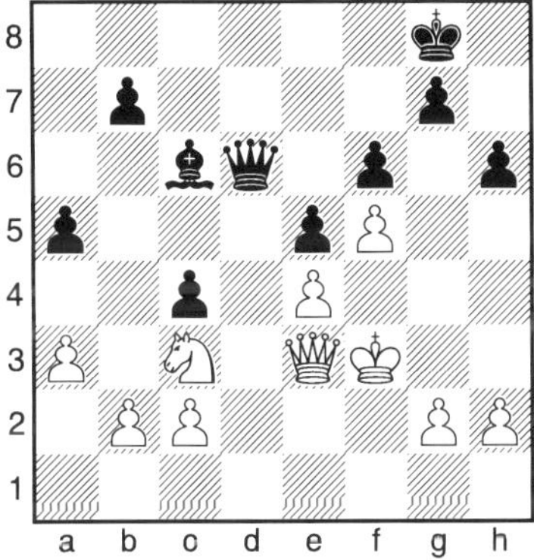

31.g3?!

Weiß sollte unbedingt mit 31.♔e2 prophylaktische Maßnahmen ergreifen, um 31...b5? mit 32.♕b6 beantworten zu können, ohne einen Läuferabzug befürchten zu müssen.

31...b5!

Nun wird es eng für Weiß, weil der Springer immer mehr eingeschränkt wird.

32.♔e2 b4 33.axb4 axb4 34.♘d1 ♗a4

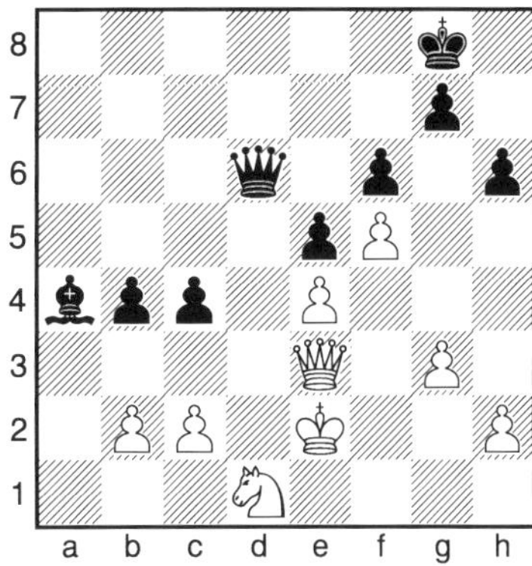

35.b3?

Dieser Gegenangriff öffnet den schwarzen Aggressoren zu viele Einbruchswege.

Weiß musste unbedingt versuchen, sich mittels 35.♕d2! zu entlasten; z.B. 35...♕d4 36.♕xd4 exd4 37.♔d2 ♗b5 38.c3 dxc3+ 39.bxc3 b3 40.♔e3 ♗e8 41.♔d4 ♗f7 (Ftaćnik im *ChessBase Magazin* 134) 42.e5 fxe5+ 43.♔xe5 mit Ausgleich, weil der Springer hier eine gute Blockaderolle gefunden hat.

35...cxb3 36.cxb3 ♕a6+ 37.♔d2

37.♔e1? ♗c6 38.g4 ♕a8 39.♘f2 ♕a1+ 40.♔e2 ♕b2+ 41.♔f3 ♗e8 42.h4 ♗f7 43.g5 fxg5 44.hxg5 ♕xb3−+

37...♗b5 38.♕c5 ♕a2+

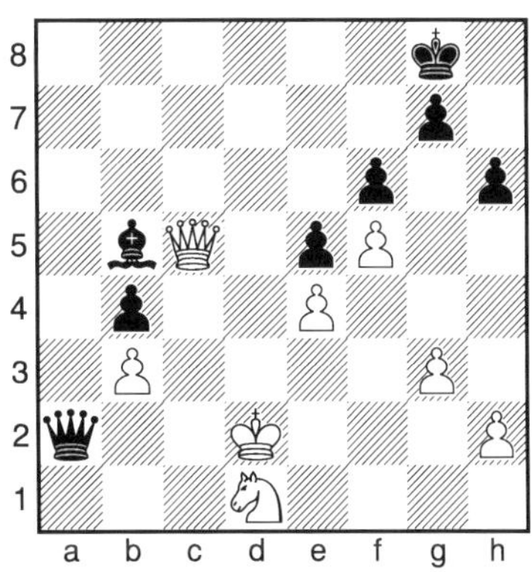

39.♕c2?

Erneut sollte Weiß versuchen, die Damen zu tauschen, weil Schwarz von den dynamischen Faktoren ihrer Anwesenheit weit mehr profitiert.

Letztlich sollte Magnus sich nach 39.♔c1! ♗e2 40.♘e3 ♕xb3 41.♕d5+ mit der möglichen Folge 41...♕xd5 42.exd5 (42.♘xd5 ♗d3–+) 42...♔f7 43.♔d2 ♗f3 44.♔d3 ♔e7 45.♔c4 ♔d6 46.♔xb4 ♗xd5 allerdings trotzdem durchsetzen.

39...♕a7!

Nun ist es nicht mehr zu verhindern, dass die Dame an einem der Flügel eindringt.

40.♕c8+

40.♔c1 ♕a1+ 41.♕b1 ♕d4 42.♕c2 ♔h7–+

40...♔h7 41.♔c1 ♕a1+ 42.♔c2 ♕d4 0-1

Im zweiten Beispiel lässt Schwarz seinen Springer zu lange im Abseits stehen.

Carlsen, Magnus (2714)

Naiditsch, Arkadij (2639)

Khanty Mansiysk 2007

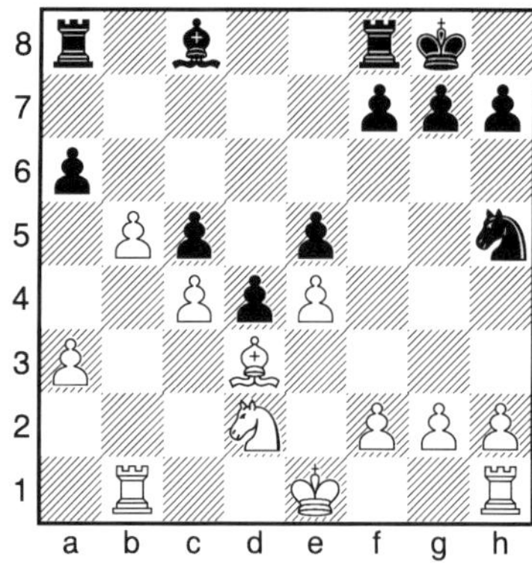

19.g3!

So legt Magnus augenblicklich den Finger auf die Wunde.

19...axb5 20.cxb5

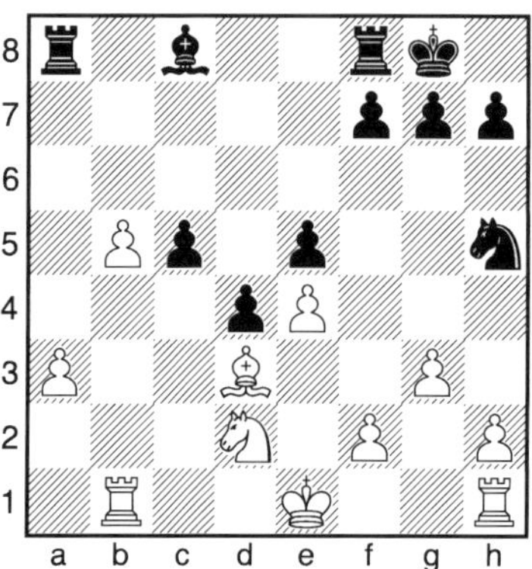

20...♖xa3?

Das geht endgültig zu weit. Der Springer musste unverzüglich mit 20...♘f6 ins Spiel zurückbeordert werden. Hier ein Blick auf drei Alternativen mit jeweils ausreichendem schwarzem Gegenspiel.

1) 21.♔e2 ♗g4+ 22.f3 ♗e6 23.♖a1 ♖a4 24.♖hc1 ♘d7

2) 21.♖a1 ♗e6 22.a4 ♖a5 23.♔e2 ♖fa8 24.♖hb1 ♘d7 25.b6 ♖b8 26.b7 ♔f8

3) 21.♘c4 ♗e6 22.♘xe5 ♖xa3 23.b6 ♘g4 24.♘xg4 ♗xg4 25.♔d2 ♖a2+ 26.♗c2 ♗f3 27.♖a1 ♖xc2+ 28.♔xc2 ♗xe4+ 29.♔d2 ♗xh1 30.♖xh1 ♖b8 31.♖b1 ♔f8

21.♔e2 ♗b7?!

21...♘f6 ist zwar genauer, aber die weiße Initiative ist sehr nachhaltig; z.B. 22.♖hc1 ♘d7 23.♖a1 ♖xa1 24.♖xa1 ♘b6 25.♘c4 ♘xc4 26.♗xc4 ♗b7 27.♔d3 ♖b8 28.f4 exf4 29.gxf4 ♔f8 30.♖a7 mit guten Gewinnchancen.

22.♖hc1 ♖c8 23.♘c4 ♖a2+ 24.♔e1

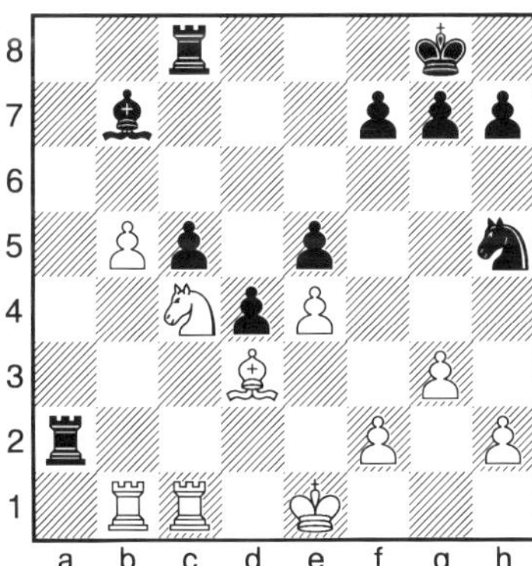

24...♖d8?

Für diese Prophylaxe hat Schwarz einfach keine Zeit. Weil der Springer ohnehin ziehen muss, sollte direkt 24...♘f6 geschehen, um nach 25.♘d6 mit 25...♖b8 26.♖xc5 ♖a3 weiterzukämpfen.

25.♘xe5 ♘f6 26.♗c4 d3

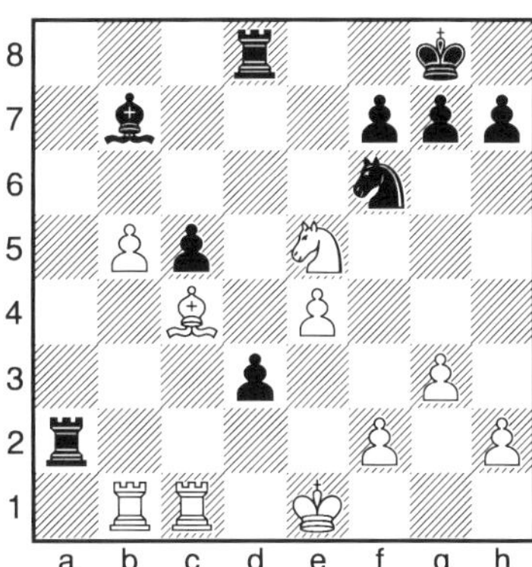

27.♘xd3!?

Magnus hält alles einfach und klar.

Die Verwicklungen nach 27.♗xf7+ ♔f8 28.♗xa2 d2+ 29.♔e2 dxc1♕ 30.♖xc1 ♘xe4 31.♗b1 ♔e7 32.♗xe4 ♗xe4 33.♔e3 ♗b7 34.♖xc5 ♔d6 35.♔d4 ♔e6+ 36.♔c3 gehen zwar auch zu seinen Gunsten aus, aber warum sollte man sich solch immensen Rechenaufwand zumuten?

27...♖aa8 28.f3!?

Magnus schränkt die gegnerischen Figuren in dem für ihn typischen Stil ein und behält Gewinnpotenzial auf dem Brett.

Direkt 28.♘xc5 mit der Folge 28...♗xe4 29.♘xe4 ♘xe4 30.b6 gewinnt allerdings auch, wie folgende Varianten veranschaulichen:

- 30...♘d2 31.b7 ♖ab8 32.♖b2 ♘xc4 33.♖xc4 g6 34.♖c7+−

- 30...♖e8 31.♗b5 ♖e6 32.b7 ♘d6+ 33.♗e2 ♖b8 (33...♖ae8 34.♖c2 ♖b8 35.♔f1+−) 34.♖b6 ♔f8 35.♖a1 ♔e7 36.♖a8 ♖xb7 37.♖xb7+ ♘xb7 38.♖a7 ♖b6 39.♗f3+−

28...♘d7 29.♗b3 ♖dc8 30.♖c3 ♔f8 31.♖bc1 ♖a3

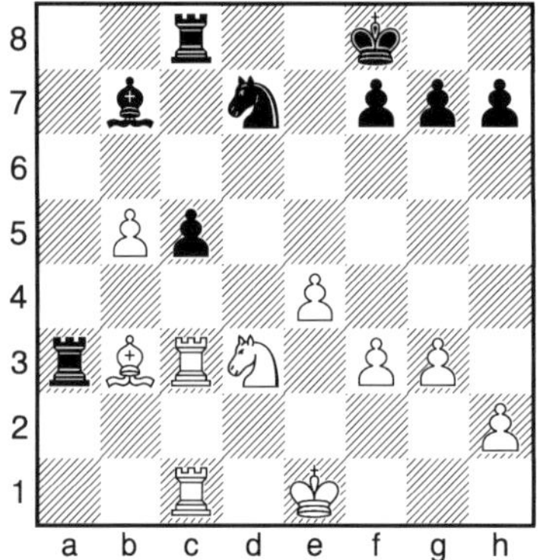

Die folgende entscheidende Umgruppierung bringt die schwarze Auffangstellung zum Einsturz.

32.♘b2! ♘b6 33.♘c4 ♘xc4 34.♗xc4 ♖ca8 35.♖xa3 ♖xa3 36.♗e2 f5

Das geht nach hinten los, weil Weiß das Turmendspiel relativ leicht gewinnen kann. Guter Rat ist aber bereits teuer.

37.exf5 ♗xf3

37...♔e7 38.♖xc5 ♔d6 39.♖c2 ♗xf3 40.♗xf3 ♖xf3 41.b6 ♖xf5 42.♖c7+−

38.♗xf3 ♖xf3 39.♖b1 ♖d3

39...♖xf5 40.b6 ♖e5+ 41.♔d2 ♖e8 42.♔c3+−

40.b6 ♖d8 41.b7 ♖b8 42.♔d2 ♔e7 43.♔c3 ♔d6 44.g4 h6 45.♔c4 ♔c6 46.h4 ♖xb7 47.♖xb7 ♔xb7 48.g5 hxg5 49.hxg5 und **1−0** angesichts der Folge 49...♔c6 50.f6 gxf6 51.g6.

Im nächsten Beispiel tanzt Magnus Carlsens Turm gleich *zwei* Springer aus.

Eljanow, Pawel (2687)

Carlsen, Magnus (2765)

Foros 2008

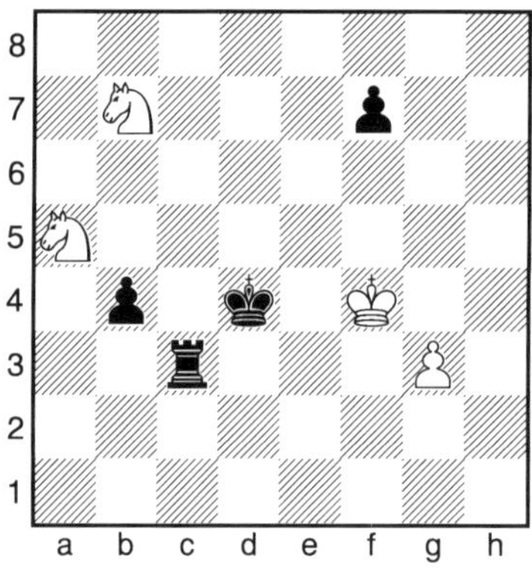

67...♔d5!

Mit diesem schönen Dominanz−Zug wird die vertrackte Geometrie der Springer−positionen effektiv ausgenutzt.

68.♘d8 ♖c8 69.♘db7

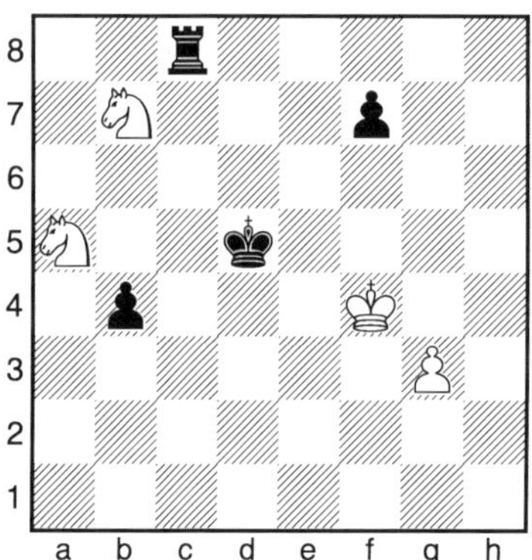

69...♖c3

69...♖c7 gewann schneller, ist aber unübersichtlicher: 70.♘d8 ♖c5 71.♘b3 ♖c4+ 72.♔f5 ♖c3 73.♘a5 ♖xg3 74.♘xf7 ♖f3+ 75.♔g6 ♖a3 76.♘b7 b3−+ und die dominierten Springer machen einen gar traurigen Eindruck.

70.♘d8 ♖a3

70...♖c5!? 71.♘b3 ♖c4+ führt unter Zugumstellung zu der Variante 69...♖c7 aus der letzten Anmerkung.

71.♘dc6 b3 72.♘xb3 ♖xb3 73.♘e5 ♖b1 74.g4 ♖f1+ 75.♘f3 ♔e6 76.♔g3 ♖a1 77.♔f4 ♖a4+ 78.♔g3 ♔d5

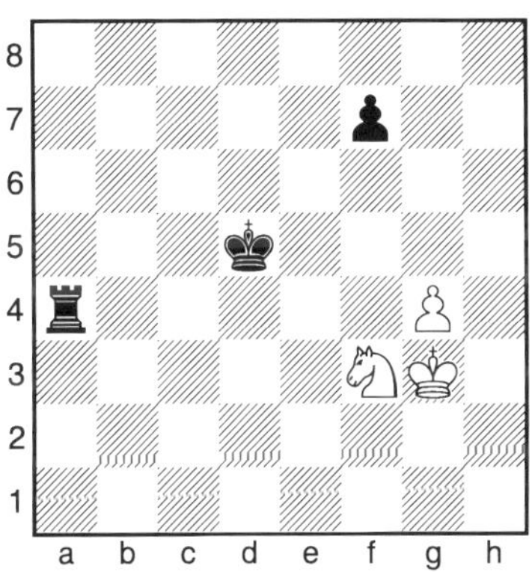

79.♘h4

Auch nach 79.♘g5 f6 80.♘h3 dringt Schwarz langsam aber sicher in die weiße Stellung ein; z.B. 80...♖a3+ 81.♔h4 ♔e5 82.♘g1 ♖a8 83.♔g3 ♔e4 84.♘h3 ♖d8 85.♘f2+ (85.♘f4 f5−+) 85...♔e3 86.♘h3 ♖d4 87.♘g1 ♖d7 88.♘h3 ♖g7 89.♘f2 f5 90.♘d1+ ♔e2 91.♘f2 f4+ 92.♔xf4 ♔xf2 93.g5

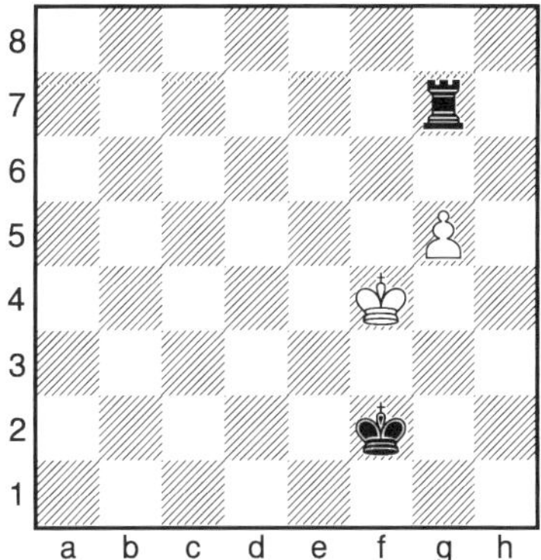

Mit 93...♖g8! gewinnt Schwarz das Oppositions-Duell durch Zugzwang und umgeht den weißen König danach in typischer Manier; z.B. 94.♔g4 ♔g2 95.♔f5 ♔g3 96.♔f6 ♔g4 97.g6 ♔h5−+.

79...♔e4 80.g5 ♔e5 81.♔h3 ♔f4 82.g6 ♔g5 0-1

Im Endspiel mit Türmen und Springern gilt oft das geflügelte Wort: Eine leichte Initiative wiegt schwer!

Carlsen, Magnus (2855)
Anand, Viswanathan (2770)
Leuven Rapid 2016

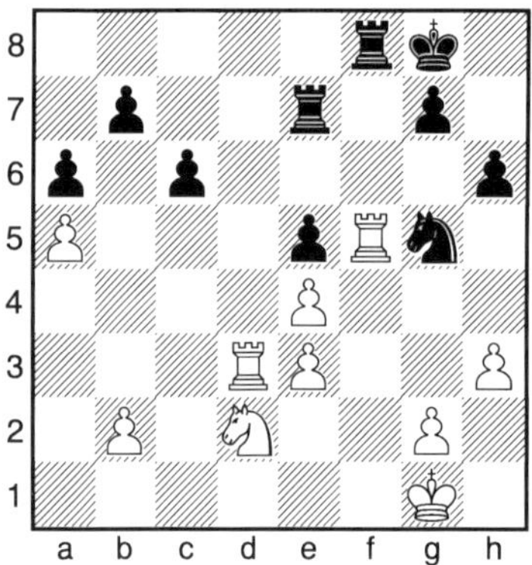

Zunächst engt Magnus die gegnerischen Optionen immer mehr ein.

27.h4 ♘h7 28.♘b3 ♘f6 29.♘c5 ♖ff7 30.h5 ♔h7?

Nach der erforderlichen Maßnahme 30...♖e8 kann Schwarz noch kämpfen.

31.♖d8!

Das legt die gegnerische Stellung vollends lahm.

31...g6 32.hxg6+ ♔xg6 33.♖d6 ♔g7 34.♘e6+ ♔g6 35.♘d8 ♖f8 36.g4 c5 37.b3

Und nun entscheidet fataler Zugzwang.

37...♖ee8 38.♘xb7 1-0

Im folgenden Fall kann selbst ein scheinbar sicherer Stützpunkt im Zentrum dem Springer nicht helfen.

Carlsen, Magnus (2840)
Wei, Yi (2706)
Wijk aan Zee 2017

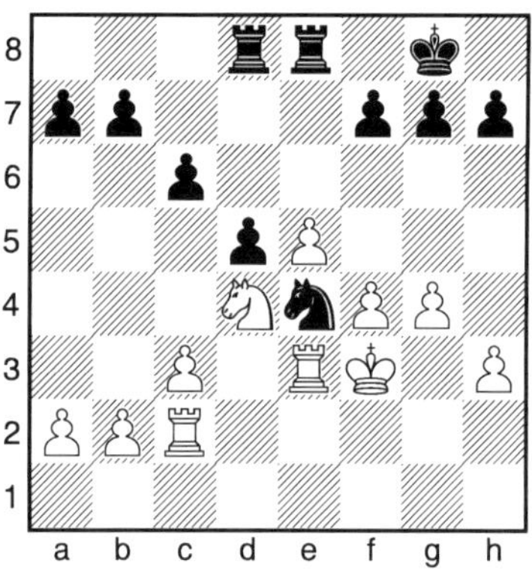

29.b4

Zunächst wird der Springer durch die Vereitelung seiner letzten Zugmöglichkeit maximal eingeschränkt.

29...g5?

Dieser ungestüme Vorstoß schafft im Endeffekt nur weitere Schwächen.

⌓29...f6! 30.exf6 ♘xf6 31.♘e6 ♖c8 32.♖ce2 ♔f7 33.♘g5+ ♔f8 34.f5±

(G. Meier im *ChessBase Magazin* 177)

30.c4 c5

30...gxf4 31.♔xf4 f6 32.e6 ♘g5 33.c5 ♘e4 34.♔f5 ♔g7 35.a4 a6 36.h4+−

31.♘b5

Nunmehr ist der Springervorposten entscheidend unterminiert.

31...gxf4 32.♔xf4 cxb4 33.cxd5 und **1-0** angesichts der Folge 33...♘c3 34.♘xc3 bxc3 35.♔e4+–.

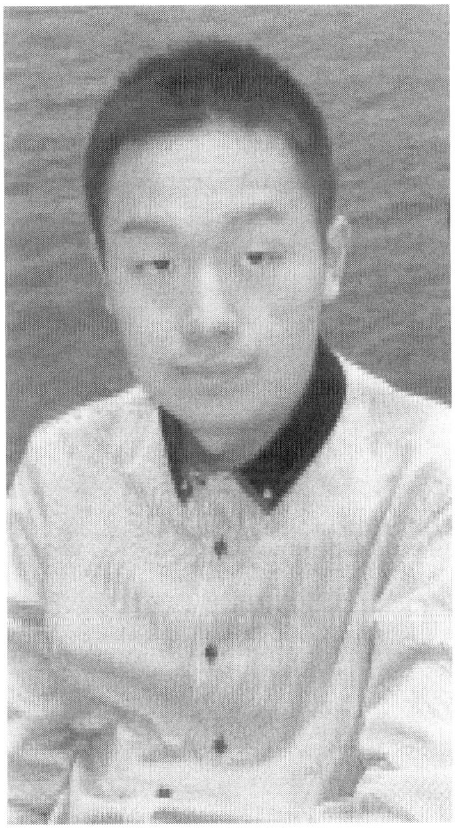

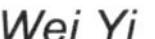

Wei Yi

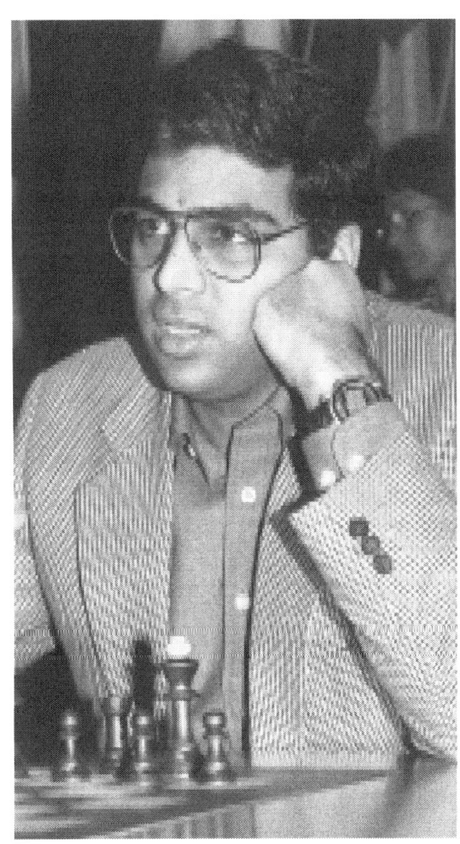

Viswanathan Anand

Aufgaben

(Lösungen ab Seite 94)

Aufgabe 1

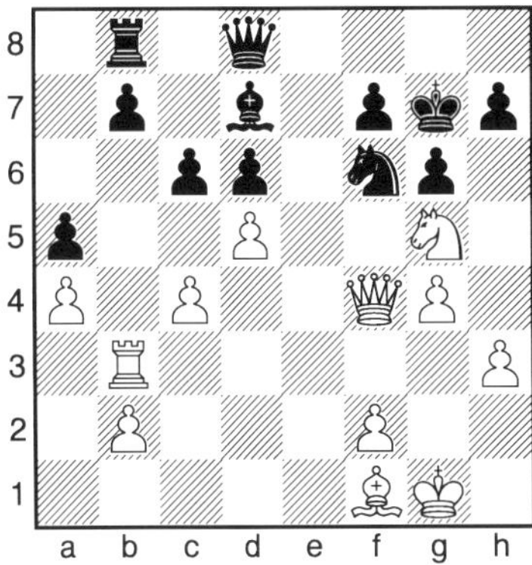

Weiß am Zug gewinnt

Aufgabe 2

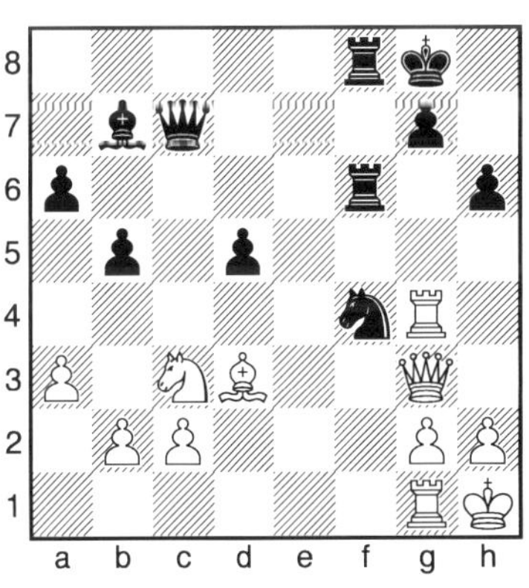

Schwarz am Zug gewinnt

Aufgabe 3

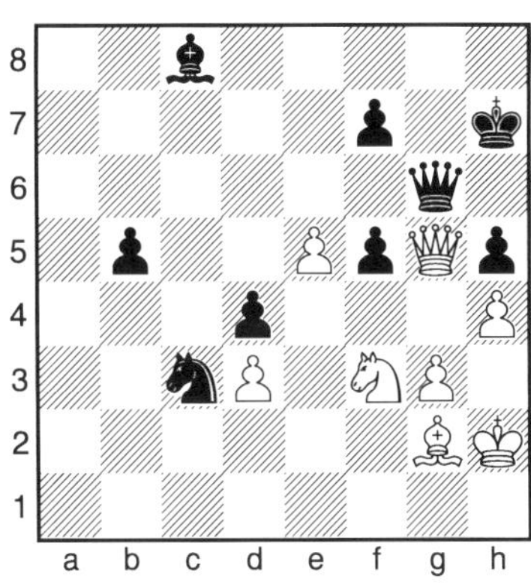

Weiß am Zug gewinnt

Aufgabe 4

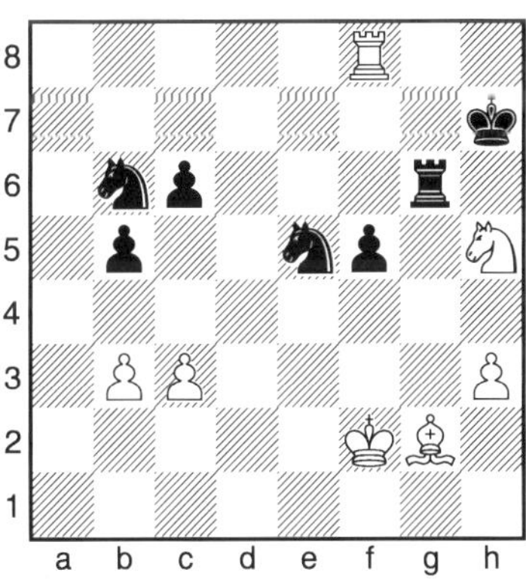

Weiß am Zug gewinnt

Lösungen

Lösung 1

Carlsen, Magnus (2843)

Aronian, Levon (2764)

Norway Chess, Stavanger 2018

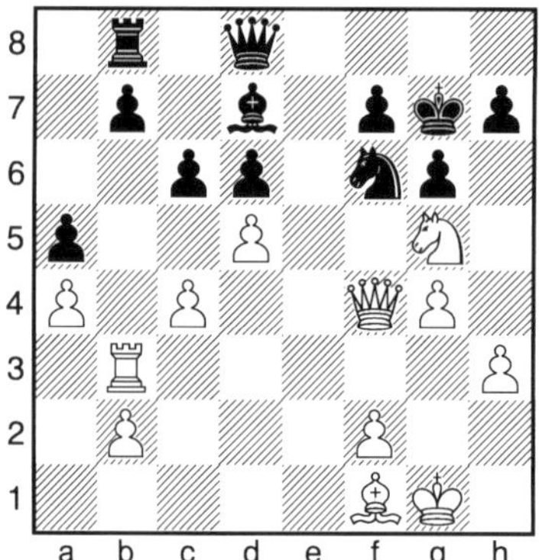

28.♖f3!

28.♕xd6 ist auch nicht schlecht, aber nicht ganz so durchschlagend, wie aus den folgenden Varianten hervorgeht:

– 28...cxd5 29.♖f3 ♖a8 30.♕e5 h6 31.♘h7 ♔xh7 32.♖xf6+–

– 28...h6 29.♘e6+ ♗xe6 30.♕xd8 ♖xd8 31.dxe6+–

28...h6

28...♕e7 29.♖e3 ♕d8 30.♕xd6 h6 31.♘e4 ♘xe4 32.♖xe4+–

29.♘e4 ♘xe4 30.♕xf7+ ♔h8 31.♕xg6 1-0

Lösung 2

Karjakin, Sergey (2720)

Carlsen, Magnus (2810)

Wijk aan Zee 2010

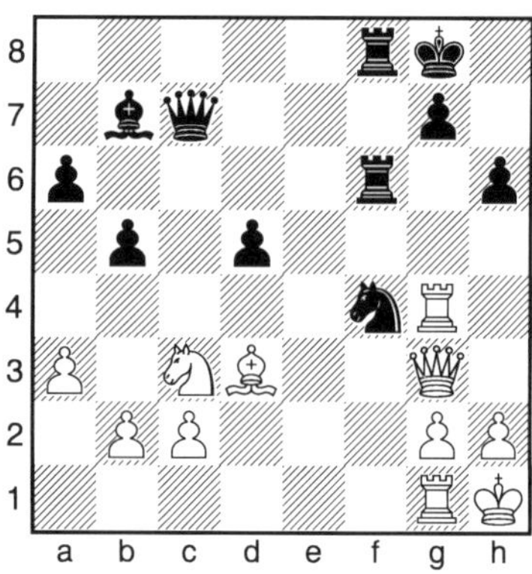

25...♕e7!

„Nach diesem Schlüsselzug steht Schwarz komplett auf Gewinn. Die Pointe besteht in der weiteren Kontrolle des Feldes e2, wodurch dem weißen Springer nach d5–d4 kein gutes Feld mehr bleibt. Die taktische Rechtfertigung basiert auf einem leicht überraschenden Damenopfer."

(Magnus Carlsen im *ChessBase Magazin* 135)

26.♖xf4

26.h3 d4 27.♖e1

(Nach 27.♘e2 ♘xe2 28.♗xe2 ♗c8! geht eine Qualität verloren.)

27...♕xe1+! 28.♕xe1 ♘xd3 und Schwarz bleibt stets materiell im Vorteil.

(Magnus Carlsen im *ChessBase Magazin* 135)

26...♖xf4 27.♘e2 ♖f1 28.♘d4 ♖xg1+ 29.♔xg1 ♖e8

„Mit Damen auf dem Brett hätte Weiß vielleicht noch hoffen können, Widerstand zu leisten. Ohne Damen aber muss die Mehrqualität ins Gewicht fallen, obwohl der Springer auf d4 die Stellung im Moment noch zusammenhält."

(Magnus Carlsen im *ChessBase Magazin* 135)

30.h4 ♕e1+ 31.♔h2 ♕xg3+ 32.♔xg3 ♔f7 33.♔f2 ♔f6 34.g3 ♗c8 35.c3 ♗g4 36.♗c2 g5 37.hxg5+ hxg5 38.♗b3 ♔e5 39.♗c2 ♖f8+ 40.♔g2 ♗d7 41.♘f3+ ♔f6 42.♗b3 g4 43.♘d4 ♔e5 44.♗c2 a5 45.♗d1 ♔e4 0-1

Lösung 3

Carlsen, Magnus (2822)

Karjakin, Sergey (2773)

Saint Louis 2017

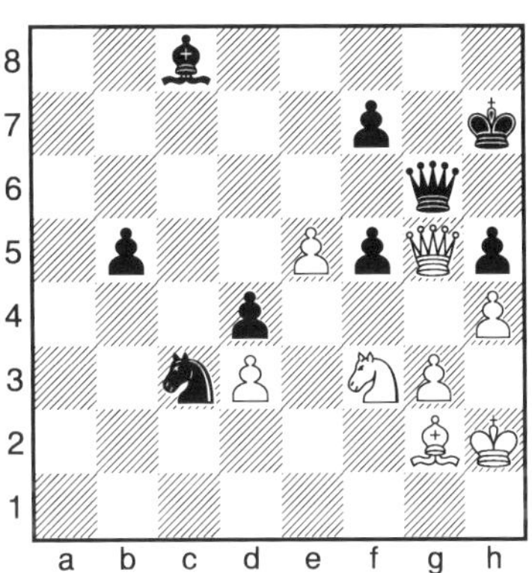

39.♕d8 ♗e6 40.♘g5+ ♔g7 41.♕xd4 ♘a4 42.♘h3 1-0

Lösung 4

Carlsen, Magnus (2843)

Hou, Yifan (2654)

Grenke Chess Classic 2018

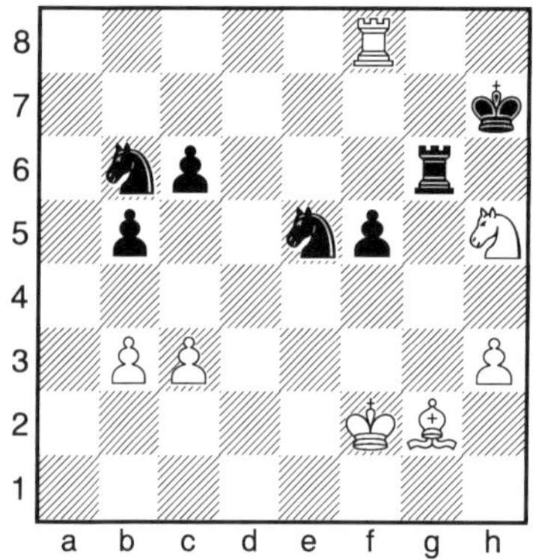

43.♘f4!

Nach dem gierigen Ansatz 43.♖xf5?! und der möglichen Folge 43...♘d3+ 44.♔f1 ♖e6 bzw. 44.♔e3 ♖xg2 45.♔xd3 ♖b2 46.b4 ♘a4 47.♘f4 ♖f2 erhält Schwarz lästiges Gegenspiel.

43...♖d6 44.♖xf5 ♘bd7 45.♔e2 ♔g7 46.h4 ♘f7 47.♗e4 ♘de5 48.♘h5+ ♔h6 49.♘g3 ♖e6 50.♔e3 ♔g7 51.♖f1 ♔f8 52.♘f5 ♘g4+ 53.♔f4 ♘f6 54.♗f3 ♘d5+ 55.♗xd5 cxd5 56.♖a1 ♔g8 57.♖a8+ ♔h7 58.♖a7 ♖f6 59.h5 ♔g8 60.♖d7 b4 61.cxb4 1-0

Kapitel VIII

Aktive Prophylaxe

Da diese Technik sich im Arsenal aller großen Schach–Virtuosen findet, gehört sie selbstverständlich zu den Markenzeichen von Magnus Carlsens Schach–DNA. Auch die sowjetische Schachschule (mit Vertretern wie beispielsweise Mark Dworetski und Artur Jussupow) hat stets großen Wert auf dieses Konzept gelegt.

Man sollte also immer beachten, was der Gegner droht bzw. plant und wie man am besten damit umgehen kann. Sehr wichtig ist es dabei allerdings, sich nicht nur auf die passive Vermeidung von Drohungen zu beschränken, sondern auch aktive Komponenten beizusteuern wie beispielsweise die Einschränkung gegnerischer Optionen. Denn gute Prophylaxe besteht nicht allein aus passiven Deckungsrückzügen und der Grat zwischen Prophylaxe und Passivität ist mitunter sehr schmal.

Es gelten folgende Faustregeln:

- Man sollte stets zuerst herausfinden, was der Gegner droht bzw. plant und welche Bedeutung seinem letzten Zug diesbezüglich zukommt.
- Rein passive Verhinderungszüge sind oft problematisch. Besonders gut ist es, wenn es einem gelingt, den gegnerischen Plan zu durchkreuzen und den eigenen gleichzeitig zu fördern.

Zu diesem Thema hat Magnus Carlsen schon viele beeindruckende Beispiele geliefert – wie etwa das folgende.

Carlsen, Magnus (2714)

Adams, Michael (2729)

Khanty-Mansiysk 2007 [E36]

1.d4 ♘f6 2.c4 e6 3.♘c3 ♗b4 4.♕c2 d5 5.a3 ♗xc3+ 6.♕xc3 dxc4 7.♕xc4 b6 8.♗f4 ♗a6 9.♕xc7 ♕xc7 10.♗xc7 0-0?!

Nigel Shorts Fortsetzung 10...♘c6 11.♘f3 ♖c8 ist vermutlich genauer, denn nach 12.♗f4 0-0 hat Schwarz Kompensation für den Bauern.

11.♘f3 ♖c8 12.♗f4 ♘bd7

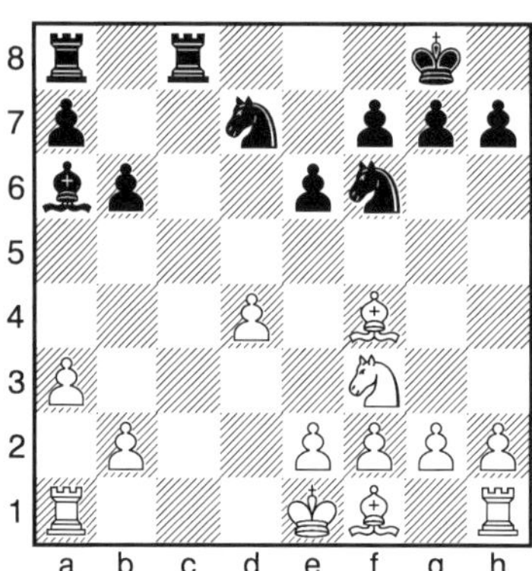

13.♘d2!!

Der Beginn eines atemberaubenden Plans, dessen Ziel darin besteht, mit der Invasion auf der offenen c-Linie fertigzuwerden. Magnus hat erkannt, dass der Springer die einzige Figur ist, die das Einbruchsfeld c2 langfristig zuverlässig schützen kann, auch wenn er zu diesem Zweck zu einem buchstäblichen Eckensteher werden muss.

13...♖c2 14.♖b1 ♖ac8

14...♘d5!? 15.♗g3 ♖ac8 16.♔d1 f5 17.e3 ♗xf1 18.♖xf1 ♘7f6 bot etwas mehr Kompensation.

15.♘b3! ♗c4 16.♘a1 ♗a2 17.♘xc2 ♗xb1 18.♘a1 ♘d5 19.♗d2

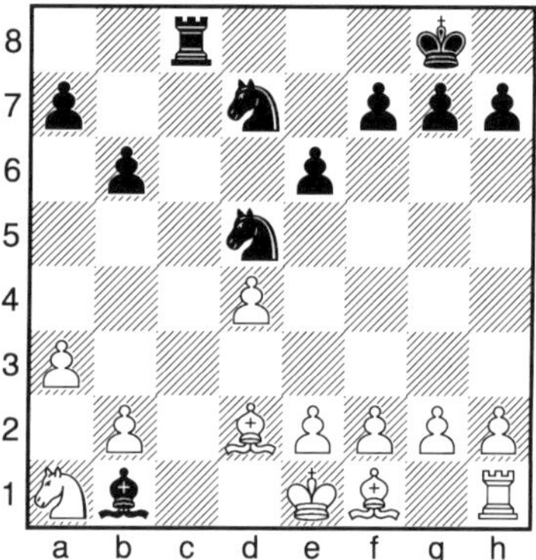

Sah man je einen Eckensteher die Hauptrolle spielen? Man schaue sich den Springer auf a1 an, der ja quasi im Alleingang dafür sorgt, dass die schwarze Initiative zusehends ausblutet.

19...e5!

Schwarz muss sich so schnell wie möglich Gegenspiel verschaffen. Oft ist es nämlich so, dass die Seite mit den Springern versucht, eine Stellungsklärung herbeizuführen, wenn sie die Initiative hat. Denn sobald die Seite mit den Läufern erst mal die volle Kontrolle erreicht und das Kommando übernommen hat, ist es meistens schon zu spät.

20.e3 exd4 21.exd4 ♘b8 22.f3 ♘c6 23.♗c4?

Diese Ungenauigkeit lässt einen taktischen Konter zu. Magnus gibt in *New in Chess* die Verbesserung 23.♔f2 an.

23...♖d8?

Nach 23...♘cb4 24.b3 ♘d3+ 25.♔f1 ♘c7 26.a4 ♖e8 hätte Schwarz laut Magnus viel bessere Remischancen.

24.♔f2 ♗f5 25.♘b3 ♗e6 26.♖c1 f6 27.a4 a5 28.♗c3 ♗f7 29.♘d2 ♘de7

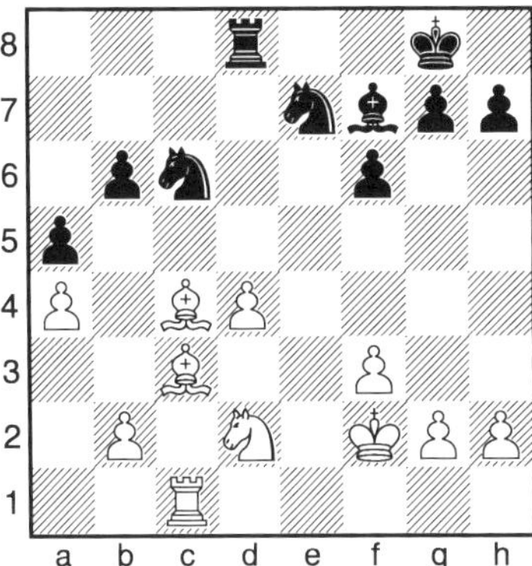

30.♗f1!?

Eine äußerst bemerkenswerte Entscheidung des damals gerade 16jährigen Norwegers. Damit wieder Bewegung in die Stellung kommt und sie für sein Läuferpaar geöffnet wird, gibt er seinen Mehrbauern zurück. Tatsächlich ist sonst nicht zu sehen, wie es vorangehen soll; z.B. 30.♖e1 ♘d5 oder 30.♗xf7+ ♔xf7 31.♘c4 ♘d5.

30...♘xd4 31.♖e1 ♘dc6 32.♘c4 ♘d5

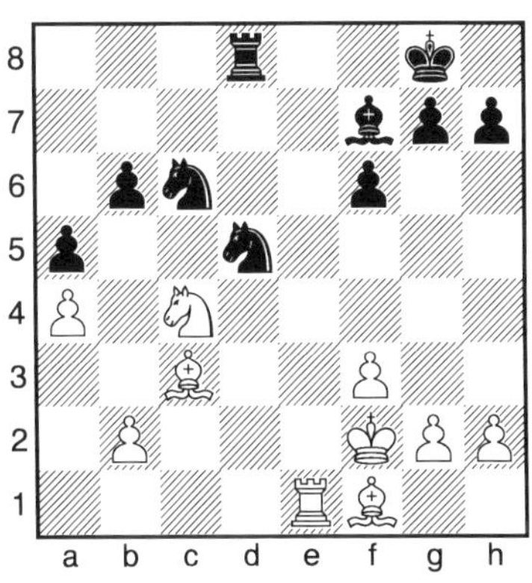

33.♖b1!

Erneut starke und trickreiche Prophylaxe zur Bewahrung des Läuferpaars, denn 33...♘xc3? 34.bxc3 würde Weiß angesichts der Schwäche b6 offenbar genau in die Karten spielen.

33...♔f8 34.♗e1 ♔e7?!

34...♘cb4 war genauer, weil Schwarz nach 35.♗xb4+? (⌓35.♖d1) 35...♘xb4 36.♘xb6 ♖d2+ zu viel Gegenspiel hätte.

35.♔g1!

Erneut findet Magnus einen originellen Weg, seine Stellung zu verstärken.

35...♘b8

Auch mit 35...♗g6 ist die weiße Initiative nicht zu neutralisieren; z.B. 36.♖c1 ♘cb4 37.♗f2 ♖b8 38.♖e1+ ♔f7 39.♗g3 bzw. 38...♔d7 39.♘e3 ♘xe3 40.♗b5+ ♔e6 41.♖xe3+ ♔f7 42.♖c3.

36.♗f2 ♘d7 37.♖e1+ ♔f8 38.♖d1 ♔e7 39.♖e1+ ♔f8 40.♘d6 ♘e5 41.♘xf7!

Die Läufer sind klar überlegen, weil den Springern langfristig sichere Stützpunkte fehlen.

41...♔xf7 42.♖d1 ♔e7 43.f4 ♘g4 44.♖e1+ ♔f8

44...♔d6 45.♗d4 ♘h6 46.♗c4 ♘f5 47.♗f2±

45.♗d4 ♖d6 46.h3 ♘h6

46...♘xf4

1) Laut Rogozenko scheitert 47.♖d1? an 47...♔e7!.

2) Aber laut Magnus sollte Schwarz nach 47.♖e4 47...♘e6 48.♖xe6 ♖xe6 49.hxg4± auf lange Sicht verloren sein.

47.♖d1 ♘f5 48.♗f2

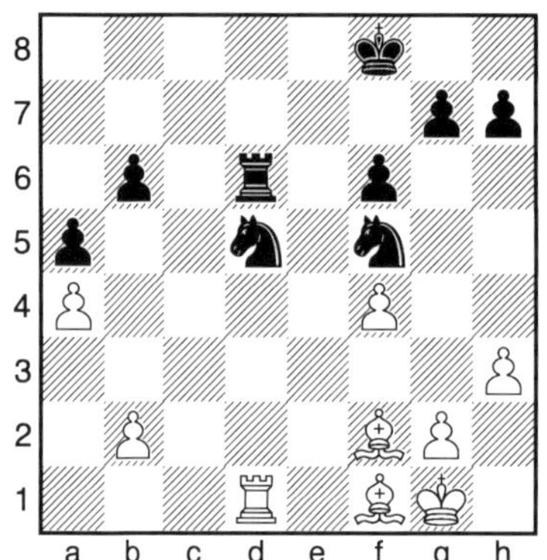

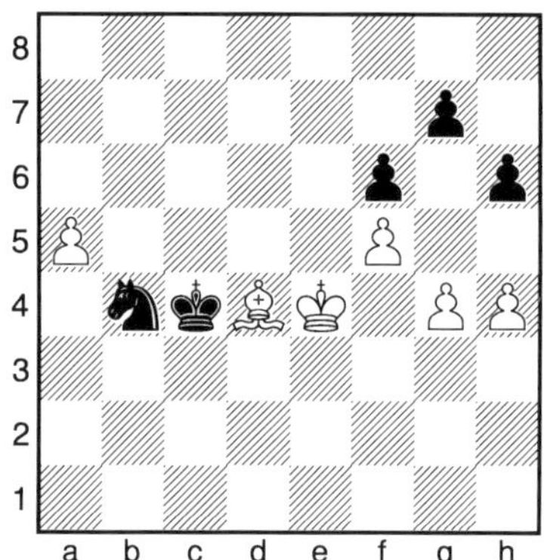

48...♔e7?

Danach kann die Koordination der Springer entscheidend gestört werden.

⌓48...♔e8 49.g4 ♘fe7±

49.g4 ♘h6

– 49...♘fe3? 50.♖e1 ♖e6 51.f5 ♖e5 52.♗g3+–

– 49...♘xf4? 50.♖e1+ +–

50.f5 ♘f7 51.♗g2 ♘f4 52.♖xd6 ♘xd6 53.♗xb6

Nach dem Gewinn eines Bauern ist der Rest nur noch eine Frage der Technik.

53...♘c4 54.♗c5+ ♔d7 55.♗f1

55.b3+– kam ebenfalls stark in Frage.

55...♘xb2 56.♗b5+ ♔d8

56...♔c7 57.♗f8 ♘xh3+ 58.♔h2 ♘f2 59.g5+–

57.♗b6+ ♔e7 58.♔h2 ♘d5 59.♗xa5 ♔d6 60.♗d2 ♔c5 61.♔g3 ♘c7 62.♗e3+ ♔b4 63.♗d2+ ♔c5

63...♔b3 64.♗f4+–

64.♗c1 ♘c4 65.♗xc4 ♔xc4 66.♗d2 ♘a6 67.a5 ♔b5 68.♔f3 ♘c5 69.♗c3 h6

69...♔c4 70.♗e1 ♔d3 71.♗b4 ♘a6 72.♗f8 g6 73.g5+–

70.♔e3 ♔c4 71.♗d4 ♘a6 72.♔e4 ♘b4 73.h4

73...♔b5

Auch das zähere 73...♘a6 hilft letztlich nicht, obwohl Weiß angesichts des falschen Randbauern sehr präzise vorgehen muss; z.B. 74.g5 hxg5 75.hxg5 fxg5 76.♗xg7 ♘c5+ 77.♔f3 ♔b5 78.♗c3 ♘b7 79.♔g4 ♘d6 80.f6 ♔a6 81.♗b4 ♘f7 82.♔h5 ♔b5 83.♔g6 ♘e5+ 84.♔xg5 ♔a6 85.♔f5 ♘f7 86.♔e6 ♘h8 87.♗f8 ♔xa5 88.♗g7 ♘g6 89.f7+–.

74.♗c3 ♘a6 75.♔d5 ♘c5 76.♗d4 ♘d3 77.♔e6 1-0

Auch im Rahmen eines Königsangriffs darf man die Prophylaxe oft nicht aus dem Auge verlieren.

Carlsen, Magnus (2834)

Jones, Gawain (2640)

Wijk aan Zee 2018

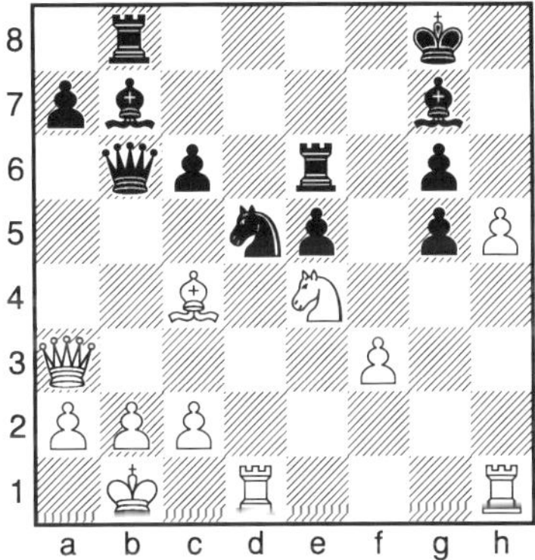

25.b3!!

„Ein toller Zug. Zwar verliert die weiße Dame ihre Beweglichkeit auf der 3. Reihe, aber sie kann ja notfalls über c1 umgesetzt werden. Tatsächlich geht es jetzt hauptsächlich um die Königssicherheit, und während der schwarze entblößt wird, braucht Weiß sich nach Klärung des Problems mit der Schwäche b2 absolut nicht mehr um einen schwarzen Konter zu kümmern.

Stockfish gibt ungeachtet der Minusfigur mit 0,00 bereits Gleichstand an, aber ich bin mir ziemlich sicher, wenn *Alphazero* nicht mit wichtigen neuen Forschungsprojekten beschäftigt wäre, würde er uns verraten, dass Weiß bereits auf Gewinn steht, da seine langfristige Initiative nicht aufzuhalten ist."

(P.H. Nielsen im *ChessBase Magazin* 183)

25...Dd8?

25...gxh5 26.Txh5 Tg6 27.De7 Dd8 28.Dc5 Ta8 ist mehr oder weniger dynamisch ausgeglichen.

26.Dxa7 gxh5?

Das öffnet dem weißen Angriff Tür und Tor.

Hingegen war der Schaden mit 26...Lh6 27.hxg6 Txg6 28.Td2 Dc7 einzugrenzen.

27.Txh5 Tg6 28.Txg5 Txg5 29.Sxg5 Dc8 30.Tg1 Ta8 31.Db6 Ta6 32.Dc5 Dd7 33.Se4 Kh8 34.Df2 De7 35.Lxa6 Lxa6 36.Dh2+ Kg8 37.Dh6 Da7 38.De6+ Kf8 39.Tg5 Se3 40.Dd6+ Kf7 41.Sc5 Lc8 42.Txg7+ 1-0

Aufgaben

(Lösungen ab Seite 104)

Aufgabe 1

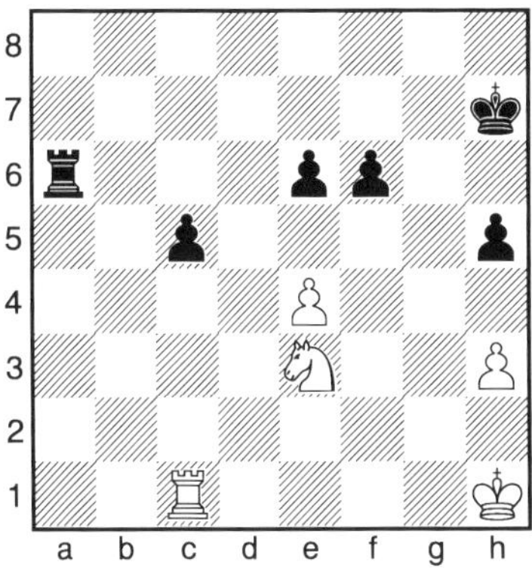

44.♖xc5 oder besser ein Prophylaxezug?

Aufgabe 2

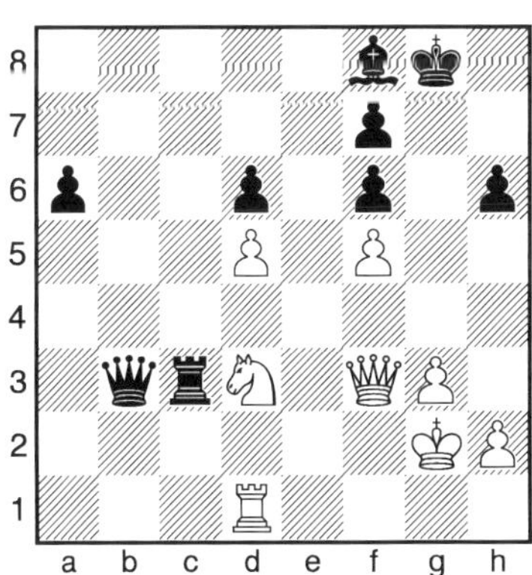

Wie legte Schwarz den Gegner komplett lahm?

Aufgabe 3

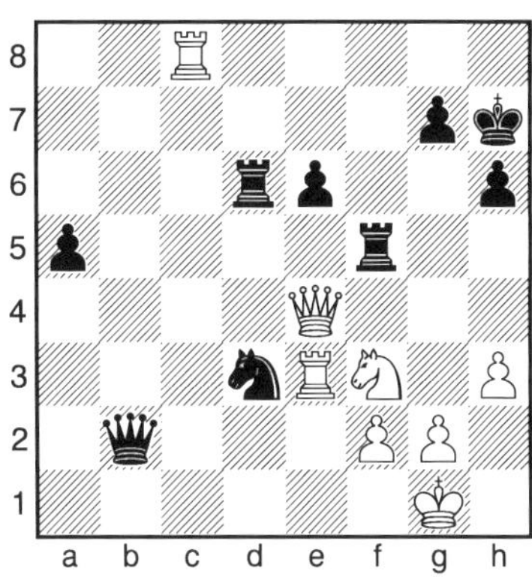

Weiß zieht und gewinnt

Aufgabe 4

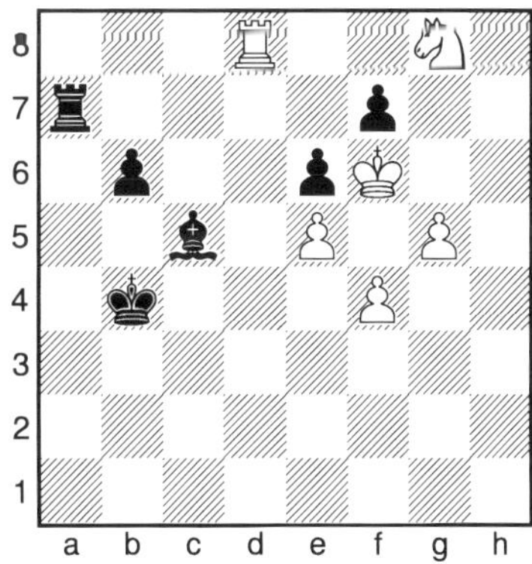

Hier zeichnet sich ein Wettrennen ab. Doch wie soll Weiß starten?

Lösungen

Lösung 1

Carlsen, Magnus (2822)

Aronian, Levon (2809)

Saint Louis 2017

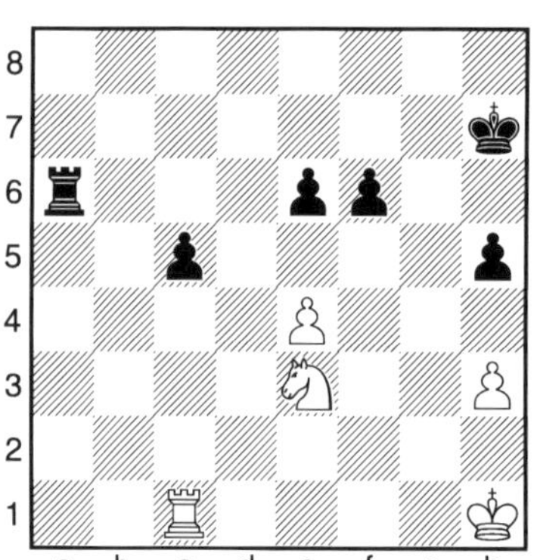

44.♔g2!?

Außer dieser starken vorbeugenden Maßnahme gewinnen auch viele andere Prophylaxe-Züge.

Hingegen bliebe nach dem gierigen Ansatz 44.♖xc5? und der Folge 44...♖a3 45.♘c4 ♖xh3+ 46.♔g2 ♖h4= zu wenig Gewinnpotenzial auf dem Brett.

44...♖a2+ 45.♖c2 ♖a5 46.♔f3 ♔g6 47.h4 ♖b5 48.♖a2 ♖b1 49.♖c2 ♖b5 50.♖c3 f5 51.exf5+ exf5 52.♖d3 1-0

Lösung 2

Naiditsch, Arkadij (2701)

Carlsen, Magnus (2843)

Grenke Chess Classic 2018

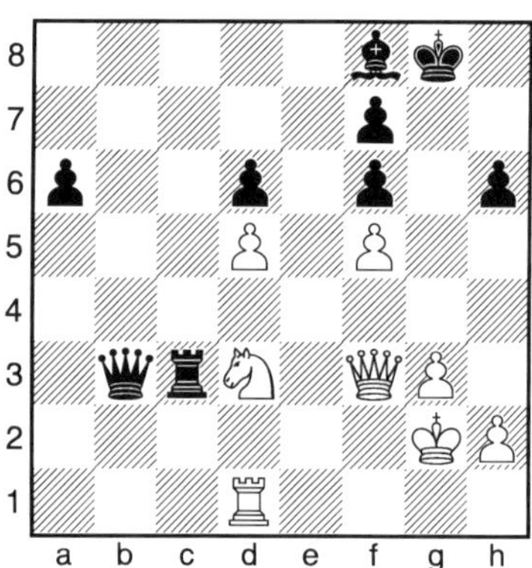

39...h5!

Nach dieser starken und für Magnus typischen Prophylaxe ist Weiß völlig gelähmt.

40.♔h3 ♗h6 41.♖e1 ♖xd3 42.♕xh5 ♖e3 0-1

Lösung 3

Carlsen, Magnus (2876)

Aronian, Levon (2780)

Norway Chess, Stavanger 2015

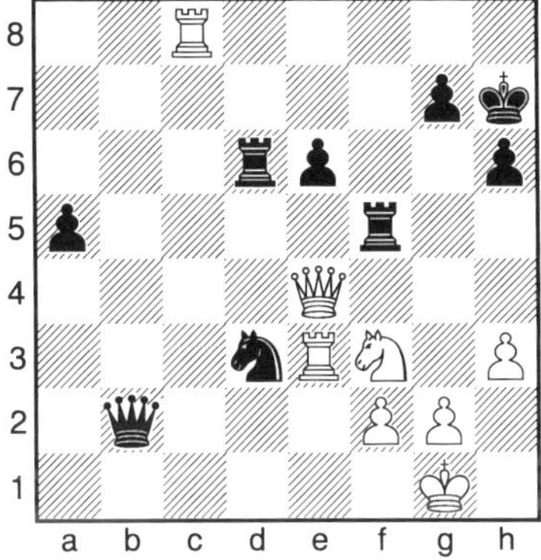

35.♔h2!!

35.♘h4?? ♕xf2+ 36.♔h2 ♕f4 [illegible]

35...♘f4 36.♖c2?

36.♘h4 ♕xf2 37.♖g3 ♘h5 38.♖f3+− bzw. 37.♘xf5 exf5 38.♖c2+−

36...♕a1?

Nach 36...♕b8 37.g3 ♘d5 38.♖ee2 ♘f6 ist eher Schwarz am Drücker.

37.g4 ♕f1 38.♘e1 ♘h5 39.gxf5 exf5 40.♕c4 1-0

Lösung 4

Carlsen, Magnus (2528)

Dannevig, Oystein (2347)

Sandnes 2005

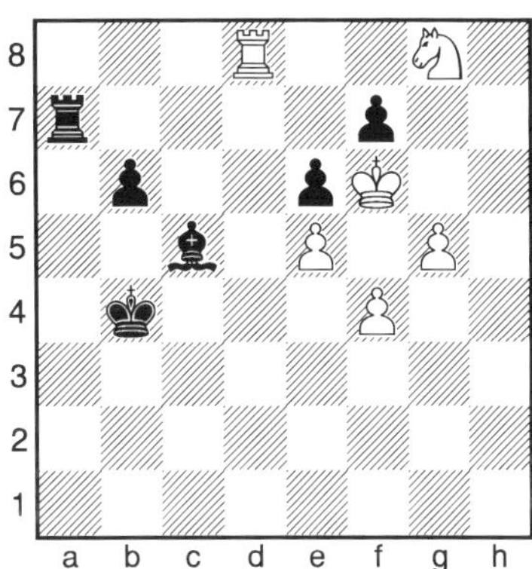

51.♖e8!

Da nach dieser prophylaktischen Überdeckung des Feldes e7 der Springer beweglich wird, hat Weiß bei jedem nun denkbaren Wettlauf die Nase vorn.

Nach dem Fehlversuch 51.g6? fxg6 52.♔xe6 ♔c4 könnte Schwarz sich hingegen halten, weil sein Gegenspiel schnell genug ist; z.B. 53.♔f6 b5 54.e6 b4 55.e7 ♗xe7+ 56.♘xe7 b3 57.♖b8 ♖a6+ 58.♔e5 ♖a1 59.♘xg6 ♔c3.

51...b5 52.♘h6 ♔a3 53.♘xf7 b4 54.g6 b3 55.g7 b2 56.♖b8!

Vermutlich gewinnt auch 56.g8♕? b1♕ 57.♕g3+ ♔a4 58.♕g4, allerdings wäre dies ein Zeichen schlechter Technik.

56...♗b4 57.♖xb4 ♔xb4 58.g8♕ ♖a1 59.♕b8+ ♔c3

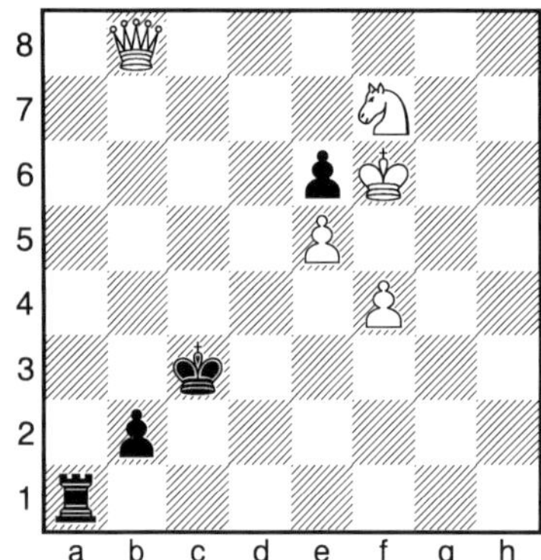

60.f5!?

Es folgt ein fantastisches Finale.

Das prosaische 60.♔xe6 b1♕ 61.♕xb1 ♖xb1 62.♔f6 gewinnt allerdings auch.

60...exf5 61.e6 b1♕ 62.♕xb1 ♖xb1 63.e7 ♖b6+

Nach 63...♖e1 sperrt 64.♘e5+− den Turm aus.

64.♔xf5 ♖b5+ 65.♔f4 und **1−0** angesichts der Folge 65...♖b8 66.♘d8 ♖b4+ 67.♔f3+−.

Kapitel IX

Das Carlsen-Endspiel

♖+♗ gegen ♖+♗ mit gleichfarbigen Läufern

Da Magnus Carlsen zu diesem Thema seit frühster Jugend außergewöhnlich viele instruktive Beispiele geliefert hat, scheint es angemessen, den gesamten Endspieltyp nach ihm zu benennen.

Das Carlsen-Endspiel scheint besonders dem Spielertypus des Reflektors entgegenzukommen, geht es doch darum, die eigenen Kräfte gut und effektiv zu koordinieren und die gegnerischen zu stören bzw. einzuschränken. Dabei spielen strategische Belange eine Hauptrolle, während der Einsatz krasser taktischer Mittel so gut wie nie vorkommt.

Es gelten folgende Faustregeln:

- Als Angreifer wird man häufig versuchen, die Bauern auf der *anderen* Felderfarbe zu platzieren (also auf derjenigen, die *nicht* der Farbe des Läufers entspricht), um so die Wirkung des Läufers zu komplementieren. Manchmal kommt allerdings auch die entgegengesetzte Strategie zum Einsatz, nämlich der Versuch, den gegnerischen Läufer mit den Bauern zu dominieren.
- Die Remisbreite ist recht groß, weil der Verteidiger u.a. auch auf die Strategie setzen kann, die Läufer oder die Türme abzutauschen.
- Eine bedeutende Rolle spielen Faktoren wie Raumvorteil, besserer Läufer, aktiverer König – und somit die 'traditionellen Werte', wie Christopher Lutz diese in seinem Buch *Endspieltraining für die Praxis* nennt.
- Auch Aktivität und Initiative sind sehr wertvoll, weil Blockadestrukturen bei Anwesenheit von Türmen leichter aufgebrochen werden können.

Im ersten Beispiel hat Magnus zunächst eine nur leichte strategische Initiative.

Carlsen, Magnus (2843)

Caruana, Fabiano (2773)

Sao Paulo/Bilbao 2012

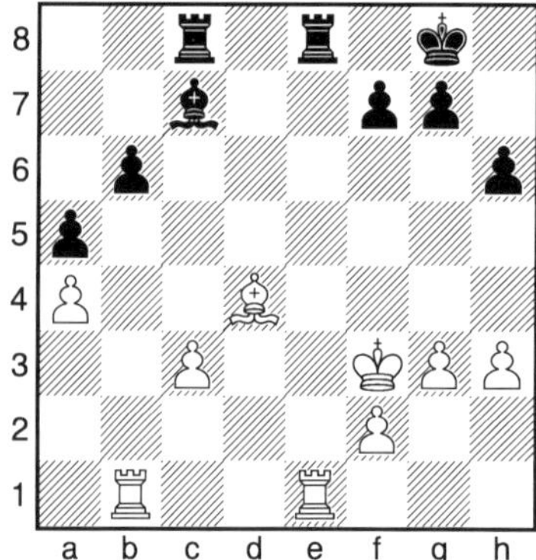

29.♖e4!

Die weiße Initiative ist nur schwer zu neutralisieren, weil Schwarz kein echtes Gegenspiel hat.

29...g6 30.g4!?

Auf typische Art und Weise werden die Bauern f7 und h6 als Schwächen markiert.

30...♔f8?

Erzwungen war 30...♖e6 mit Remischancen.

31.h4 ♖xe4 32.♔xe4 ♖e8+ 33.♔d3 ♖e6 34.♗e3 ♔g7 35.♖b5 ♗d8

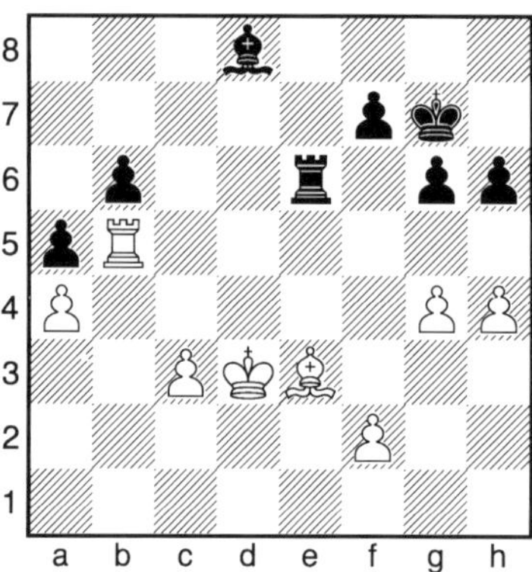

36.h5!

Der typische Hebel zur Unterminierung der schwarzen Bauernstruktur.

36...♖d6+ 37.♔c4 ♖c6+ 38.♔d5 ♖e6

38...♖xc3?? scheitert an 39.♗d4+ +−.

39.♗d4+ ♔f8 40.f4

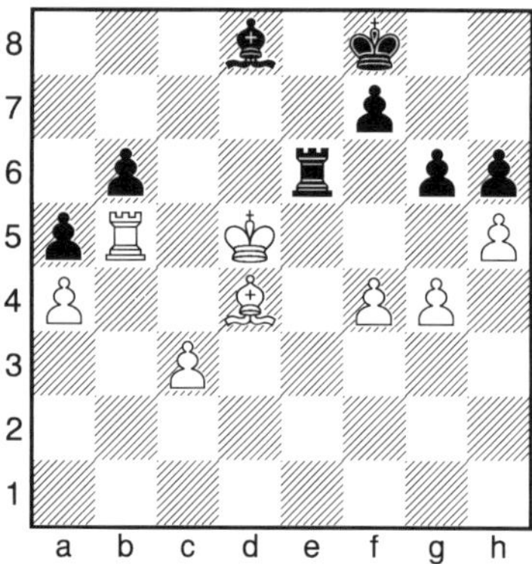

Markus Hochgräfes Vorschlag 40.hxg6 ♖xg6 41.f3 ist eine gleichwertige Alternative.

40...♗c7?!

Ohne die Mithilfe seines Königs kann Schwarz die kommende Invasion am Damenflügel nicht in den Griff kriegen.

40...♔e7! war zäher, rettet aber auch nicht; z.B. 41.f5 ♖d6+ 42.♔e4 gxh5 43.gxh5 ♖c6 44.♔d3 ♔d7 45.c4 ♗c7 46.♗f2 ♔d6 47.♖d5+ ♔e7 48.c5 bxc5

49.♔c4 ♗b6 50.♔b5+–.

41.f5!

Magnus bereitet die Öffnung von Einbruchswegen vor und nimmt dem schwarzen Turm den Ankerplatz e6.

41...♖d6+ 42.♔e4 ♖c6

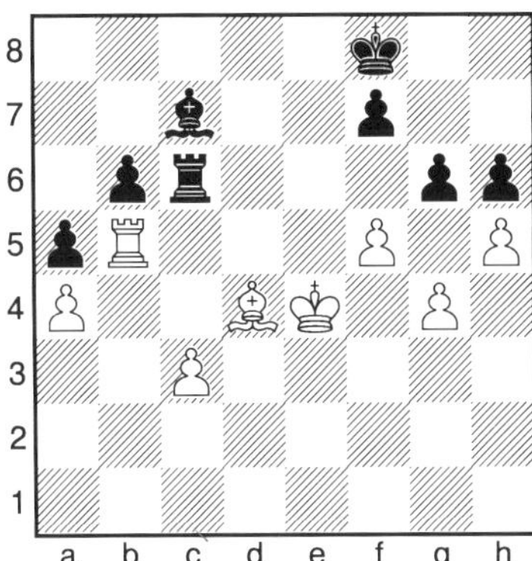

43.♖b1!

Magnus bringt seinen Turm zurück, um schneller auf beiden Flügeln operieren zu können. In dieser Flexibilität besteht ein typischer Vorteil, wenn der Angreifer über mehr Raum verfügt und seine Kräfte entsprechend schneller verlegen kann.

43...♔e8

– 43...gxh5 44.gxh5 ♖c4 wird mit 45.♔d5 ♖xa4 46.♔c6 ♗b8 47.♖g1 ♖c4+ 48.♔xb6+– beantwortet.

– 43...g5 44.♔d5 ♖d6+ 45.♔c4 ♔e7 46.♖e1+ ♔d7 47.♔b5+–

44.hxg6 fxg6 45.♖h1!

Nun spielt Weiß den Vorteil aus, dass er am Königsflügel schneller aktiv werden kann.

45...♔f7 46.♔d5

46.f6? bringt wegen 46...♖e6+ 47.♔d5 ♗f4= nichts ein.

46...♖d6+ 47.♔c4 gxf5?!

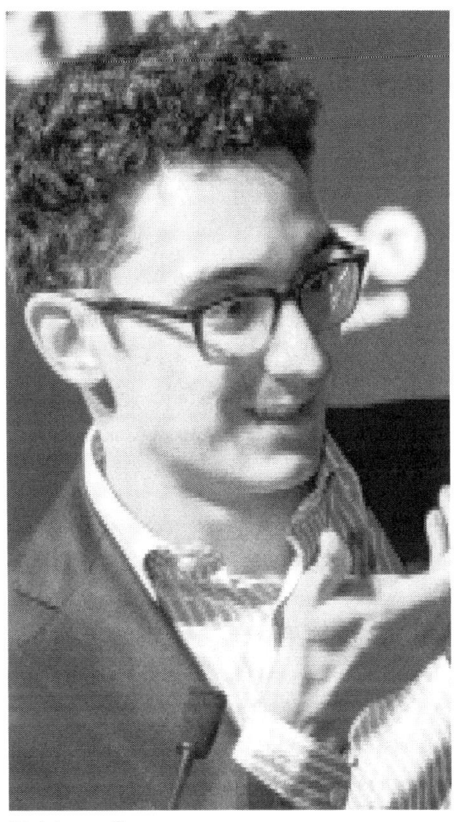

Fabiano Caruana

Normalerweise ist es gut, wenn der Verteidiger Bauern tauscht. Aber in diesem Fall wird der gesamte Königsflügel aufgelöst, so dass dort kein Gegenspiel mehr organisiert werden kann.

47...g5! ist zäher, aber Weiß sollte trotzdem langfristig gewinnen; z.B. 48.♔b5 ♗d8 49.♖e1 ♗f6 50.♗xb6

– 50...h5 51.gxh5 ♖d5+ 52.♔c6 ♖xf5 53.c4 g4 54.♖g1+–

– 50...♗xc3 51.♖c1 ♗b4 52.♖c7+ ♔f6 53.♖h7 ♖d5+ 54.♔c6 ♖d6+ 55.♔b7 ♖d2 56.♖xh6+ ♔f7 57.♖h7+ ♔g8 58.♖c7 ♖g2 59.♖c4+–

48.gxf5 ♗d8

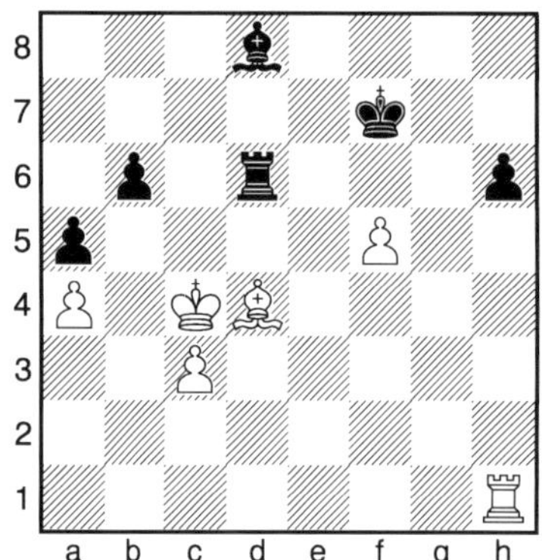

49.f6!

Nach der Zerstörung der Kommunikationslinien im schwarzen Lager gewinnt Magnus, weil Schwarz seinen Damenflügel nicht zusammenhalten kann.

49...♗xf6

49...♔g6 50.♖g1+ ♔f7 51.♖g7+ ♔e6 52.♖h7+-

50.♖xh6 ♗e7 51.♖xd6 ♗xd6 52.♔b5 ♔e6 53.♗xb6 ♔d7 54.c4 ♔c8 55.♗xa5 ♔b7 56.♗b4

Natürlich nicht 56.c5?? wegen 56...♗xc5 57.♔xc5 ♔a8=.

56...♗f4 57.c5 ♔a7 58.c6 ♔b8 59.a5 ♔a7 60.a6 ♔a8 61.♗c5 ♗b8 62.♔c4 ♗c7 63.♔d5 ♗d8 64.♔e6 ♗c7 65.♔d7 ♗a5 66.♗e7 und **1-0**, weil nach 66...♔a7 67.♗d8 ♔xa6 68.♗xa5 ♔xa5 69.c7 der c-Bauer durchläuft.

Im nächsten Beispiel setze ich mit der Analyse etwas früher ein.

Palo, Davor (2513)

Carlsen, Magnus (2567)

Gausdal 2004

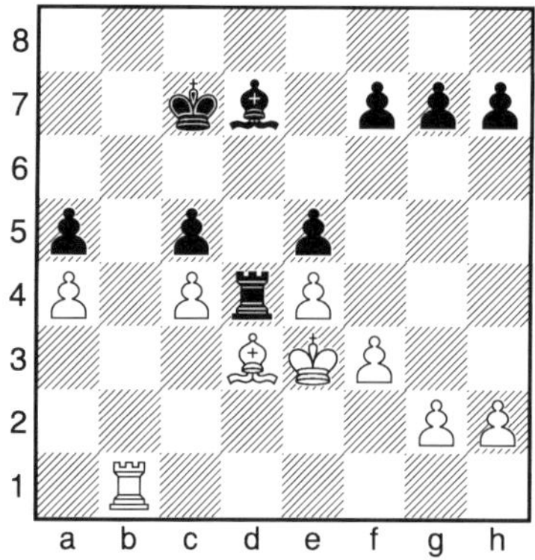

31...f5!

Da es mit bloßem Spiel am Damenflügel nicht vorangeht, bereitet Magnus die Schaffung einer zweiten Front am Königsflügel vor.

32.♖c1

32.exf5?? ♖xd3+ 33.♔xd3 ♗xf5+ -+

32...f4+ 33.♔e2 ♖d6

Obwohl der Turm auf d4 optisch gut stand, hatte er keine große Wirkung. Nun soll er auf den Flügeln eingesetzt werden, um den schwarzen Raumvorteil optimal auszunutzen.

34.♖b1 ♖h6!?

Mit dieser kleinen Zwischendrohung provoziert Schwarz den folgenden Zug, der die schwarzen Felder schwächt und die gegnerischen Möglichkeiten einschränkt.

35.h3 ♖g6 36.♔f2 ♖d6 37.♔e2 g5

Magnus verstärkt seine Stellung in aller Ruhe.

38.♗c2 h5 39.♖d1 ♖d4 40.♗d3

Nach 40.♖xd4? cxd4 41.♔d3 ♔d6 öffnet sich dem schwarzen König ein Weg nach vorn.

40...♖d6 41.♗c2 ♖d4 42.♗d3 ♗c6 43.♖g1 ♖d8

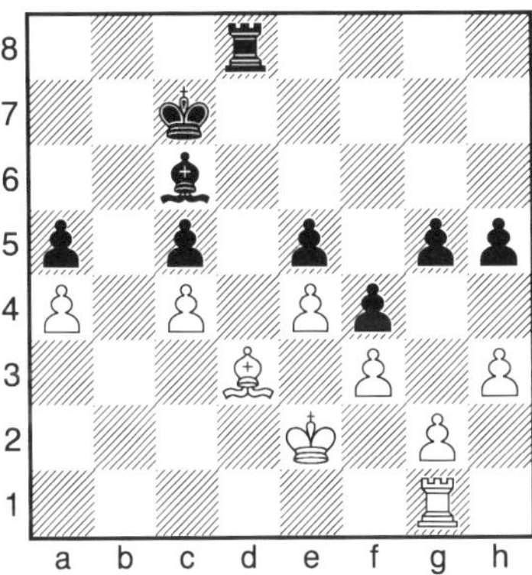

44.g3?

Diese Öffnung spielt Schwarz letztlich in die Karten. Ein Vorteil von Magnus Carlsens abwartender Strategie besteht darin, dass seine Gegner oft aus reiner Nervosität selbst aktiv werden. Und dies kommt ihm natürlich entgegen, wie auch in diesem Fall.

44.♖b1 war zäher.

44...♖g8!

Schwarz erhält die Spannung weiter aufrecht.

44...♗xa4 45.gxf4 gxf4 46.♖a1 ♗d7 47.♖xa5 ♔b6 48.♖a1 ♖g8 sollte allerdings auch gewinnen, wenngleich es aufgrund des reduzierten Materials technisch anspruchsvoller ist.

45.gxf4

45.g4 hxg4 46.hxg4 ♖b8 wäre ohne Türme remis, aber unter den gegebenen Umständen wird das schwarze Exemplar entscheidend auf der b-Linie eindringen.

45...exf4

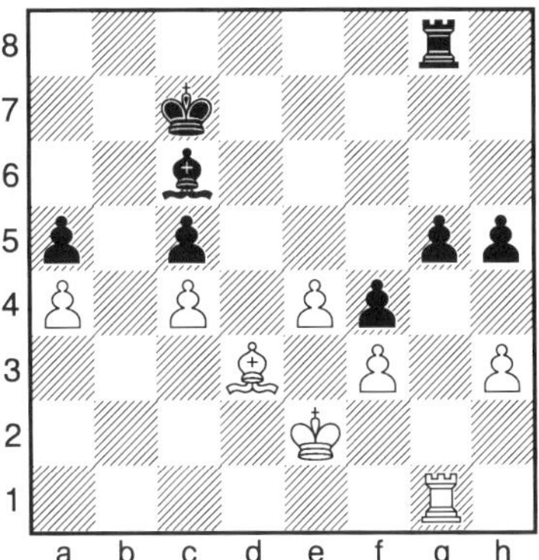

46.e5?!

Dieser Bauer wird schnell schwach werden, weil sein Vormarsch nicht unterstützt werden kann.

Die passive Alternative 46.♗c2 ♗d7 47.♖h1 ♗e6 48.♔d3 ♔d6 sollte jedoch auf Dauer auch nicht haltbar sein.

46...♗d7!

Magnus lässt die Schwäche a4 auf dem Brett und wendet sich dem Königsflügel zu. Ein solches Herangehen ist oft eine gute Strategie.

46...♗xa4 47.♖a1 ♗d7 48.♖xa5 ♔b6 49.♖a1 ♖e8 sollte allerdings auch gewinnen.

47.♗h7

47.♖h1 ♖e8−+; 47.h4 g4 48.fxg4 ♖xg4 49.♖xg4 ♗xg4+ −+

47...♖g7 48.♗e4 ♗xh3 49.♖h1?! g4! 50.♖b1 ♖g5 51.♖b7+ ♔d8 52.e6 ♖e5

Magnus hat alles unter Kontrolle und sein g-Freibauer wird die Partie entscheiden.

53.♖f7 g3 54.♖xf4 ♖g5 55.♗d5

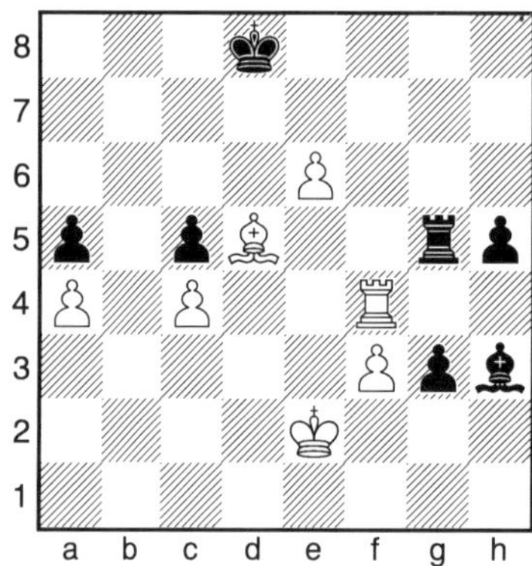

55...♗xe6!?

Um auf 'Nummer sicher' zu gehen, stoppt Magnus jegliches Gegenspiel.

Das riskantere 55...g2 gewinnt direkt, wie GM Golod nachgewiesen hat: 56.♖f8+ ♔e7 57.♖f7+ ♔d6 58.♖d7+ (58.f4 ♗xe6 59.♗xe6 ♖g3−+) 58...♔e5 59.f4+ ♔xf4 60.♖f7+ ♔e5 61.e7 ♗d7−+.

56.♔f1

56.♗xe6 g2−+

56...♗xd5 57.cxd5 ♖xd5 58.♔g2 ♖d4 59.♖f5 h4 60.♔h3

60.♖xc5 ♖d2+ 61.♔g1 h3 62.♖c1 ♔e7 −+

60...c4 und **0−1** angesichts der möglichen Folge 61.♖xa5 ♖d2 62.♔xh4 g2 63.♖g5 c3 64.♔h3 c2.

Im nächsten Beispiel sind besonders die langen Märsche von Magnus Carlsens König beeindruckend.

Radjabov, Teimur (2784)
Carlsen, Magnus (2835)
Tal Memorial, Moskau 2012

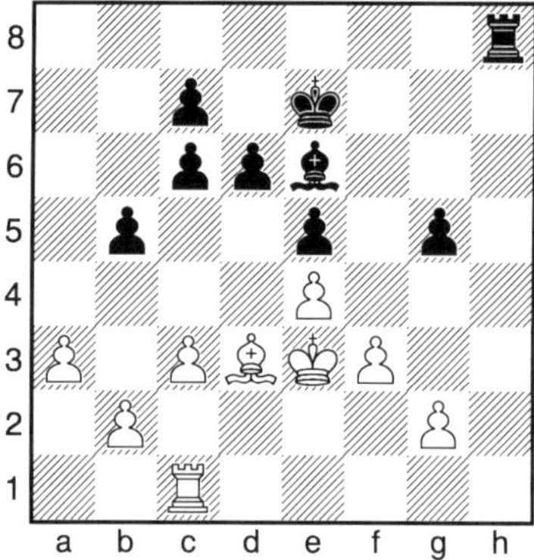

29...♔d7

Der Beginn des ersten langen Königsmarsches, um den raumgreifenden Vorstoß c6−c5−c4 zu ermöglichen.

30.♖a1 ♗b3 31.♖c1 ♔c8 32.♔f2 ♔b7 33.♔g3 ♗e6 34.♖a1 ♔b6 35.♖c1 c5 36.♖a1 c4 37.♗c2 ♔c5 38.♖e1 c6 39.♗b1 ♔b6 40.♗c2

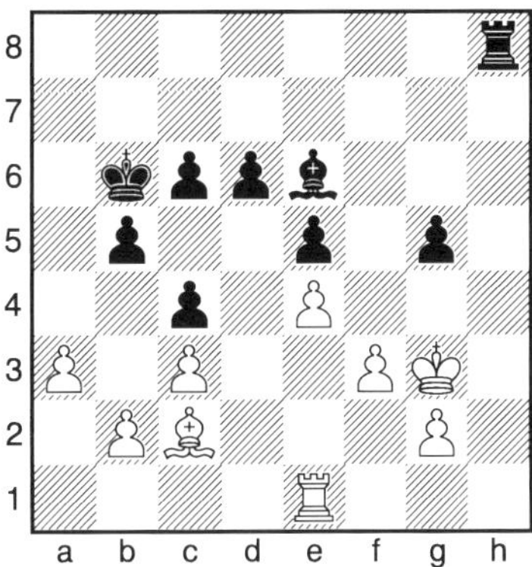

40...♔c7

Der König beginnt einen weiteren langen Marsch, um d6–d5 zu ermöglichen.

41.♔f2 ♔d7 42.a4 bxa4 43.♖a1 ♖b8 44.♖a2 d5 45.exd5 cxd5 46.♗xa4+ ♔d6 47.♗c2 d4

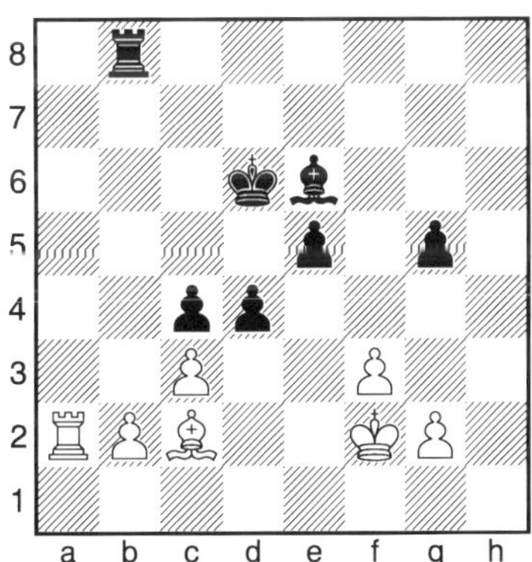

Magnus hat sein Ziel erreicht, aber Weiß sollte sich gerade noch über Wasser halten können.

48.♗e4!

Der Läufer nutzt seinen neuen Vorposten sofort.

48...♖b6 49.♔e2

Nun beginnt auch der weiße König einen langen Marsch.

49...g4 50.fxg4?!

Dies öffnet dem schwarzen Angriff weitere Zugstraßen.

Besser war 50.♔d2 mit den Abspielen:

- 50...♗d5 51.♔c1 d3 52.♖a5 d2+ 53.♔d1 ♗xe4 54.fxe4 ♖xb2 55.♖d5+ ♔e6 56.♖c5=
- 50...gxf3 51.gxf3 ♗d7 52.♔c1 d3 53.♖a8=
- 50...♔e7 51.♔c1 d3 52.♖a5 ♔f6 53.fxg4 ♗xg4 54.b4 cxb3 55.♗xd3=
- 50...g3 51.♔c1 ♗h3 52.♖a8 ♗xg2 53.♖g8=

50...♗xg4+ 51.♔d2 ♗e6

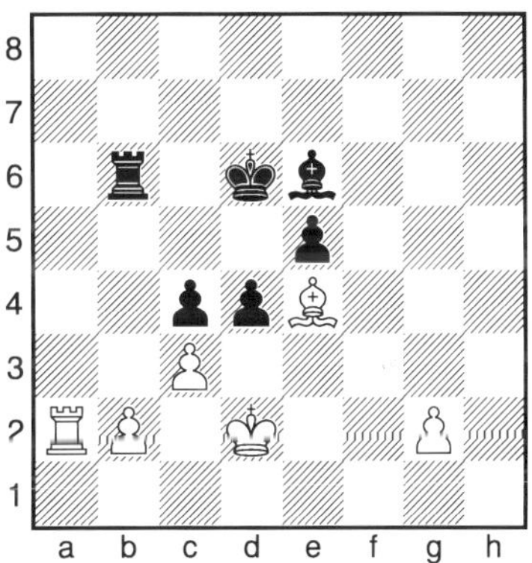

52.♔c2?

Damit begeht Radjabov den letzten Fehler.

Auf der Pressekonferenz gab Magnus das prophylaktische 52.♔c1! an. Nach 52...♗d5 53.♗xd5 ♔xd5 kann Weiß sich wegen der großen Remis-Tendenz von Turmendspielen gerade noch retten; z.B. 54.cxd4 exd4 55.♖a8 ♖g6 56.♖e8 ♖xg2 57.♖e7 d3 58.♖b7 ♔d4 59.♔d1 ♔e3 60.♖e7+ ♔f2 61.♖f7+ ♔g1 62.♖c7 ♖c2 63.♖g7+ =.

52...♗d5!

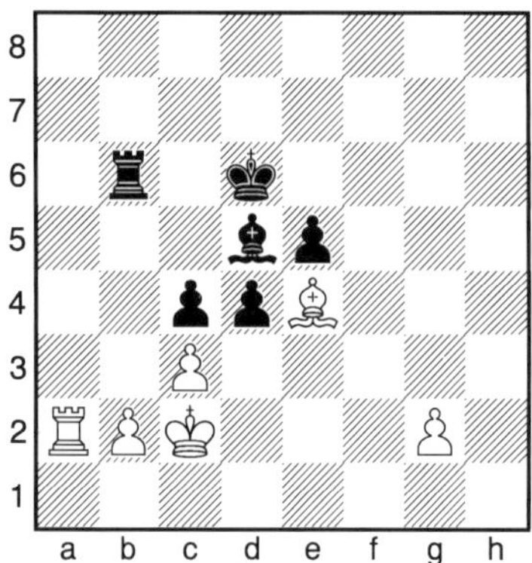

53.♗xd5

Es hilft nicht, den Läufer mit 53.♗g6 auf dem Brett zu behalten; z.B. 53...d3+ 54.♔d2 ♗xg2 55.♔e3 ♗d5 56.♗h5 ♔d7

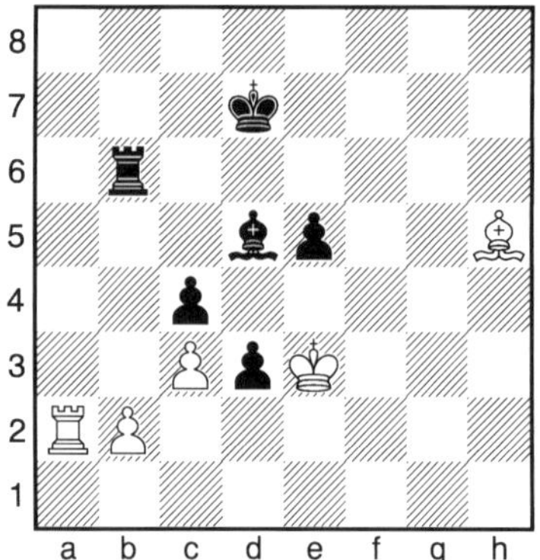

Nun kann die Blockade früher oder später aufgebrochen werden.

1) 57.♗g4+ ♔c7 58.♖a5 ♔d6 59.♖a2 ♗c6 60.♗d1 ♖b7 61.b4 cxb3 62.♖b2 e4 63.♔d4 (63.♖xb3 ♖h7−+) 63...♗d5 64.c4 ♖b4 65.♗xb3 ♗c6 66.♔c3 ♖b8 67.♔d4 d2−+

2) 57.♗d1 ♔c7 58.♖a5 ♔d6 59.♖a2 ♖b5

a) 60.♖a6+ ♔c5 61.♖a2 ♗c6

– 62.♗a4 ♖b7 63.♗xc6 ♔xc6 64.♖a4 ♔c5 65.♖a2 ♖h7 66.♖a5+ ♔d6−+

– 62.♗g4 ♖b8 63.♖a5+ ♔d6 64.♖a2 ♖g8 −+

b) 60.♗h5 ♔c5 61.♗g4 ♗c6 62.♗e6 e4 63.♗f7 (63.♖a4 ♗d5−+) 63...♖b7 64.♖a5+ ♔b6 65.♖f5 ♖d7 66.♗h5 ♖g7 67.♔d4 ♖g1 68.♔xc4 d2 69.♔d4 d1♕+ 70.♗xd1 ♖xd1+ −+

53...d3+!

Das entscheidende Zwischenschach.

Das direkte 53...♔xd5? verdirbt alles wegen 54.cxd4 exd4 55.♖a5+ ♔e4 56.♖a8 d3+ 57.♔c3 ♖b3+ 58.♔xc4 d2 59.♖d8 ♖xb2 60.♔c3=.

54.♔d2 ♔xd5 55.♔e3 ♖g6 56.♖a5+ ♔e6 57.♔e4

1) 57.♖a6+ ♔f5 58.♖xg6 ♔xg6 59.b4 cxb3 60.♔xd3 e4+ 61.♔xe4 b2−+

2) 57.b3 ♖g3+ 58.♔e4 ♖g4+ 59.♔e3 ♔f5 60.bxc4 ♖g3+ 61.♔f2 (61.♔d2 ♔e4−+) 61...♔f4 62.♖d5 e4

a) 63.♖d8 d2 64.♖f8+ ♔e5 65.♖d8 ♖d3 −+

b) 63.c5 e3+ 64.♔f1 e2+ 65.♔e1 ♔e4 66.♖h5 ♖xg2 67.♔d2 ♖g1−+

3) 57.♔f2 58.♔e3 (58.♖f6+ ♖f1−+) 58.♔e1 58...e4 59.♖h5 e3 60.♖h3 e2 61.♖h1 ♔f5 62.♔d2 ♔g4−+

57...♖g4+ 58.♔f3 ♖f4+ 59.♔e3 ♖f1 und **0−1**, weil die mächtigen weißen Freibauern den Tag entscheiden werden; z.B. 60.g4 ♖e1+ 61.♔d2 ♖e2+ 62.♔d1 e4 63.♖c5 ♖xb2 64.♖xc4 ♔e5 65.g5 e3−+.

Aufgaben

(Lösungen ab Seite 116)

Aufgabe 1

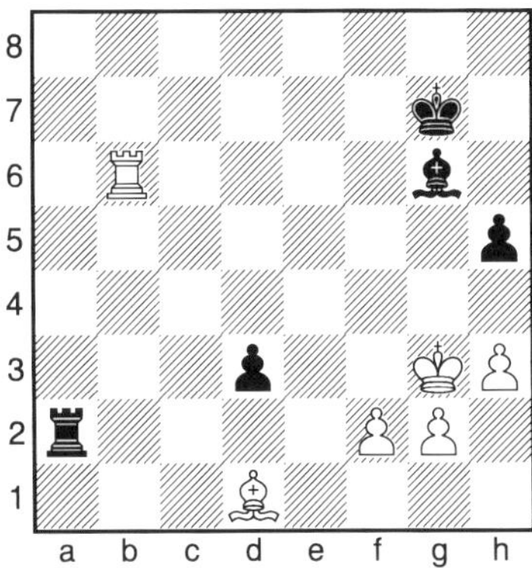

War 42...h4+ eine gute Wahl?

Aufgabe 2

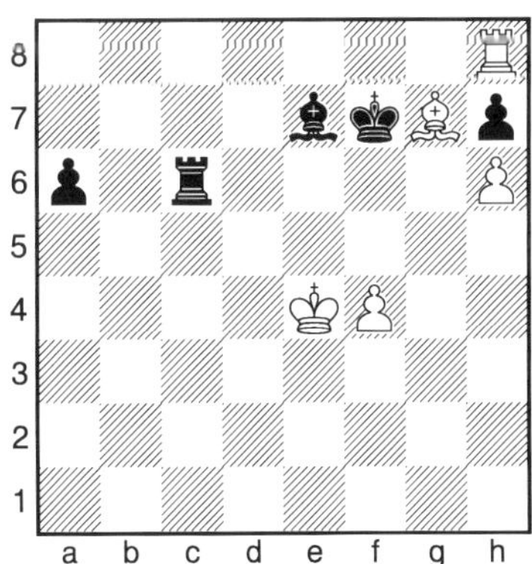

Wie soll Schwarz sich verteidigen?

Aufgabe 3

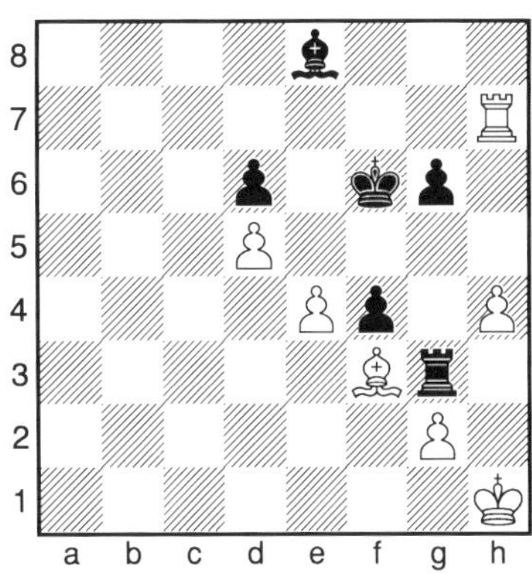

Wie gelangte Weiß taktisch ans Ziel?

Aufgabe 4

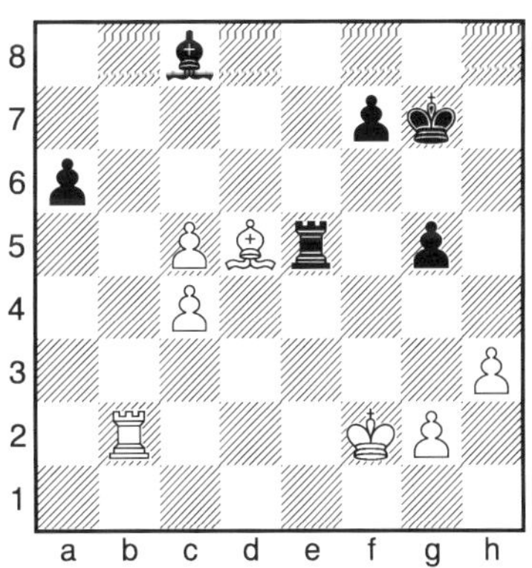

Wie sollte Schwarz
die Verteidigung führen?

Lösungen

Lösung 1

Carlsen, Magnus (2864)

Kramnik, Vladimir (2803)

Tal Memorial, Moskau 2013

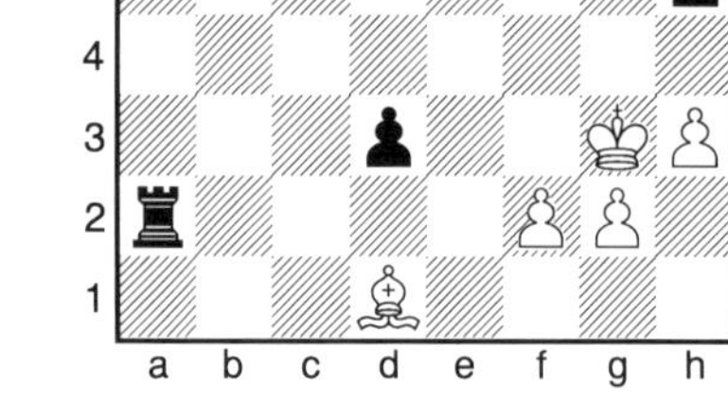

42...h4+?

Dieser Vorstoß hilft nur dem Weißen, weil er nun bewegliche Freibauern erhält.

Der bessere Ansatz 42...♖a1 43.♗f3 ♖a4 44.h4 (Golubev in *Chess Today*) 44...♖c4 sollte wegen des aktiven schwarzen Turms recht einfach remisieren.

43.♔xh4 ♖xf2 44.♔g3

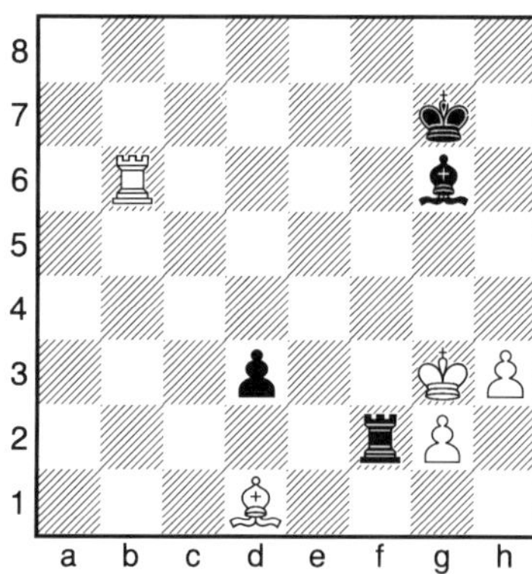

44...♖f6?

Der Turmtausch verliert zwangsläufig, aber die schwarzen Remischancen sind ohnehin nicht mehr sehr groß.

1) 44...♖a2 45.♗f3 ♖a4 46.♖d6 ♔f7 47.♔f2 ♖h4 48.♗d5+ ♔g7 49.♗c6 ♔f7 50.♗d5+ ♔g7 51.♗f3 ♔f7 52.♗g4±

2) 44...♖f1 45.♗g4

a) 45...♗e4?! 46.♖d6 ♖g1?! 47.♗f3 ♗xf3 48.♔xf3 ♖f1+ 49.♔e3 ♖g1 50.♔f2 ♖d1 51.h4 ♔f7 52.g3 ♔e7 53.♖d4 ♔e6 54.♔e3 ♖g1 55.♖g4 ♖d1 56.♖g5+−

b) 45...♖c1 46.♗f3 ♖c4 47.♖d6 ♖b4 48.♔f2 ♖h4 49.♗g4 ♖h8 50.♔g3 ♖a8 51.♖d4 ♔f6 52.♔f4±

45.♖xf6 ♔xf6 46.♔f4

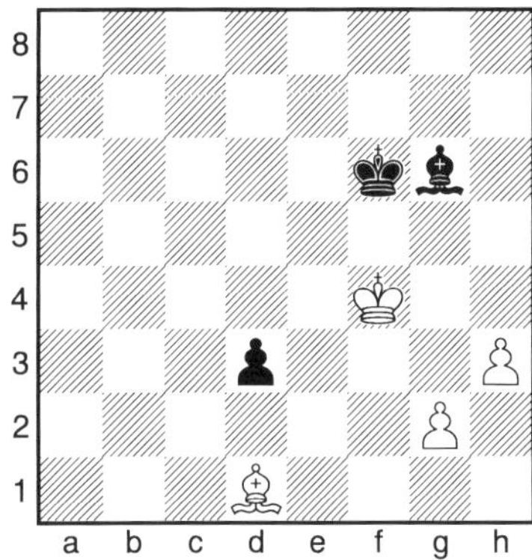

46...d2?!

Nach dieser Ungenauigkeit kann der d-Bauer gar nicht mehr gedeckt werden. Schwarz ist jedoch in jedem Fall verloren, wie die folgenden Varianten belegen:

46...♗e8 47.h4 ♔e6 48.♗f3 ♔f6

1) 49.♔e3? ♔e5 50.g3 ♗g6 51.♗c6 ♗h7 52.♗b5 ♔f5 53.♗xd3+

Dieser 'Figurengewinn' scheitert verblüffender Weise an 53...♔g4 54.♗xh7 ♔xg3 55.h5 ♔g4 56.h6 ♔g5= bzw. 56.♗g6 ♔g5 usw.

2) 49.g4 ♗d7 50.g5+ ♔g7 51.h5 ♗e6 52.h6+ ♔f7 53.♗e4 d2 54.♗c2+-

47.♔e3 ♔e5 48.g3 ♗f5 49.h4!

Magnus steht auf Gewinn, aber wegen des falschen Randbauern ist noch Vorsicht geboten.

So scheitert 49.g4? an 49...♗e6 50.♔xd2 ♔f4 51.♔d3 ♔g3 52.♔e4 ♔xh3 53.g5 ♔h4 54.g6 ♔g5 55.g7 ♔g6=.

49...♗e6 50.♔xd2 ♔e4 51.♔e2 ♗g4+ 52.♔e1 ♗e6 53.♔f2 ♔e5 54.♔e3 ♗d7 55.♗c2 ♗g4 56.♗g6 ♗d7 57.h5 ♔f6

57...♗g4 58.h6 ♔f6 59.♗e4+

58.♔f4 ♗e6 59.♗e4 ♔g7 60.♔g5

– 60.♗f5 ♗f7 61.♔g5 gewinnt ebenfalls.

– Nicht jedoch 60.g4?? ♗xg4 61.♔xg4 ♔h8=.

60...♗d7 61.h6+ ♔h8 62.♔f4 ♗e6 63.♗f5 ♗f7 64.g4 ♗h5!?

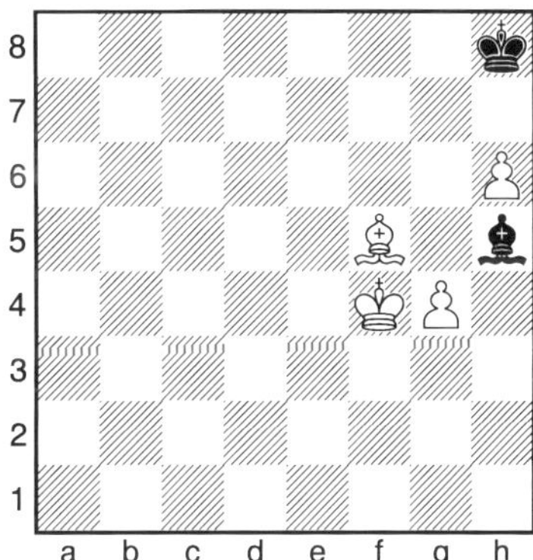

65.g5

65.gxh5??= ist natürlich nur remis. Zwei falsche Randbauern sind hier so gut bzw. schlecht wie einer.

65...♔g8 66.♗e6+ ♔h7 67.♔f5 ♗g6+ 68.♔f6 ♔h8!?

Kramnik probiert einen letzten Trick.

69.♗d7

Natürlich nicht 69.♔xg6?? patt.

69...♗h5 70.♗c6 ♔h7 71.♗d5 ♗g6

71...♗e8 72.♗f7+-

72.♗g8+ 1-0

Lösung 2

Carlsen, Magnus (2837)

Karjakin, Sergey (2779)

Rapid–WM, Astana 2012

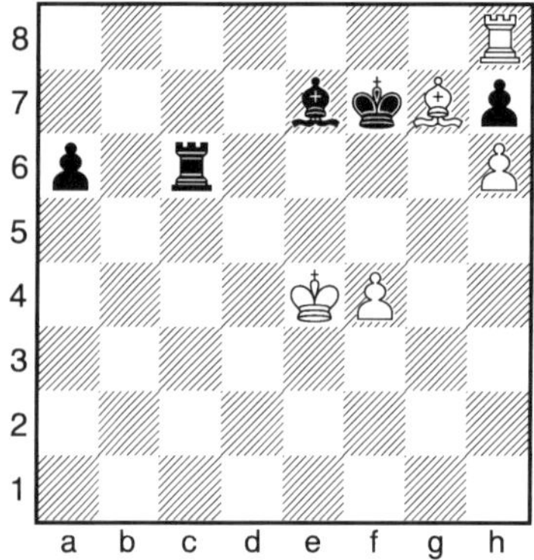

53...♖c4+?

Dieses Schach treibt den weißen König nur in den Angriff.

1) Baburin gibt die richtige Verteidigung in *Chess Today* an: 53...♗f6! und Schwarz entkommt in allen Varianten.

a) 54.♖xh7 ♔g6 55.♖h8 ♗xg7 56.f5+ ♔f7 57.hxg7 ♔xg7=

b) 54.♔d5 ♗xg7 55.hxg7 ♔xg7 56.♖xh7+ ♔xh7 57.♔xc6 ♔g6=

c) 54.♖f8+ ♔g6 55.f5+ ♔g5 56.♔d5 (56.♖f7 a5=) 56...♖b6 57.♔c5 ♖b5+ =

2) 53...♔g6?! 54.f5+ ♔g5 55.♖xh7 ♖c1 hält ebenfalls remis, ist aber viel unübersichtlicher.

54.♔f5! ♖c5+

54...♗d6 55.♗e5 ♗xe5 56.fxe5

1) 56...♖h4 57.e6+ ♔e7 58.♖xh7+ ♔e8 59.♔g5 ♖e4 60.♖a7 ♖xe6 61.h7+−

2) 56...♖c6 57.e6+

a) 57...♔e7 58.♖xh7+ ♔e8 59.♔f6+−

b) 57...♖xe6 58.♖xh7+ ♔g8 59.♖g7+ ♔h8 60.♔xe6+−

55.♗e5 ♗f8

Nun ist es für 55...♗f6 zu spät wegen 56.♖xh7+ ♔g8 57.♖c7 ♖xc7 58.♗xc7 ♔f7 59.♗e5+−.

56.♖xh7+ ♔g8

56...♔e8 hilft auch nicht mehr; z.B. 57.♖h8 ♖c6 58.♖xf8+ ♔xf8 59.h7 ♖h6 60.h8♕+ ♖xh8 61.♗xh8+−.

57.♖h8+ ♔f7 58.♖xf8+ 1-0

Lösung 3

Carlsen, Magnus (2801)

McShane, Luke (2615)

London 2009

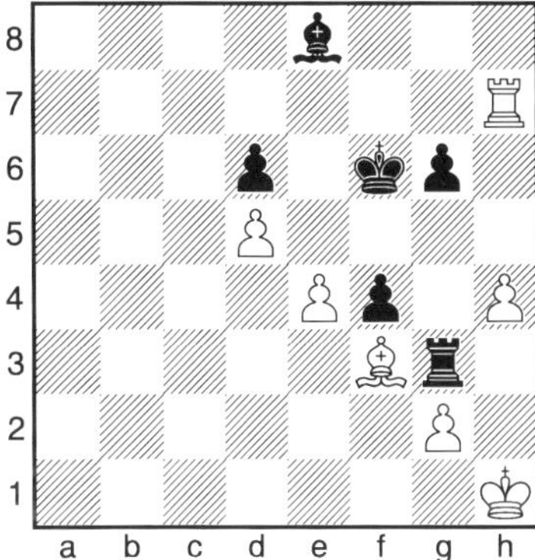

55.e5+!!

Nach dieser taktisch abgesicherten Pointe erhält Weiß einen gewaltigen Freibauern auf der d-Linie.

55...dxe5 56.d6 e4?!

1) 56...g5!? war weit zäher, denn nach 57.hxg5+ ♔xg5 58.d7 ♗xd7 59.♖xd7 ♔f5 60.♖f7+ ♔e6 61.♖f8+– (Magnus Carlsen) muss Weiß technisch noch allerlei leisten; z.B. 61...♖g7 62.♖e8+ ♔f5 63.♗d5 ♔f6 64.♖f8+ ♔e7 65.♖c8 ♔f6 66.♔g1 ♖d7 67.♖c6+ ♔g5 68.♖c5 ♔f5 69.♔f2 ♖a7 70.♗b3 ♖a3 71.♖b5 ♔e4 72.♖b4+ ♔f5 73.♗c2+

a) 73...♔g4 74.♗b1 ♔g5 75.♖b6 ♖e3 76.♖g6+ ♔h5 77.♖e6 ♔g4 78.♗c2 ♔g5 79.♖g6+ ♔h5 80.g4+ ♔h4 81.♗d1+–

b) 73...♔e6 74.♗e4

– 74...♖a2+ 75.♔f3 ♖a3+ 76.♔g4 ♖g3+ 77.♔h4 ♖e3 78.♗f3+–

– 74...♔d6 75.♖c4 ♔d7 76.♖c5 ♔e6 77.♖c6+ ♔d7 78.♖b6 ♔e7 79.♗d5 ♖a5 80.♗c4 ♖c5 81.♗d3 ♖c3 82.♗f5 ♖c5 83.♖b3 ♖c1 84.♗e4 ♖c8 85.♔f3 ♖g8 86.♖b7+ +–

2) Hingegen verliert 56...♔f5?! direkt: 57.♖f7+! ♗xf7 58.d7 e4 59.♗e2 ♖e3 60.d8♕ ♖xe2 61.♕g5+ ♔e6 62.♕g4+ +–. (McShane)

57.♗xe4 ♖e3

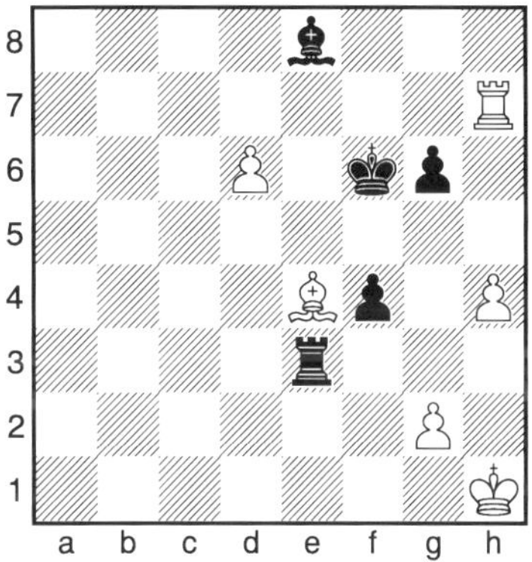

58.♗d5!

Das Netz wird zugezogen.

58...♔f5

58...♖e5 59.d7 ♗xd7 60.♖f7# (McShane)

59.♔h2 ♖e5 60.♗f3 ♔f6 61.d7 1-0

Lösung 4

Gashimov, Vugar (2719)

Carlsen, Magnus (2826)

Nanjing 2010

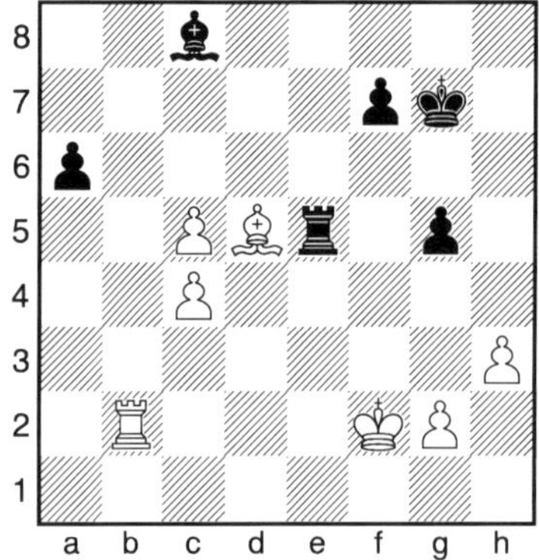

54...♗e6! 55.c6

55.♖d2 ♔f6 56.c6 ♔e7 (Giri im *Chess-Base Magazin* 139) mit guten Remischancen.

55...♗xd5 56.cxd5 ♖xd5 57.♖c2 ♖d8 58.c7

58.♖a2 ♖d3! 59.♖xa6 ♖c3= (Giri)

58...♖c8 59.♔e3 ♔f6 60.g3 a5 61.♔d4 ♔e6 62.h4 gxh4 63.gxh4 a4 64.h5 a3 65.h6 a2 66.♖xa2 ♖xc7 67.♖a6+ ♔f5 68.h7 ♖c8 69.♖h6 ♖h8 70.♖h1 ♔g6 71.♔e5

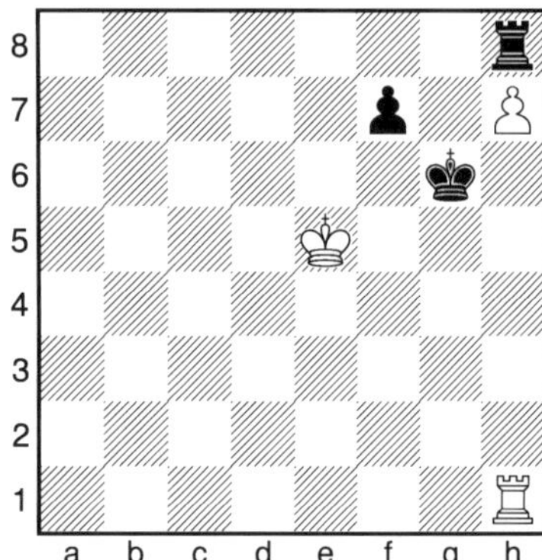

„Weiß stellt eine Falle. Obwohl es auf höchstem GM-Niveau nicht *eine Falle stellen* heißen sollte, sondern eher *sich einen Witz erlauben*."

(Giri im *ChessBase Magazin* 139)

71...♖e8+

71...♖xh7?? 72.♖g1+ +-

72.♔f4 ♔g7 73.♔f5 ♖h8 74.♖g1+ ♔f8 75.♖h1 ♔g7 ½-½

Kapitel X

Figurenkoordination am Beispiel ♗+♘ gegen ♖

Die präzise Koordination vieler Figuren gehört von Hause aus zu den schwierigen Problemen des königlichen Spiels. Eine besondere Herausforderung scheint dabei in der Koordination von Läufer und Springer zu bestehen, denn speziell das Zusammenspiel dieser beiden erweist sich mitunter als sehr problematisch. Da Magnus Carlsen jedoch ein sehr gutes Gespür für die Koordination und Harmonie seiner Figuren hat, ist er in Stellungen mit dieser Materialverteilung besonders stark.

Ganz allgemein hängt es in diesem Endspiel davon ab, welche Seite ein Spieler zu vertreten hat. Reflektoren sind mit den Leichtfiguren besonders stark, während Aktivspielern die Seite mit dem Turm mitunter besser liegt, wenn diese über aktive Optionen verfügt. Diesbezüglich wird Michail Tal in Mihail Marins Meisterwerk *Learn from the Legends* ein Abschnitt mit dem Titel 'Tals Supertürme gegen Leichtfiguren' gewidmet.

Es gelten folgende Faustregeln:

- Läufer und Springer wollen Statik – der Turm will Dynamik.
- Die Seite mit Läufer und Springer will in aller Regel Abtausch vermeiden.
- Die beiden Leichtfiguren sind stärker als ein Turm, wenn sie die Kontrolle haben. Allerdings kann sich die Vorteilsverwertung mitunter sehr langwierig gestalten – wie beispielsweise im folgenden Fall.

Carlsen, Magnus (2835)

Aronian, Levon (2805)

Wijk aan Zee 2012

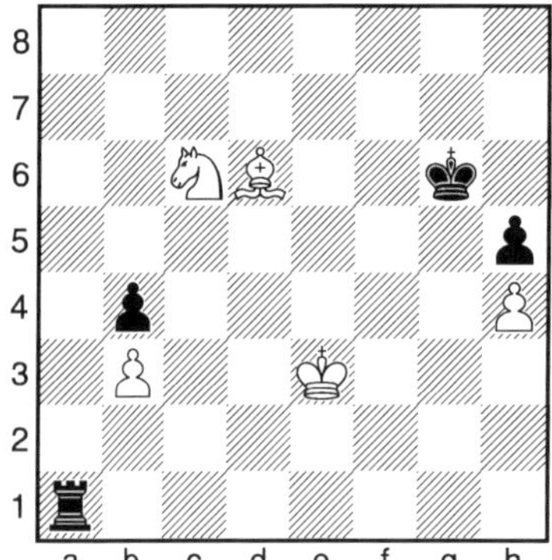

53.♔d4!

Die Aktivierung des Königs ist wichtiger als der Bauer b4, der ja sowieso nicht weglaufen kann.

1) Nach 53.♘xb4? ♖b1 54.♘d3 ♖xb3 steht Schwarz sogar dermaßen aktiv, dass Weiß nicht einmal den h-Bauern gewinnen kann.

2) 53.♗xb4? ♖h1 54.♗e7 ♖h3+ 55.♔f4 ♖xb3 56.♘e5+ ♔h6 57.♔f5 gewinnt zwar den h-Bauern, aber ob das für mehr als ein Remis reicht, ist wegen des geringen verbliebenen Gewinnpotenzials offen.

53...♖g1

53...♖h1!? ist etwas zäher, aber auch hier wird der Turm durch die systematischen Manöver der Leichtfiguren früher oder später überspielt; z.B. 54.♗e7 ♖h3 55.♘e5+ ♔f5 56.♘d3 ♖g3 57.♔c4 ♖g4+ 58.♔b5 ♖g3 59.♘c5 ♖g4 60.♗d8 ♖d4 61.♗g5 ♖g4 62.♗e7 ♖g7

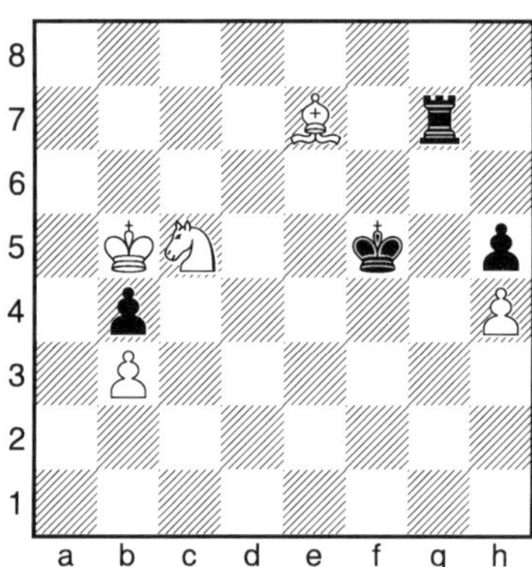

1) 63.♗g5? läuft in den Hammerschlag 63...♖xg5!, wonach Schwarz genau rechtzeitig kommt; z.B. 64.hxg5 h4 65.♘e4 h3 66.♘f2 h2 67.♔xb4 ♔xg5 68.♔c3 ♔f4 69.♔d2 ♔f3 70.♔e1 ♔e3=.

2) 63.♗d8

a) 63...♖g4 64.♘b7 ♔e6 65.♘a5 ♖g8 66.♘c6 ♖g7 67.♗g5 ♖b7+ 68.♔a6 ♖c7 69.♔b6 ♖c8 70.♔b5 ♔d6 71.♘e7 ♖b8+ 72.♔c4 ♔e6 73.♘d5 ♖c8+ 74.♔d4 ♖b8 75.♘f4+ ♔f5 76.♔c4 ♔g4 77.♘d5+-

b) 63...♖g8 64.♘b7 ♔e6

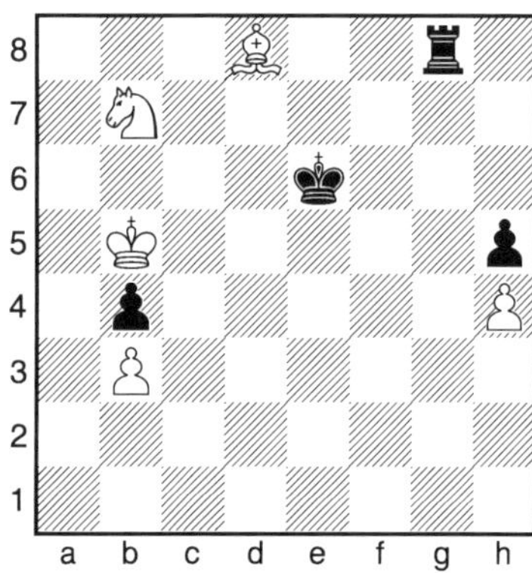

– Nun würde das gierige 65.♔xb4? doch noch alles verderben; z.B. 65...♔d7

66.♔b5 ♔c8 67.♔a6 ♖g7 68.♘c5 ♖g6+ 69.♗b6 ♖g4=.

– Es ist wichtiger, mit 65.♔c5! die Kontrolle zu behalten; z.B. 65...♔d7 66.♗g5 ♔e6 67.♘d6 ♔e5 68.♘c4+ ♔e4 69.♔xb4+–.

54.♔c5!

Magnus navigiert seinen König meisterhaft.

54.♔c4?? ♖g4+

54...♔f5

– 54...♖g4? 55.♘e5+ +–

– 54...♖h1 55.♗e7+–

55.♘xb4 ♖c1+ 56.♔d4 ♖e1 57.♘c6 ♖e4+ 58.♔d5!

Ein kleiner Bodycheck!

58...♖xh4 59.b4 ♖h1 60.b5 ♖b1

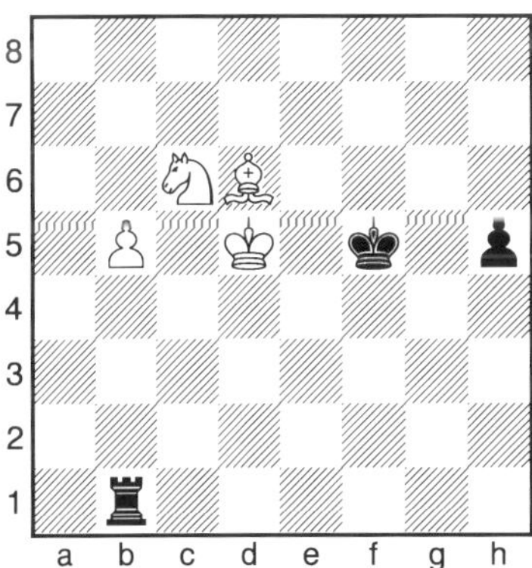

60...h4 61.b6 ♖b1 62.♘b4 h3 63.♔c5 ♖d1 64.b7 ♖xd6 65.b8♕ h2 66.♕h8+–

61.♘d4+!

Der Springer spielt auf beiden Flügeln.

Hingegen könnte Schwarz nach 61.♘b4? ♖d1+ entkommen, wie die folgenden Abspiele beweisen:

– 62.♔c5 ♖c1+ 63.♔d4 ♖d1+ 64.♘d3 ♔e6 65.♗g3 ♔d7=

– 62.♔c6 ♔e6 63.♗c5 h4 64.b6 h3 65.b7

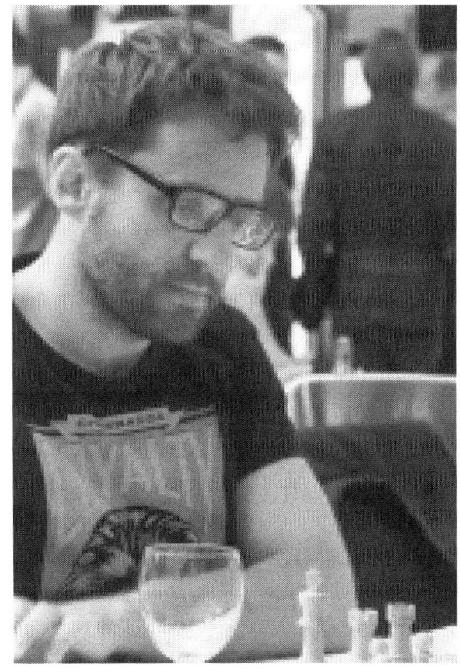

Levon Aronian

h2 66.b8♕ h1♕+ =

61...♔g4

61...♔f6 62.♔c6 ♖c1+ 63.♗c5 h4 64.b6 h3 65.♘f3 ♔f5 66.b7 ♖b1 67.♗b6+–

62.♔c6 ♖c1+ 63.♔d7 ♖b1 64.♔c7 h4 65.b6 ♔h3

65...h3 66.b7 ♖c1+ 67.♔d7 ♖b1 68.b8♕ ♖xb8 69.♗xb8+–

66.b7 ♔g2

66...♖c1+ hilft auch nicht, weil die Leichtfiguren stets Barrieren bilden können; z.B. 67.♘c6 ♖b1 68.b8♕ ♖xb8 69.♔xb8 ♔g2 70.♘e5 ♔g3 (70...h3 71.♘g4+–) 71.♘g6+ ♔g4 72.♔c7 h3 73.♗h2 ♔f3 74.♘f4+–.

67.♘f5 h3 68.♘h4+ und **1–0** angesichts der möglichen Folge 68...♔g1 69.b8♕ ♖xb8 70.♔xb8 h2 71.♘f3+ ♔g2 72.♘xh2+–.

Wenn beide Seiten noch über einen weiteren Turm verfügen, will die Seite mit den Leichtfiguren im Normalfall nichts abtauschen. Allerdings liegt die Betonung auf *Normalfall*, und tatsächlich gibt es auch bei Faustregeln hin und wieder eine Ausnahme.

Carlsen, Magnus (2835)

Duda, Jan Krzysztof (2738)

Wijk aan Zee 2019

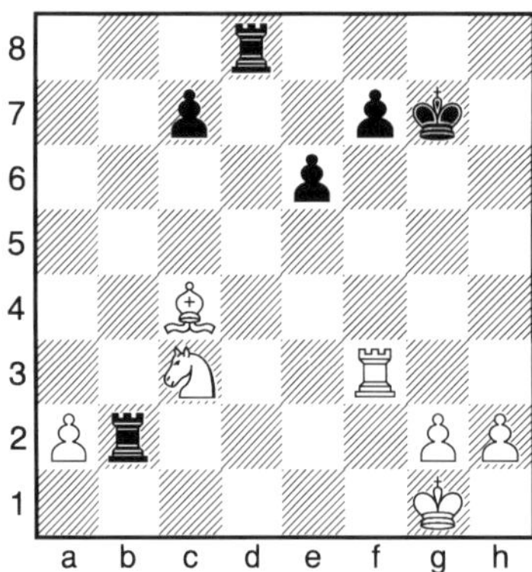

28.♖f2

Weiß hat erkannt, dass der Abtausch des aktiven schwarzen Turms im gegebenen Fall akzeptabel ist, weil er anschließend aufgrund seiner Aktivität gewinnt.

28...♖b4 29.♗b5?

Dieser Fehler dürfte allerdings auf einem Versehen beruhen.

Nach 29.♗b3! c5 30.♖c2 c4 31.♗a4 ♖db8 32.♖d2 ...

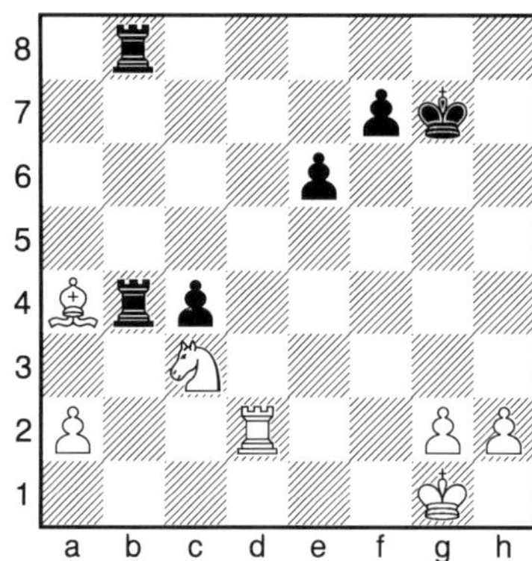

... ist der Springer c3 eine derartig sichere Blockadefigur gegen die schwarzen Freibauern, dass Weiß auf Gewinn steht.

1) 32...♖b2 33.♗c2 ♖a8 34.a4±

2) 32...f5 33.♔f2 ♖b2 34.♗c2 ♖a8 (34...e5 35.♔e3±) 35.♔e1 ♖a3 36.♗d1 ♖b6 37.♖c2 ♖c6 38.♗f3 ♖b6 39.g3 ♖ba6 40.♗e2 ♖c6 41.♘b5 ♖a4 42.♔d2±

3) 32...♖a8 33.♗c6 ♖a3 34.♖c2 ♔f6 35.♔f2 ♔e5 36.♔e3 ♖b8 37.♗f3 ♖g8 38.g3 ♖h8 39.h4 ♖g8 40.♔f2±

29...♖a8 30.a4 c6!

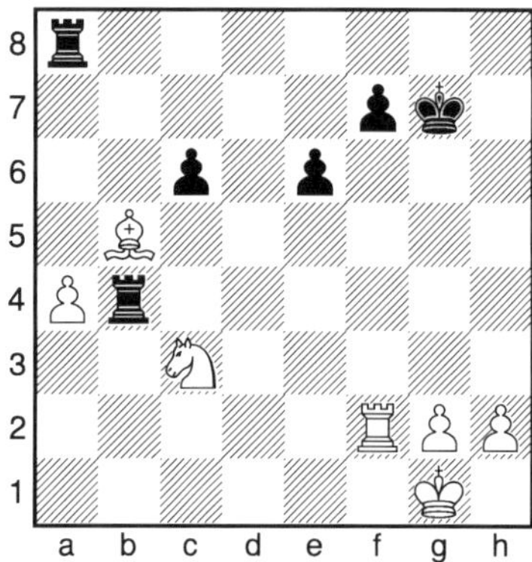

Mit diesem kleinen taktischen Trick wird der Zusammenhalt der weißen Figurenstellung zerstört.

31.♗e2

31.♗xc6?? ♖c8–+

31...♖a5?!

Auch 31...♖b3!? 32.♖f3 ♖a3 33.♔f2 ♖b8 kam stark in Frage.

32.♖f3 f5 33.♔f2 ♖c5 34.♗d1 e5?

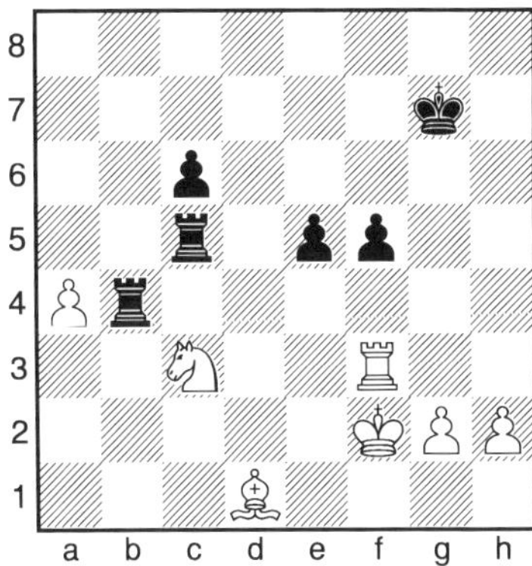

Laut Computer ist dieser Vorstoß überraschenderweise ein Fehler, vermutlich weil die Bauern auf Dauer nicht so stehen bleiben können.

34...♖b2+!? 35.♔f1 ♖e5 war angesagt.

35.♘e2 ♔f6 36.♖a3 ♖b1 37.♔e1 e4 38.g3 ♔e5 39.h4 ♖a5

39...♖b2 40.♖b3 ♖xb3 41.♗xb3 e3?! 42.♔f1 ♔e4?! 43.h5+–

40.h5 c5 41.♔d2?!

41.♘c3

1) 41...♖b2 42.♗e2

a) 42...f4?! 43.gxf4+ ♔xf4 44.♘d5+ ♔e5 45.♘e3+–

b) 42...♖b4 43.♔d2±

2) 41...♖b6 42.♗e2 ♖b2 43.♔d1 ♖b8 44.♔c2 ♖g8 45.♘d1 ♖ga8 46.♘b2

41...c4 42.♔c2 ♖b8 43.♔c3?

43.♘f4 ♔d4 44.♔c1±

43...♖b1?!

43...♖d5!? 44.♗c2 ♖bd8

1) 45.♘f4 ♖d2 46.a5 ♖f2 47.♖a1 ♖f3+ 48.♔b4 ♖b8+ 49.♔c5 ♖c8+ 50.♔b4 ♖b8+ =

2) 45.♖a2 ♖d2 46.♗b1 e3 47.a5 ♖8d3+ 48.♗xd3 ♖xa2 49.♗xc4 ♖xa5=

44.♔c2 ♖b8 45.♔c1?!

45.♘f4 ♔d4 46.♔c1 war genauer.

45...♖b6 46.♗c2 ♖d6 47.♘f4 ♖c5

47...♖a7!?

48.♖e3 ♔d4?

48...♖c8 wird vom Computer bevorzugt.

49.♖e1?

49.♖e2 ♔e5 (49...c3? 50.g4+–) 50.♖g2 c3 51.♖f2 ♖a5 52.♘g2 ♔f6 53.♘e3 ♖d2 54.♖f1 ♖e2 55.♘c4 ♖d5 56.g4 ♖d4 57.♗d1 ♖h2 58.♘e3±

49...♖h6?

Das ist zu passiv.

Nach dem aktiven 49...♔c3! reicht das schwarze Gegenspiel vermutlich in allen Fällen zum Remis.

– 50.♖e3+ ♖d3 51.♖e1

– 50.♘e2+ ♔b4 51.♖h1 ♖c8

– 50.♖e2 ♖c7 51.♖f2 ♔b4 52.♘g6 ♖c5 53.♖h2 ♔c3 54.♘f4 ♖c7

50.♔d2?!

50.♖e2!? war laut Computer etwas genauer.

– 50...c3?! 51.g4+–

– 50...e3 51.♗d1 ♖a5 52.♖b2 ♖h8 53.♖b7 ♖e8 54.♖f7 ♔e4 55.♔b2 ♔d4 56.h6+–

– 50...♔e5 51.♖d2 ♔f6 52.♖d6+ ♔g7 53.♖d7+ ♔f6 54.♗d1

50...♖e5?!

50...♖a5!? hält den Schaden in Grenzen, aber Weiß sollte sich nach 51.g4 c3+ 52.♔c1 fxg4 53.♖xe4+ ♔c5 54.♗d3 auf lange Sicht durchsetzen.

51.♘e2+ ♔c5 52.♖h1 ♖e8 53.♔c3 ♖g8

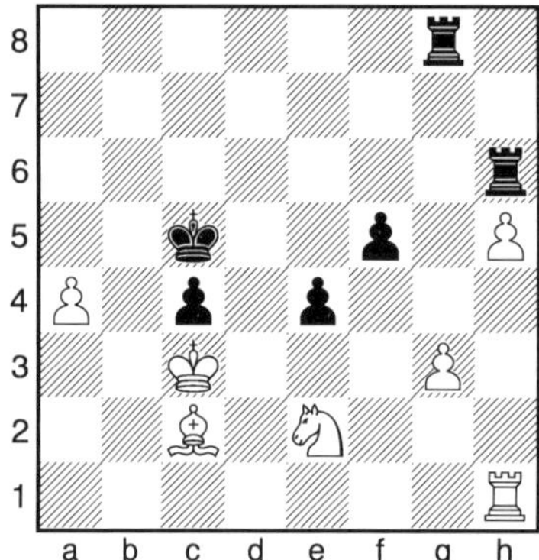

Nun ist die Zeit für entscheidende Aktionen gekommen.

Auch die Alternative 53...♖e7 rettet nicht mehr; z.B. 54.♘d4 ♖e5 55.♖h4 ♖d5 56.♘e2 ♖e5 57.♖h2 ♖d5 58.♖h1 ♖e5 59.♘d4 ♖d5 60.♖b1 ♖xh5 61.♘e6+ ♔c6 62.♘f4+−.

54.♖b1 ♖xh5

54...♖b6 55.♖f1 ♖f6 56.h6 ♖gg6 57.♗xe4 fxe4 58.h7+−

55.♗xe4 ♖e8 56.♘f4 ♖g5 57.♖b5+ ♔d6 58.♗xf5 ♖xg3+ 59.♔d4 ♖g1

59...♖a8 60.♘d5 ♖b3 61.♘b6 ♖d8 62.♗e4 ♖a3 63.a5 c3 64.♔c4 ♖f8 65.♔b4 ♖a1 66.♔xc3+−

60.♖b6+ ♔e7 61.♘g6+ ♔f7 62.♘e5+ ♔g8 63.♘xc4 ♖a8 64.a5 ♖a1 65.♖b5 ♖a7 66.♗e4 ♖c7 67.♖f5 ♔g7 68.♗c2 ♖c1 69.♔c3 ♖f7?!

69...♖h1 70.♔b4+−

70.♖xf7+ ♔xf7 71.♘a3 und **1−0** angesichts der möglichen Folge 71...♖h1 72.a6 ♖h6 73.a7 ♖a6 74.♘b5 ♔e7 75.♗e4+−.

Aufgaben

(Lösungen ab Seite 129)

Aufgabe 1

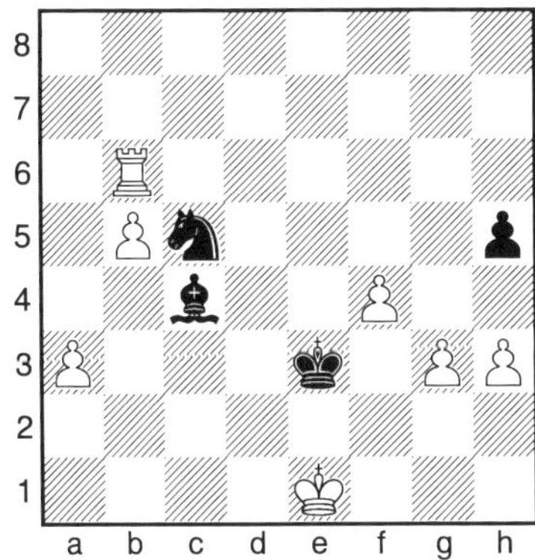

Wie rettete Schwarz sich ins Remis?

Aufgabe 2

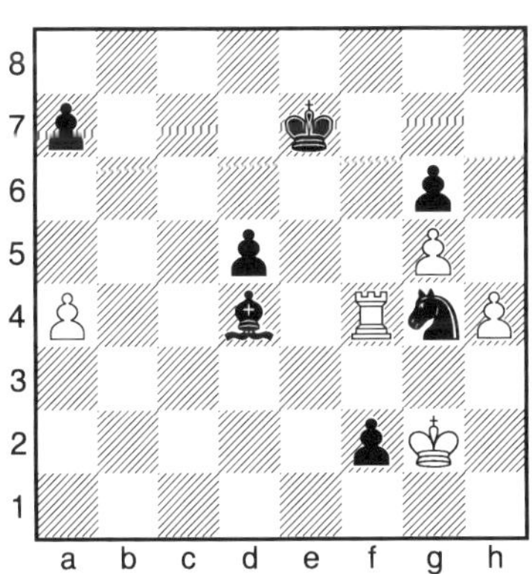

Wie setzte Schwarz den Schlusspunkt?

Aufgabe 3

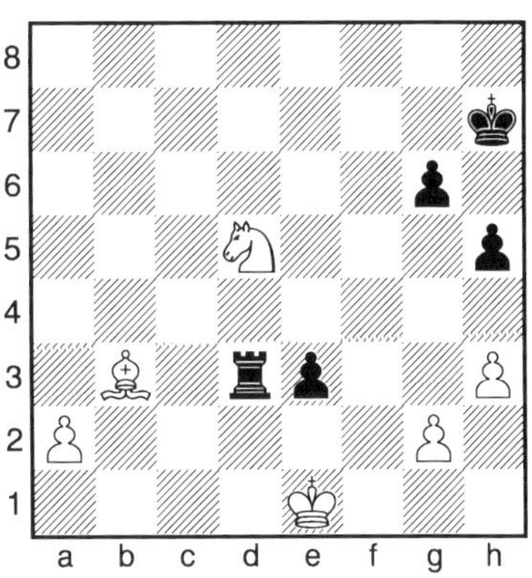

Weiß zieht und gewinnt

Aufgabe 4

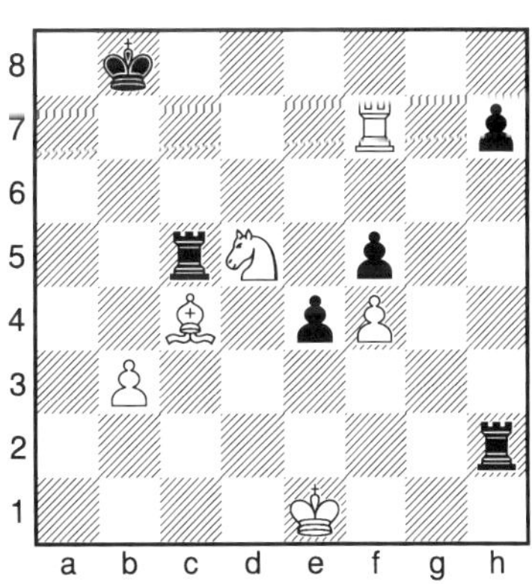

Weiß zieht und gewinnt

Aufgabe 5

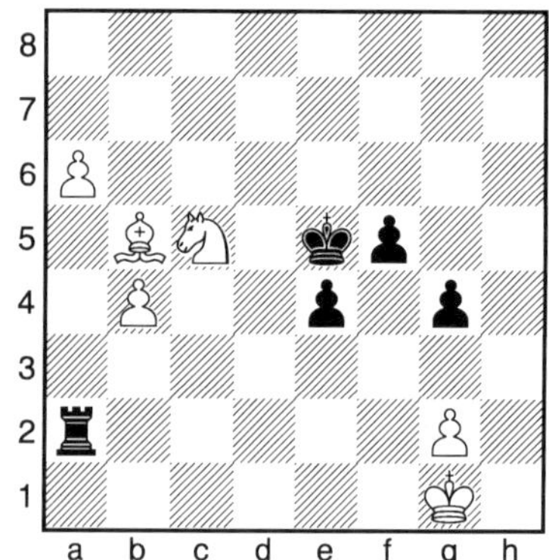

Weiß zieht und gewinnt

Lösungen

Lösung 1

Hertneck, Gerald (2524)

Carlsen, Magnus (2385)

Salzburg 2003

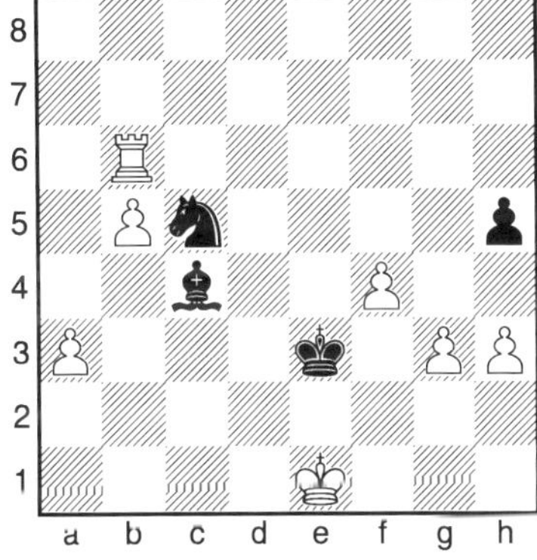

44...♘d3+

44...♗e2? 45.♖d6 ♗xb5 46.f5+–

45.♔f1

45.♔d1?? ♗b3#

45...♘e5+

„Hier signalisierte ein hörbares Auflachen des deutschen Großmeisters, dass er verstanden hatte, dass der kleine Bursche ihn ausgetrickst hatte.“ (Agdestein in *Wonderboy*, *New in Chess* 2004)

46.♔e1

1) 46.♔g2 ♗d5+ 47.♔g1 ♘f3+ 48.♔f1 (48.♔h1 ♘d2+ =) 48...♗c4+ 49.♔g2 ♘e1+ 50.♔h2 ♘f3+ 51.♔h1 ♔f2 52.♖c6 ♗d5 53.♖c2+ ♔f1=

2) 46.♔g1 ♘f3+ 47.♔h1 ♔f2 48.♖c6 ♗d5 49.♖c2+ ♔f1 50.♖c3 ♘d2+ 51.♔h2 ♗e4 52.b6 ♔f2 53.♖c1 ♘f3+ =

46...♘d3+ 47.♔f1 ♘e5+ ½-½

Lösung 2

Van Wely, Loek (2667)

Carlsen, Magnus (2862)

Wijk aan Zee 2015

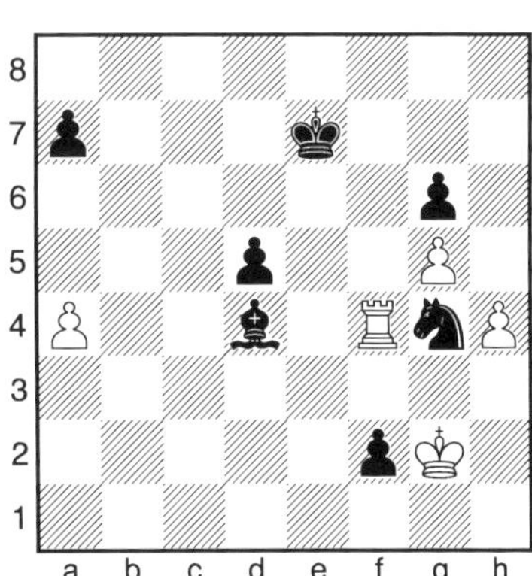

44...♘h2! 0-1

44...♘e3+?! 45.♔xf2 ♘f5+ 46.♔e2 ♔e6 sollte auf lange Sicht allerdings auch gewinnen.

Lösung 3

Carlsen, Magnus (2786)

Navara, David (2633)

Olympiade Dresden 2008

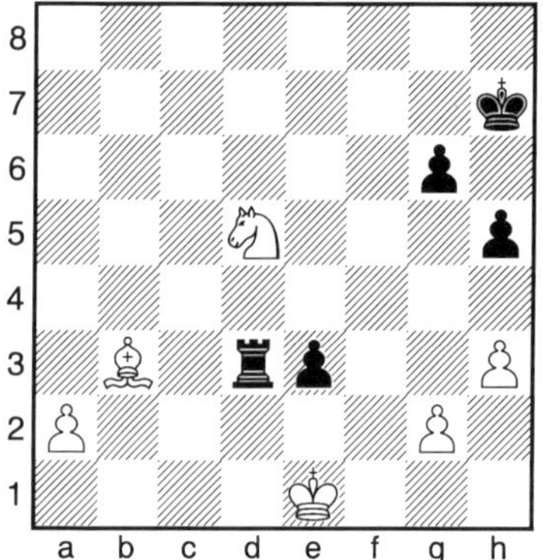

43.♗c4

43.♔e2? ♖d2+ 44.♔xe3 ♖xg2=

43...♖d4

43...♖a3 44.♗b3+−

44.♘xe3 ♔h6 45.a4 ♔g5 46.a5 ♔f4 47.♔f2 ♖d2+ 48.♗e2 ♔e4 49.a6 ♖a2 50.h4 1-0

Lösung 4

Carlsen, Magnus (2837)

Adams, Michael (2715)

London 2017

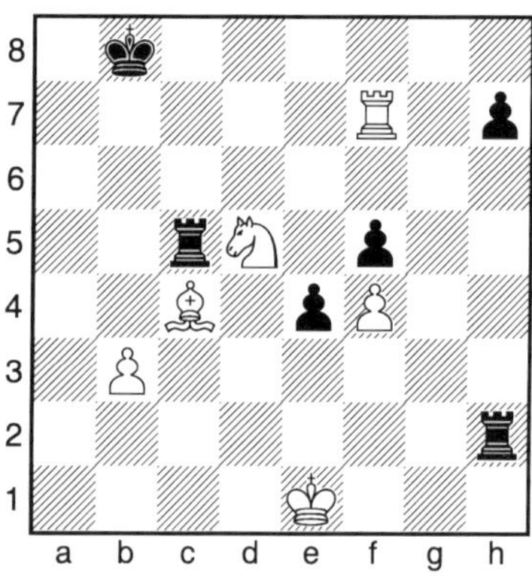

53.♘b4

Nach 53.♖f8+? ♖c8 54.♖xf5 ♖g8 hätte Schwarz Remischancen.

53...♔c8 54.♘a6 ♖c6 55.♖f8+ ♔b7

55...♔d7 56.♘b8+ ♔e7 57.♖f7+ +−

56.♗d5 ♔xa6 57.♗xc6 ♔b6 58.♗d7 1-0

Lösung 5

Carlsen, Magnus (2835)

Mamedyarov, Shakhriyar (2817)

Wijk aan Zee 2019

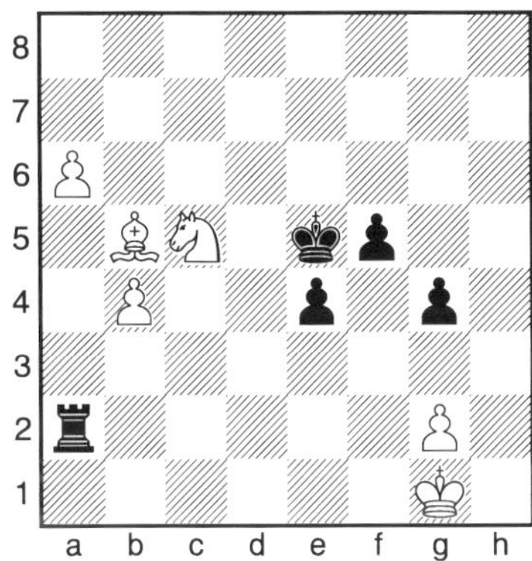

47.♗c4!

1) 47.♔h2?! gewinnt ebenfalls; z.B. 47...e3 48.♘d3+ ♔e4 49.♘c1 ♖a3 50.♔g3 e2+ 51.♔f2 f4 52.♗xe2+−.

2) Selbst 47.g3?! ♔d4 48.♗f1 ♖a3 49.♔h1 bietet gute Gewinnchancen, ist aber bei weitem nicht so klar wie die Partiefortsetzung.

47...♖a1+ 48.♔h2 f4 49.b5 f3

1) 49...g3+ 50.♔h3 ♔f5 51.♗e6+ ♔g5 52.♘xe4+ ♔h5 53.♗f7+ +−

2) 49...e3 50.b6 ♔f5 51.♗e6+ ♔g5 52.♗xg4 ♔xg4 53.b7 e2 54.♘d3 ♖a3 55.b8♕ ♖xd3 56.♕g8+ ♔f5 57.♕f7+ ♔g5 58.♕e7+ ♔f5 59.♕xe2+−

50.b6 ♔f4 51.♘xe4 und **1-0** angesichts der möglichen Folge 51...f2 52.b7 ♖b1 53.a7 ♖xb7 54.g3+ ♔xe4 55.a8♕+−.

Kapitel XI

Verteidigung

Vom Modell der vier Spielertypen her gesehen, wäre geduldige und zähe Verteidigung eine Stärke vieler Pragmatiker. Und obwohl Magnus sich nur relativ selten verteidigen muss, ist auch dies ein wichtiger Bestandteil seiner Schach-DNA. Alle superstarken Spieler sind bzw. waren auch extrem gute Verteidiger und nicht selten besteht darin ein wichtiger Unterschied zu 'normalen 2500-Großmeistern'.

Hingegen sind viele Amateure auf diesem Gebiet schnell überfordert und ein entsprechend gezieltes Training kann sich auszahlen. Natürlich spielen bei diesem Thema auch allerlei psychologische Faktoren eine große Rolle. Denn die meisten Spieler ziehen den Angriff der Verteidigung vor, und eine entsprechend wichtige Fähigkeit besteht darin, dass man in der Lage ist, auch an diese Aufgabe positiv heranzugehen, und dass man nicht müde wird und letztlich sogar auch Freude daran hat, dem Angreifer so viele Steine wie möglich in den Weg zu legen.

Es gelten folgende Faustregeln:

- Gehen Sie positiv an die Verteidigung heran und sehen Sie diese nicht etwa als peinlich an.
- Halten Sie auch das dritte Ergebnis (den eigenen Sieg) im Spiel, denn rein passive Verteidigung zur Sicherstellung von Remis funktioniert nur sehr selten, z.B. in einer klaren Endspielfestung.
- Als Verteidiger ist man oft bestrebt, Bauern abzutauschen, weil diese (besonders im Endspiel) wertvolles Gewinnpotenzial darstellen.
- Überhaupt kann jeder Abtausch die Verteidigung erleichtern.

Carlsen, Magnus (2842)
Vachier–Lagrave, Maxime (2779)
Biel 2018

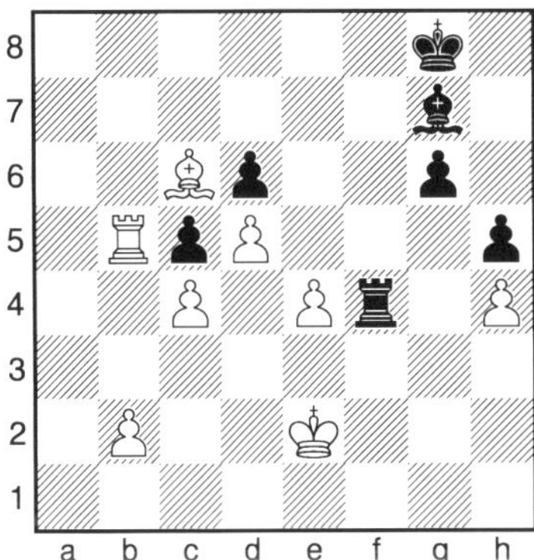

42.b4!? cxb4

Nach 42...♖xe4+ 43.♔f3 ♖xc4 44.bxc5 ♖xc5 45.♖xc5 dxc5 46.♗e8 ♔h7 47.♔e4 ♗f6 48.d6 ♗xh4 49.♔d5= behält Schwarz nicht genügend Potenzial.

43.c5 ♗e5

Das gierige 43...dxc5?! 44.d6 ♗e5 45.♗d5+ ♔g7 46.♖b7+ ♔h6 47.d7 ist wegen des d–Freibauern riskant, sollte aber auch remis sein.

44.cxd6 ♗xd6 45.♔d3 ♔f7

45...♖xh4 46.♗d7 ♔g7 47.♖b6=

46.♖b6 ♗c5 47.♖b5 ♗d6 48.♖b6 ♗c5 49.♖b5 ½-½

Wichtig ist es, das dritte Ergebnis im Spiel zu halten und nicht rein passiv zu denken.

Aronian, Levon (2805)
Carlsen, Magnus (2837)
London 2017

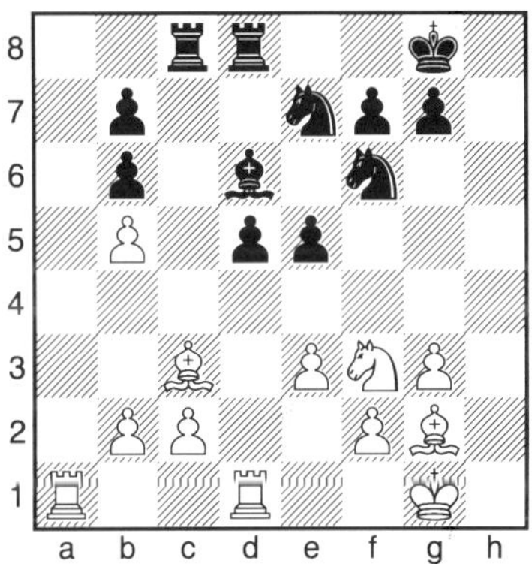

22...e4!?

Mit diesem Vorstoß hält Schwarz das dritte Ergebnis im Spiel und konfrontiert seinen Gegner mit strategischen Problemen.

Der Computer favorisiert 22...♘e4, aber nach 23.♗xe5 ♖xc2 24.♘e1 ♖cc8 25.♗xd6 ♘xd6 26.♗xd5 ♘xd5 27.♖xd5 wird nur auf *zwei* Ergebnisse gespielt.

23.♘g5?!

Mit 23.♘d4!? ♖a8 24.♖xa8 ♖xa8 25.♗h3 war mehr Druck zu erzeugen.

23...♘g6 24.♖a7 ♖b8 25.♗d4 ♗c5 26.♗xc5 bxc5 27.c4 ♘e7 28.cxd5 ♘c8 29.♖a4 ♘b6 30.♖a3 ♘c4 31.♖c3

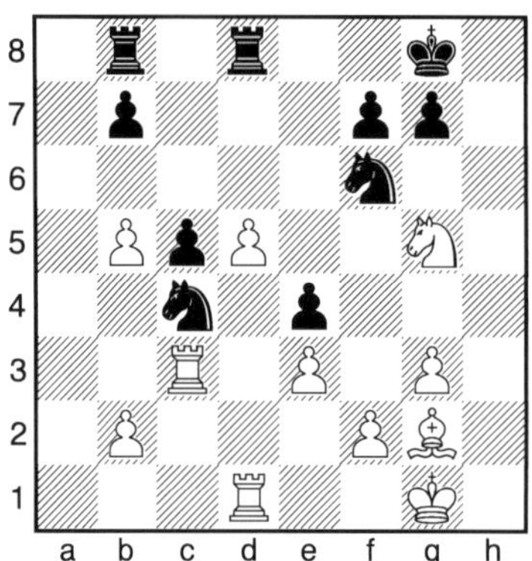

31...♘d6!

Der Springer stabilisiert die Verteidigung Nach der Alternative 31...♘xb2? 32.♖d2 ♘xd5 33.♖xc5 ♘d3 34.♖c4 f5 35.g4 g6 36.♗h3 ♘b6 37.♖c7 hätte Weiß starkes dynamisches Druckspiel.

32.♖xc5 ♖a8 33.♗h3 ♖e8 34.♖c7

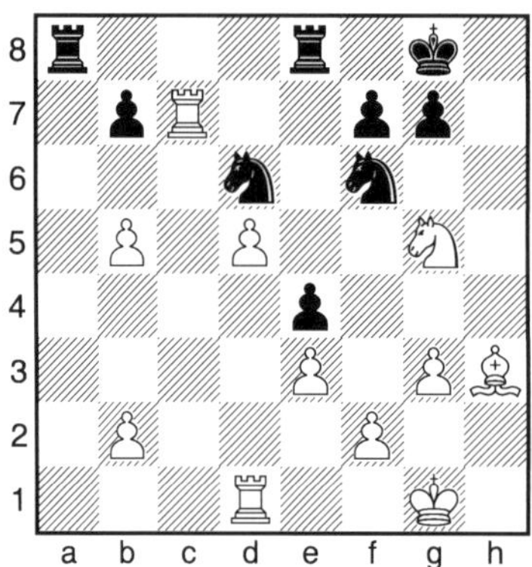

34...♔f8!

Geduld ist speziell im Endspiel eine wichtige Eigenschaft. Magnus betreibt Prophylaxe, denn das direkte 34...♖e5?? trifft auf 35.♘xf7 ♘xf7 36.♗e6 ♖xe6 37.dxe6 ♘g5 38.e7+−.

35.b6?!

Nun laugt die weiße Initiative aus.

Nach der richtigen Zugfolge 35.♗f1!? ♖ac8 36.b6 behält Weiß etwas Druck.

35...♖e5 36.♘e6+

36.♘xf7 ♘xf7 37.♖xb7 ♘g5 38.♗d7 ♘xd7 39.♖xd7 ♖b8 40.♖c1 ist ebenfalls dynamisch ausgeglichen.

36...fxe6 37.dxe6 ♘fe8

Dank der sich gegenseitig deckenden Springer verfügt die schwarze Stellung über ausreichende statische Stabilität. Darin besteht übrigens ein typisches Verteidigungsphänomen.

38.♖d7 ♖aa5

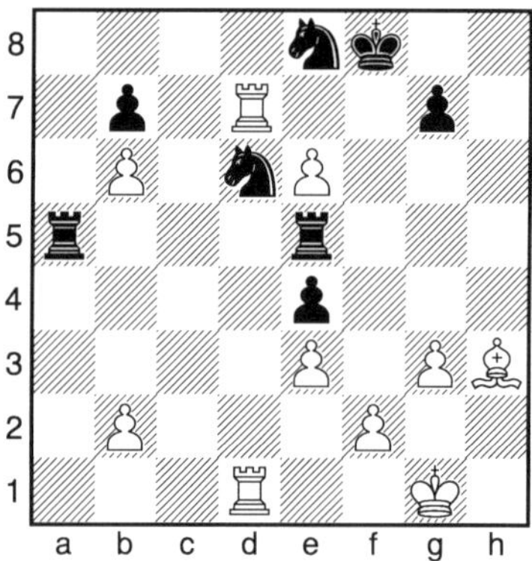

39.b4?

Aronian setzt seinen Angriff weiter fort und überschreitet damit das Limit. Er müsste auf Verteidigung umschalten, was psychologisch gerade in Zeitnot oft schwierig ist.

39.♖1xd6 ♘xd6 40.♖xd6 ♖ed5 41.e7+ ♔xe7 42.♖xd5 ♖xd5 43.♗c8=

39...♖ad5 40.♖a1 ♖b5 41.♖a8 ♖xb6 42.♗g4 ♖d5 43.♔g2 ♖xb4 44.♖a1?! ♖bb5 45.♗e2

45.♖h1 ♔g8 46.♖d8 ♖bc5−+

45...♖b2 46.♗g4 ♖dd2 47.♔h3 ♖xf2 48.♔h4 ♖h2+ 49.♗h3 g5+ 50.♔h5

50.♔g4 ♘f6+ 51.♔xg5 ♘xd7 52.exd7 ♘f7+ −+

50...♖xh3+ 51.♔g6 ♖f2 52.e7+ ♔g8 53.♖xd6 ♖h7 0-1

Aufgaben

(Lösungen ab Seite 136)

Aufgabe 1

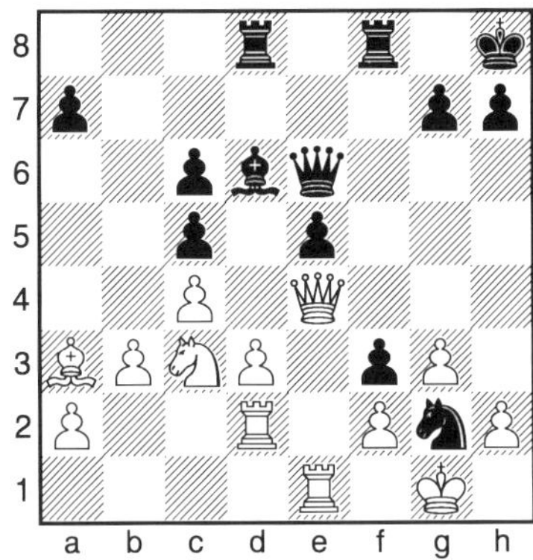

Mit welchem einzigen Zug kann Weiß noch ums Remis kämpfen?

Aufgabe 2

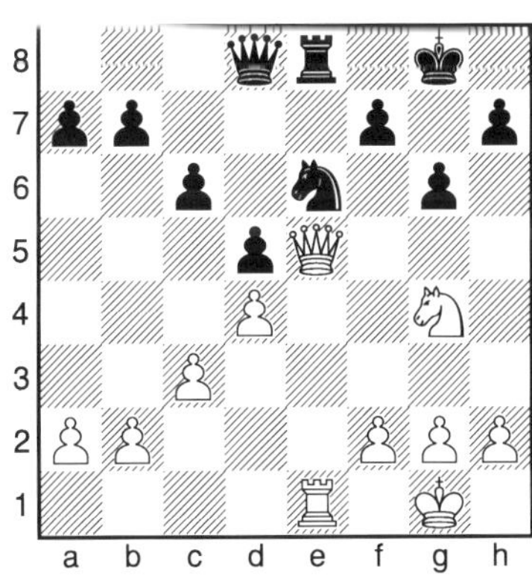

Wie setzte Schwarz fort?

Aufgabe 3

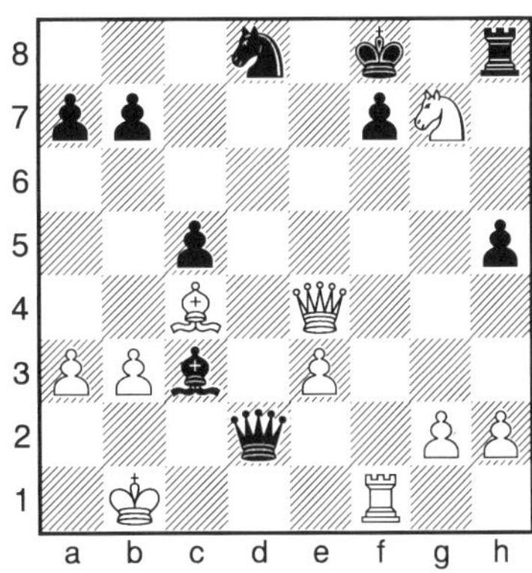

Wie rettete Weiß sich ins Remis?

Aufgabe 4

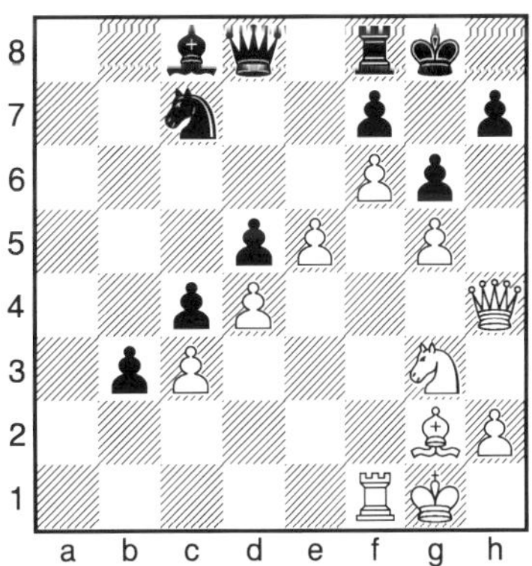

Wie kann Schwarz sich verteidigen?

Lösungen

Lösung 1

Carlsen, Magnus (2872)

Radjabov, Teimur (2793)

London 2013

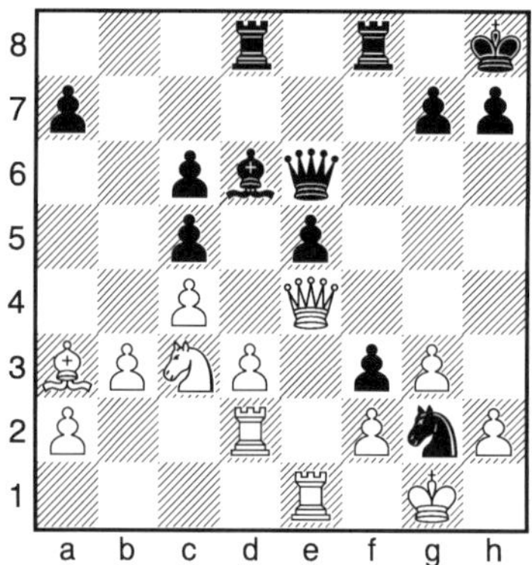

24.♖e3!

Der einzige Zug, der noch echten Widerstand leistet. Alles andere verliert mehr oder weniger forciert; z.B. 24.♖c1? ♕h3 25.♘d1 ♖f6 26.♘e3 ♘xe3 27.fxe3 f2+ 28.♖xf2 ♖xf2 29.♔xf2 ♕xh2+ 30.♔e1 ♖f8–+.

24...♘xe3

Auch nach 24...♕h6 sollte Schwarz auf lange Sicht gewinnen; z.B. 25.♘d1 ♗e7 26.♗b2 ♘xe3 27.fxe3 ♕h3 28.♗c3 ♗g5 29.♖f2 ♕f5 30.♕xf5 ♖xf5 31.♖d2 e4 32.dxe4 ♖xd2 33.♗xd2 ♖f7

1) 34.♘f2 ♖d7 35.♗c1 ♗f6 36.♔f1 ♔g8 37.♗a3 ♗e7 38.♔e1 ♔f7 39.♘h3 ♔e6 40.♘f2 h5–+

2) 34.♔f2 ♖d7 35.♔e1 ♗f6 36.♘f2 g5 37.♘g4 ♔g7 38.h3 h5 39.♘h2 ♗e5 40.♘xf3 ♗xg3+ 41.♔f1 ♗e5 42.♗e1 ♔f6 –+

25.fxe3 f2+?

Danach ist der Gewinn sehr schwierig, wenn überhaupt noch möglich.

26.♖xf2 ♖xf2 27.♔xf2

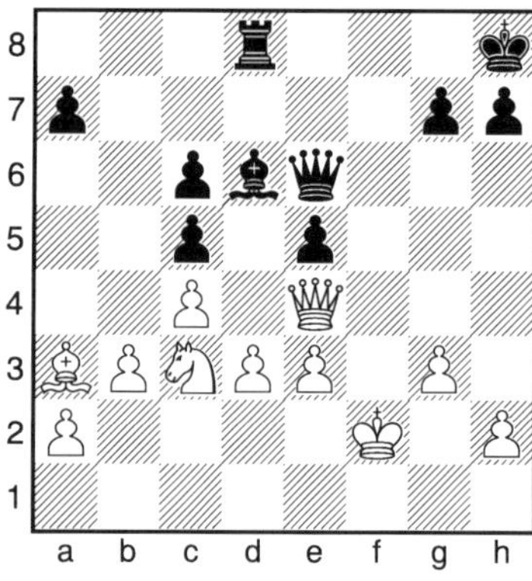

27...♖f8+?

Die letzte Chance bestand in 27...♕h3 28.♔g1 ♖f8 29.♕g2 ♕g4 30.♕e2 ♕xe2 31.♘xe2 ♗e7 32.♘c3 ♖d8 33.♔f2 ♖xd3 34.♔e2 ♖d8 mit Gewinnchancen (laut Kotronias und Logothetis in *Carlsen's Assault on the Throne*, Quality Chess 2013).

28.♔e2 ♕h3 29.♕h1 ♗e7 30.♘e4 ♕g4+ 31.♔d2 ♕h3 32.♔e2 h5 33.♗b2 ♕g4+ 34.♔d2 ♕h3 35.♔e2 ♕g4+ 36.♔d2 ♕h3 37.♔e2 ½-½

Lösung 2

Carlsen, Magnus (2870)

Anand, Viswanathan (2775)

Chennai 2013

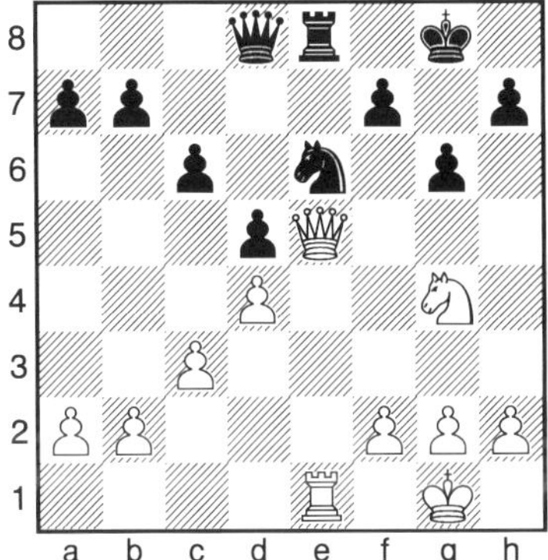

24...♘g7! 25.♕xe8+!

25.♘f6+?? (25.♘h6+? ♔f8−+) trifft auf 25...♕xf6 26.♕xe8+ (26.♕xf6 ♖xe1#) 26...♘xe8 27.♖xe8+ ♔g7−+.

25...♘xe8 26.♖xe8+ ♕xe8 27.♘f6+ ♔f8 28.♘xe8 ♔xe8 29.f4 f5 30.♔f2 b5 31.b4 ♔f7 32.h3 h6 33.h4 h5 ½-½

Lösung 3

Swidler, Peter (2768)

Carlsen, Magnus (2834)

Wijk aan Zee 2018

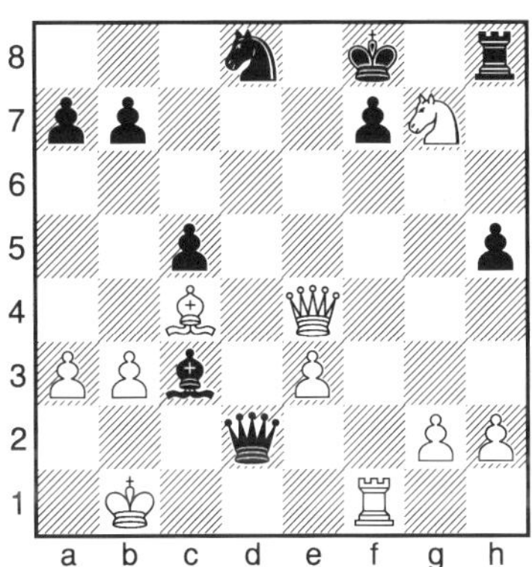

26.♖xf7+

26.♘e6+

1) 26...♔g8 27.♕c2 ♘xe6 28.♗xe6 fxe6 29.♕g6+ ♗g7 30.♕xe6+ ♔h7 31.♕f5+ ♔h6 32.♕f4+ =

2) 26...♘xe6 27.♖xf7+ ♔xf7 28.♕xe6+ ♔g7 29.♕f7+ =

26...♘xf7 27.♕e8+ ♔xg7 28.♕xf7+ ♔h6 29.♕f4+ ♔g6 30.♕f7+ ♔h6 31.♕f4+ ½-½

Lösung 4
Anand, Viswanathan (2775)
Carlsen, Magnus (2870)
Chennai 2013

25...♘e8!

1) 25...♔h8? (25...b2? 26.♖b1+−) 26.♕h6 ♖g8 27.♖f4 ♕f8 28.♕xh7+ ♔xh7 29.♖h4+ ♕h6 30.♖xh6#

2) 25...h5? 26.♘xh5 gxh5 27.♕xh5 ♕d7 28.♕h6 ♘e8 29.g6 fxg6 30.♕xg6+ ♔h8 31.♕h6+ ♔g8 32.♗xd5+ ♕xd5 33.♕g6+ ♔h8 34.♖f4+−

26.♕h6

26.♘e2 ♗e6 27.♘f4 ♕a5 28.♘xe6 fxe6 29.♗h3 ♘c7 30.f7+ ♖xf7 31.♖xf7 ♔xf7 32.♕xh7+ ♔f8 33.♕h8+ ♔e7 34.♕f6+ ♔d7 35.♗xe6+ ♘xe6 36.♕f7+ ♔d8 37.♕f6+ ♔c7 38.♕e7+ ♔b8 39.♕xe6= (Gutman)

26...b2!

26...♗g4? 27.h3 ♗e6 28.♖f4+−

27.♖f4!?

27.♘e2 ♗e6 28.♘f4 ♕a5 29.♘xe6 fxe6 30.♗h3 ♕a6 31.♗g4 ♖f7 32.♕h3 ♘c7 33.♕g2 ♕a2 34.♕c2 ♖f8 35.f7+ ♔g7 36.♕f2= (Gutman)

27...b1♕+ 28.♘f1??

Anand verliert die Nerven.

Nach 28.♗f1 ist die Stellung im Gleichgewicht; z.B. 28...♕d1 29.♖h4 ♕h5 30.♘xh5 gxh5 31.♖xh5 ♗f5 32.g6! ♗xg6 33.♖g5

1) 33...♕a5 34.♖g3 ♕a3 35.h4 (Gutman) 35...♔h8 36.h5 ♗e4 37.♖g7 ♕xc3 38.♖xh7+ ♗xh7 39.♕xf8+ ♗g8 40.♕h6+ =

2) 33...♘xf6 34.exf6 ♕xf6 35.♖xd5 ♕f3 36.♖c5 ♕xc3 37.♖xc4= (Krasenkow)

28...♕e1! 0-1

Kapitel XII

Turmendspiele

Selbstverständlich gehört exzellente Endspieltechnik zu den Markenzeichen von Magnus Carlsens Schach-DNA und schon in seiner Jugend stellte er in diesem Bereich erstaunliche Qualitäten unter Beweis.

Speziell in Bauern- und Turmendspielen sollte eigentlich jeder Spieler zumindest über gewisse Grundkenntnisse verfügen. Um jedoch wirklich stark zu werden, ist ein vertieftes Studium nötig, und ein solches zahlt sich natürlich erst dann richtig aus, wenn man in eigenen Partien Endspiele überhaupt erst häufiger aufs Brett bekommt.

Ich beschränke mich hier auf die häufigsten theoretischen Endspiele, die Turmendspiele, und da es selbst für eine ausführliche Diskussion der wichtigen theoretischen Stellungen in diesem Bereich schlicht zu wenig Platz gibt, habe ich den Zugang über die Faustregeln gewählt.

1) Der Turm gehört hinter den Freibauern

Dieser altbekannte Lehrsatz von Siegbert Tarrasch gilt unabhängig davon, ob es sich um einen eigenen oder einen gegnerischen Freibauern handelt. Obwohl die Faustregel an sich sehr gut ist, führt ihre allzu automatische Anwendung in der Praxis nicht selten zu Fehlern. Wie auch in anderen Bereichen ist es also wichtig, ein Gespür dafür zu entwickeln, ob ein Regelfall oder eine Ausnahme vorliegt.

Harikrishna, Pentala (2766)
Carlsen, Magnus (2840)
Wijk aan Zee 2017

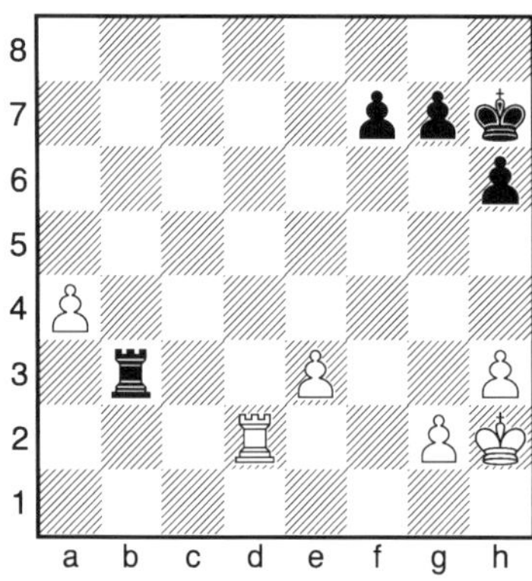

Hier liegt ein typischer Regelfall vor.

36...♖a3!

Der Turm gehört hinter den Freibauern!

Nach 36...♖xe3?! geht der weiße Turm mit 37.♖a2 hinter seinen Freibauern, was zu praktischen Chancen führt, auch wenn es theoretisch immer noch remis sein sollte.

37.♔g1 ½-½

Der folgende Fall ist deutlich komplizierter, aber auch hier gehört Magnus Carlsens Turm hinter den Freibauern.

Eljanov, Pavel (2755)
Carlsen, Magnus (2840)
Wijk aan Zee 2017

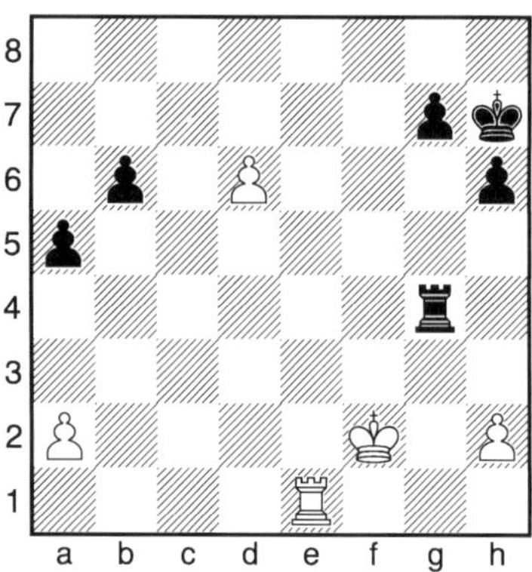

41...♖d4! 42.♖e6 ♔g8

Nun kann der d-Freibauer in typischer Weise neutralisiert werden, wonach Schwarz auf lange Sicht gewinnen sollte.

43.♔e3 ♖d1 44.d7

44.♔e4 ♔f7 45.♖e7+ ♔f6 46.♖d7 g6 47.♔e3 h5 48.♔e4 ♖d2 49.♔e3 ♖d5 50.♔e4 ♖d1 51.♔e3 ♔e5−+

44...♖xd7 45.♖xb6 ♖d5 46.♖b2 ♔h7 47.♔e4 ♖h5 48.♔f4 ♖h4+ 49.♔g3 g5!?

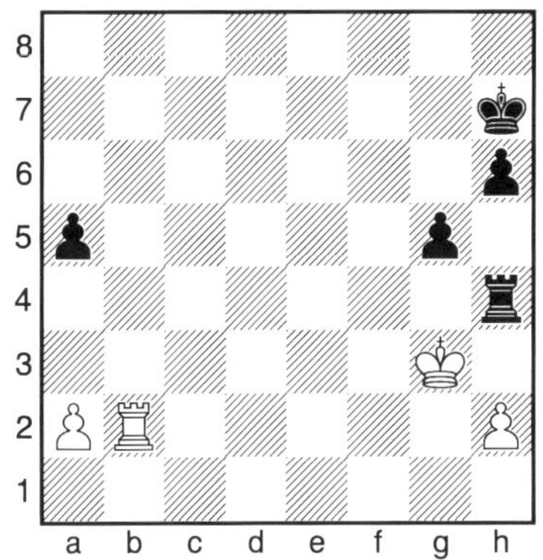

Gegen den absehbaren schwarzen Plan zum Wohle der Königsaktivierung ist Weiß mangels Gegenspiel hilflos.

50.♖b7+

1) 50.♖b6 ♖a4 51.h3 ♖xa2 52.♔g4 ♖a4+ −+

2) 50.♖b3 ♖a4 51.a3 ♔g6 52.h3 ♔h5 53.♖e3 ♖c4 54.♖d3 ♖c6 55.a4 (55.♖e3 a4−+) 55...♖c4 56.♖a3 ♖b4 57.♔g2 ♔g6−+

50...♔g6 51.♖b6+ ♔h5 52.h3

52.♖b3 ♖a4 53.a3 ♖g4+ 54.♔h3 ♖c4 55.♔g3 a4 56.♖e3 ♖c6 57.♖d3 ♖b6−+

52...♖a4

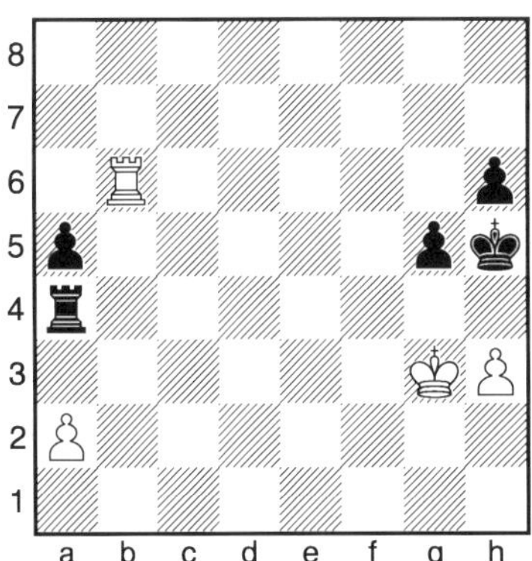

Ein sehr guter aktiver Einsatz des Turmes.

53.♖c6

53.♖b2 ♖a3+ 54.♔g2 ♔h4 55.♖c2 ♖g3+ −+

53...♖a3+ 54.♔g2 ♖xa2+ 55.♔g3 a4 56.♖a6 a3 57.♔f3 ♖b2 58.♔g3

58.♖xa3 ♔h4−+

58...a2 59.♔f3 a1♕

59...♔h4?? 60.♖xh6#

60.♖xa1 ♔h4 0-1

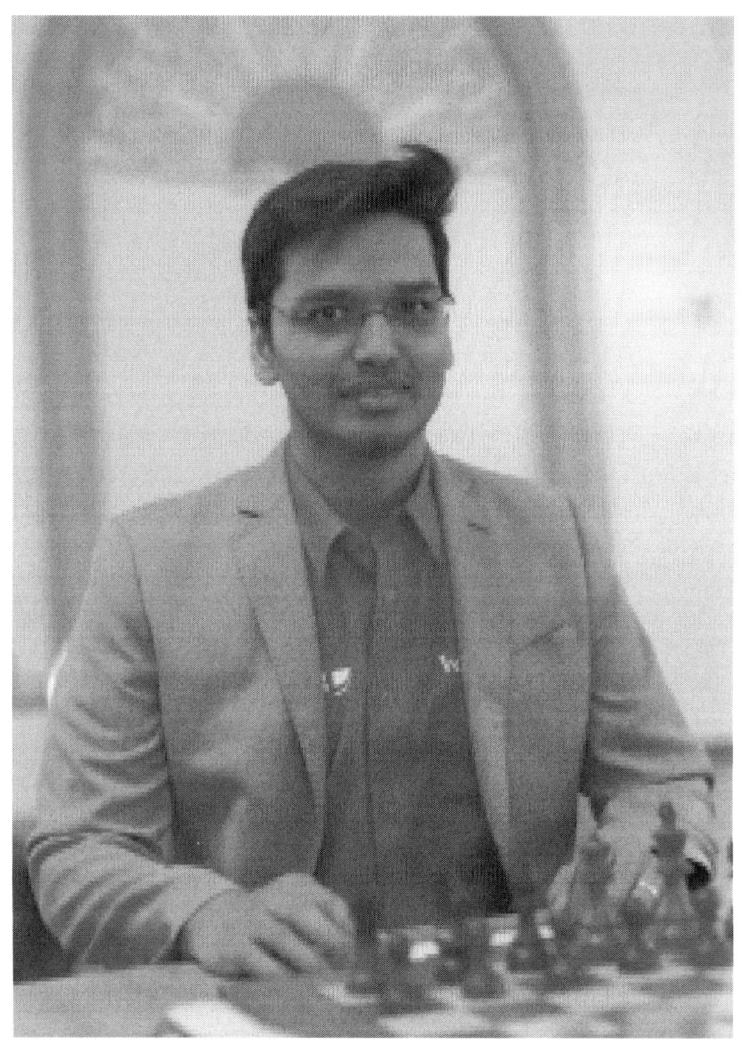

Pentala Harikrishna

Aufgaben

(Lösungen ab Seite 144)

Aufgabe 1

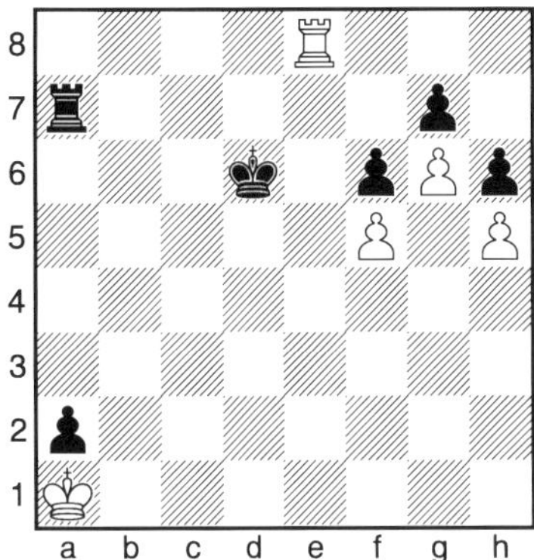

Hier steht der schwarze Turm ausnahmsweise nicht so gut hinter dem Freibauern. Wie kann Weiß sich retten?

Aufgabe 2

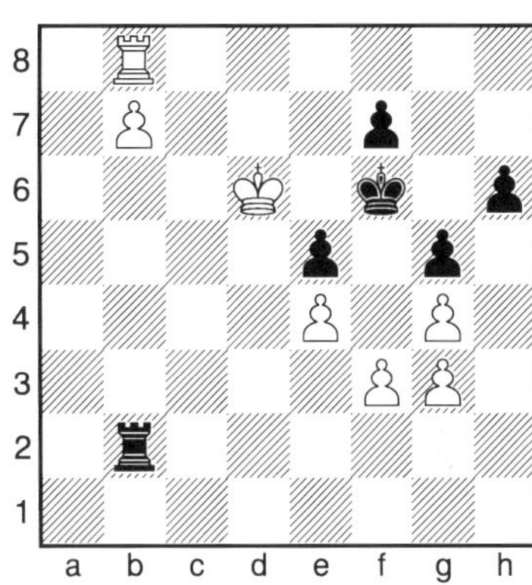

Wie gewann Weiß, obwohl der Turm vor dem Freibauern eigentlich falsch platziert ist?

Lösungen

Lösung 1
Meier, Georg (2647)
Carlsen, Magnus (2834)
Internet 2018

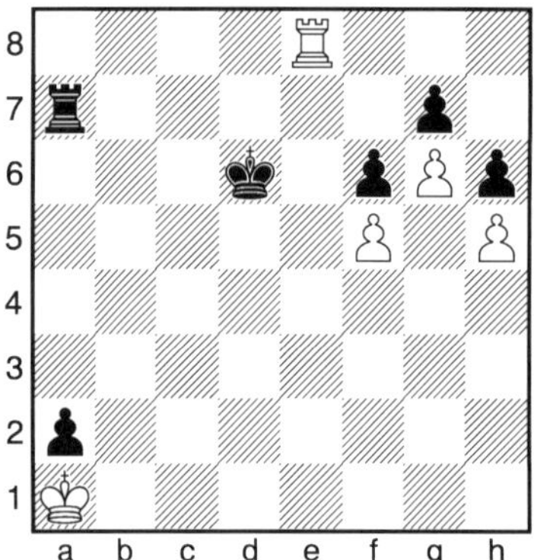

52.♖e2?

1) Auch die Alternative 52.♖f8? verliert nach 52...♔e5 53.♖f7 ♖a8 54.♖xg7 ♔xf5 55.♖h7 ♔g5 56.g7 ♖g8!−+.

2) Der einzig richtige Weg zum Ausgleich ist 52.♖e6+ ♔d7 (52...♔d5 53.♖e8=) 53.♖b6 ♖a5 54.♖b7+ ♔d6 55.♖xg7 ♖xf5 56.♖f7 (56.♔xa2=) 56...♔e6 57.♖f8 ♖g5 58.♔xa2 f5 59.♔b2 ♔e5 60.♔c2 ♔f4 61.♔d2 ♔g4 62.♔e3 ♔xh5 63.g7 ♖xg7 64.♖xf5+.

52...♖a5 53.♖e6+ ♔d7 54.♖b6 ♖xf5 55.♖b7+ ♔e6 56.♖xg7 ♖xh5 57.♔xa2 ♔f5 58.♔b3 ♖h1 59.♔c3 ♖e1 60.♔d2 ♖e8 61.♔d3 ♔g5 62.♔d4 h5 63.♔d3 f5 64.♔d2 ♔f6 65.♖b7 ♔xg6 0-1

Lösung 2
Carlsen, Magnus (2698)
Hracek, Zbynek (2614)
Deutschland 2007

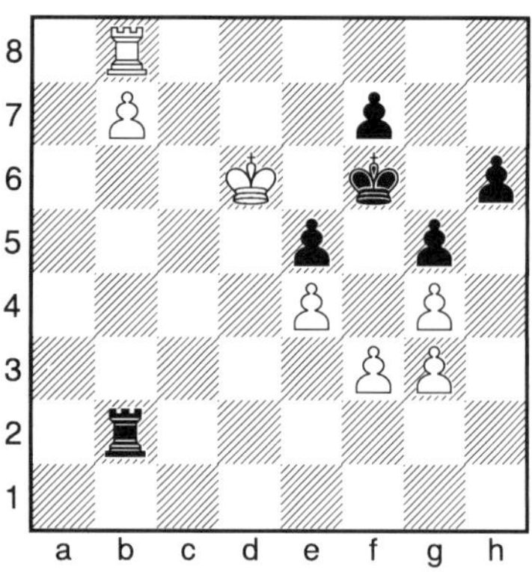

60.f4! exf4 61.gxf4 gxf4

61...♔g7 62.f5 ♖b6+ 63.♔e7 ♖b5 64.f6+ +−

62.♖g8!

Die Mattpointe.

62...♖b6+

62...♖xb7?! 63.e5#

63.♔c7 ♖xb7+ 64.♔xb7 f3 65.♔c6 ♔e5 66.♖e8+ ♔f4 67.♔d5 f6 68.♖f8 1-0

2) Aktivität ist angesagt

Diese Faustregel gilt nicht nur für den Angreifer, sondern vor allem auch für den *Verteidiger*.

Carlsen, Magnus (2834)
Kramnik, Vladimir (2787)
Wijk aan Zee 2018

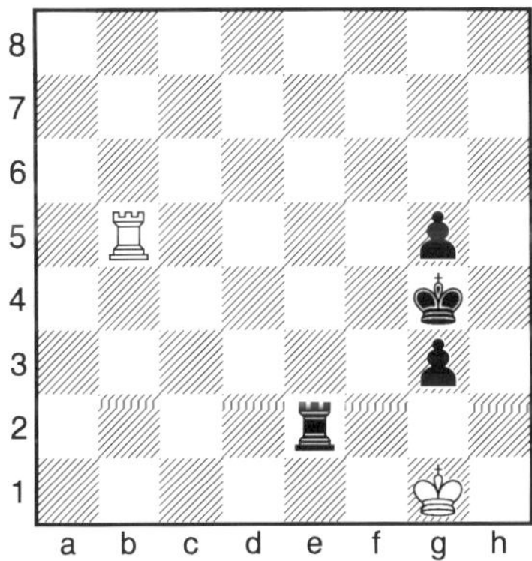

54.♖b8!?

Nach diesem aktiven Turmeinsatz hält Magnus mühelos remis.

Passive Verteidigung mit 54.♖b1? würde hingegen verlieren; z.B. 54...♔h3 55.♔f1 ♖a2 56.♔g1 g4 57.♖c1

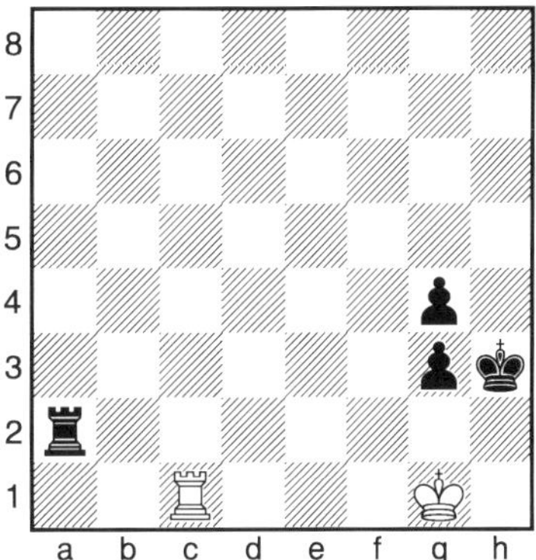

Nun ist Genauigkeit angesagt.

1) Denn die Ansätze 57...♖f2? 58.♖c8= und 57...g2? 58.♖c3+ g3 59.♖xg3+ wären verfehlt.

2) Der einzige Gewinnweg besteht in 57...♖a3 58.♖b1 g2 59.♖c1 ♖f3 60.♖a1 ♖f1+ 61.♖xf1 gxf1♕+ 62.♔xf1 ♔h2−+.

54...♖e1+ 55.♔g2 ♖e2+ 56.♔g1 ♖a2 57.♖c8 ♖a1+ 58.♔g2 ♖a2+ 59.♔g1 g2 60.♖c4+ ♔h3 61.♖c3+!

61.♖c1? ♖a3!−+

61...♔h4 62.♖c4+ g4 63.♖c3 ♔h5 ½-½

Auch im folgenden Fall geht es um die rechtzeitige Aktivierung des Turms.

Melkumyan, Hrant (2670)
Carlsen, Magnus (2835)
Rapid St. Petersburg 2018

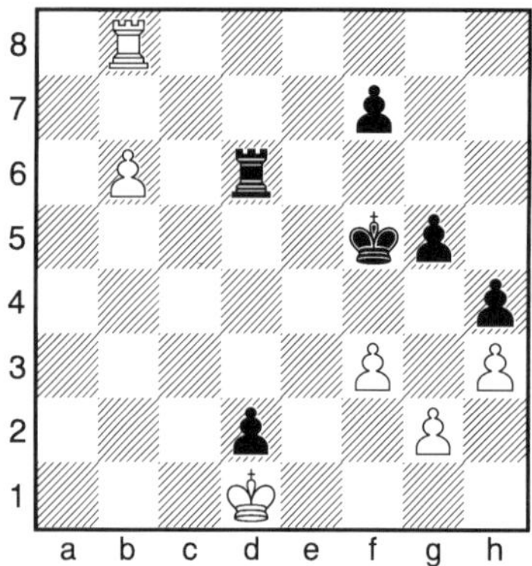

56.b7?!

Damit macht Weiß sich die Verteidigung enorm schwer.

Vergleichsweise einfach war das Gleichgewicht hingegen mit 56.♖f8 ♖xb6 57.♖xf7+ ♔g6 58.♖f8= zu wahren.

56...♖d7 57.♖f8?

Danach dringt der schwarze König entscheidend am Königsflügel ein.

Sofortige Aktivierung des Turms mittels 57.♖a8 war vonnöten, denn nach 57...♖xb7 58.♔xd2 ♖b2+ (58...♔f4?! 59.♖a4+ =) 59.♔e1 ♖xg2 60.♔f1 ♖h2 61.♖a4 f6 62.♔g1 ♖xh3 63.♔g2 ♖g3+ 64.♔f2 kommt der schwarze Turm nicht frei, ohne die Abwicklung in ein Remis-Endspiel zu gestatten; z.B. 64...♔g6 65.♖a6 g4 66.fxg4 ♖xg4 67.♖a8 (67.♔f3? ♖g5−+) 67...♖g5 68.♖h8 ♖h5 69.♖g8+ ♔f5 70.♖a8 h3 71.♔g1=.

57...♖xb7 58.♔xd2

58.♖e8 ♖b4 59.♔xd2 ♔f4 60.♖e2 ♔g3 61.♔e3 ♖b1 62.♔e4 ♖g1 63.♔f5 ♖xg2 −+

58...♔f4 59.♔e2 ♔g3 60.♖g8 f6 61.♖g6 ♖b6 62.f4 ♔xf4 63.♔f2 ♖b2+ 64.♔f1 ♔g3 65.♖xf6 ♖xg2 0-1

Im nächsten Fall geht es vor allem um die Aktivität der Könige.

Carlsen, Magnus (2840)
Van Wely, Loek (2695)
Wijk aan Zee 2017

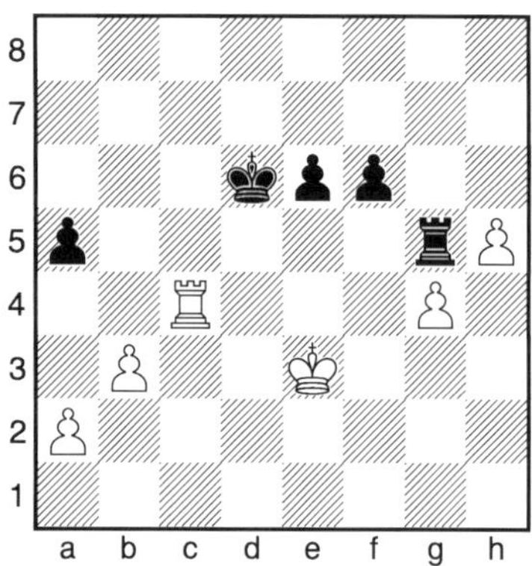

46.♔f4!? ♖d5

1) 46...e5+ 47.♔g3 f5 48.♔h4 ♖g8 49.g5+−

2) 46...♔e7 47.♖c7+ ♔f8 48.h6 ♔g8 49.♖e7 e5+ 50.♔f3

a) 50...f5 51.♖g7+ ♖xg7 52.hxg7 f4 53.a3+−

b) 50...♔h8 51.♖f7 ♖g6 52.h7 e4+ 53.♔f4 e3 54.♖e7 e2 55.♔f5 ♖h6 56.♖xe2 ♔xh7 57.♖e7+ ♔g8 58.♖a7+−

47.♖c8 ♖d4+ 48.♔g3 ♔d7 49.♖a8 ♖d3+ 50.♔g2 ♖d2+ 51.♔f3 ♖d3+

51...♖xa2 scheitert an dem Standardtrick 52.h6 ♖h2 53.h7 ♖xh7 54.♖a7+.

52.♔e4 ♖h3 53.♖xa5 e5

53...♖h4 54.♔f3 ♖h3+ 55.♔g2 ♖h4 56.♔g3 ♖h1 57.a4+−

54.♔f5 ♖f3+ 55.♔g6

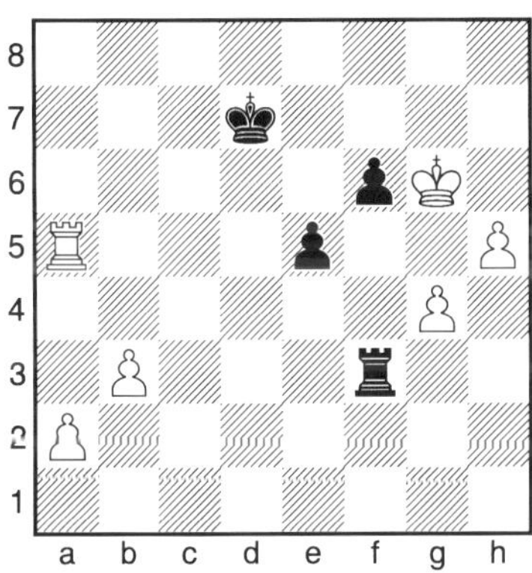

Der weiße König spielt aktiv mit, während der schwarze nur zuschaut.

55...e4 56.h6 e3 57.h7 ♖h3 58.♖a7+

58.♖h5+−

58...♔d6 59.♖a8 1-0

Im letzten Beispiel geht es um die Aktivität sowohl der Könige als auch der Türme.

Carlsen, Magnus (2835)
Caruana, Fabiano (2832)
WM London (Rapid) 2018

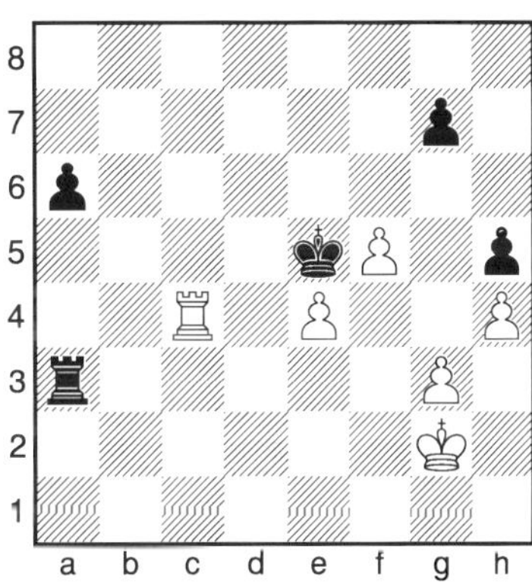

37.♖c7!? ♔xe4?

Das direkte Schlagen trifft auf eine erstaunliche Widerlegung.

Mit dem Zwischenschach 37...♖a2+! hätte Schwarz sich retten können; z.B. 38.♔h3 (38.♔f3 ♖a3+ =) 38...♔xe4 39.♖xg7 ♖a1 (39...♔f3? 40.♖c7!+−) 40.♖b7 (40.f6 ♔f3=) 40...♔f3 (40...♖f1=) 41.♖b3+ ♔e4 42.f6 ♖f1 43.♖b6 ♔f3 44.♔h2 ♖f2+ 45.♔g1 ♖g2+ 46.♔f1 ♖f2+ 47.♔e1 ♔xg3 48.♖b3+ ♔g2=.

38.♖e7+!!

Dieses Zwischenschach (nunmehr von *weißer* Seite) kann in gewissem Sinne als vorentscheidend für Magnus Carlsens Sieg im WM-Kampf angesehen werden. Als Verteidiger kann man es leicht übersehen. John Nunn nennt es in *Nunn's Chess Endings 2* 'hesitation check'. Der Turm legt auf seinem Weg nach g7 quasi einen Zwischenstopp ein.

Caruana hatte sich vermutlich auf 38.♖xg7? ♖a2+! verlassen; z.B. 39.♔h3 ♖a1 mit Ausgleich in den Abspielen:

– 40.f6 ♔f3 41.♔h2 ♖a2+ 42.♔h3 ♖a1=

– 40.♖b7 40...♔f3 (40...♔xf5? 41.♖g7+–) 41.♖b3+ ♔e4 42.♖b4+ ♔xf5=

38...♔xf5 39.♖xg7 ♔f6

39...♖a2+ 40.♔h3+–

40.♖g5 a5 41.♖xh5 a4 42.♖a5 ♖a1 43.♔f3 a3 44.♖a6+ ♔g7 45.♔g2 ♖a2+ 46.♔h3 ♖a1 47.h5 ♔h7 48.g4 ♔g7 49.♔h4 a2 50.♔g5 ♔f7 51.h6 ♖b1

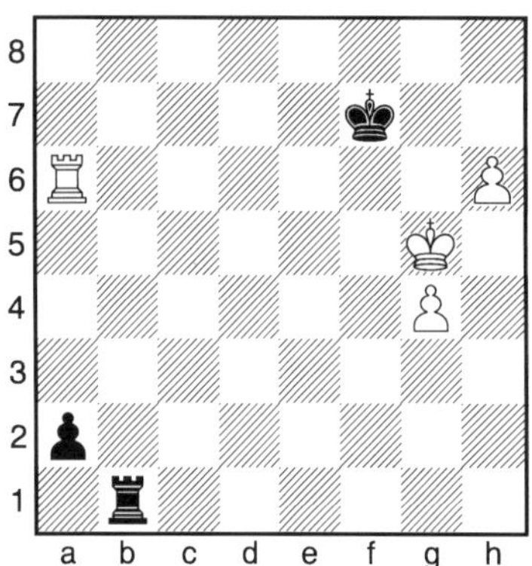

52.♖a7+!?

Diesmal ist das Zwischenschach nur ein Zeichen guter Technik, denn 52.♖xa2?! ♖b5+ 53.♔h4 ♔g6 54.♖a6+! gewinnt ebenfalls.

Hingegen hält nach dem Fehlversuch 54.g5? selbst 54...♖b6 remis (54...♖b4+ 55.♔g3 ♔xg5=), weil Schwarz damit die bekannte Festung von Kling und Horwitz eingenommen hat.

52...♔g8 53.♖xa2 ♖b5+ 54.♔g6 ♖b6+ 55.♔h5 1-0

Aufgaben

(Lösungen ab Seite 150)

Aufgabe 1

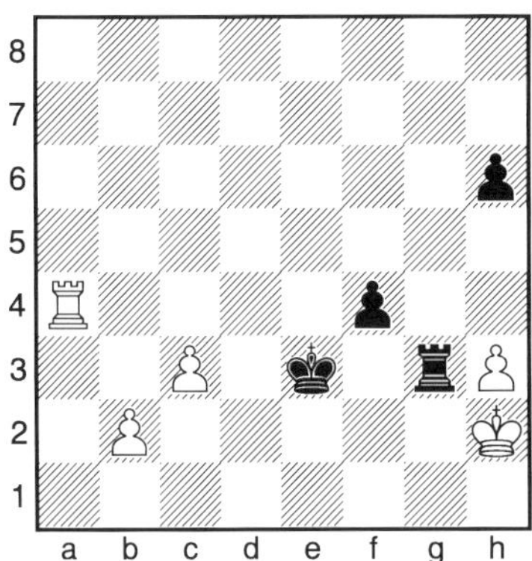

Wie münzte Schwarz
seinen Vorteil um?

Aufgabe 2

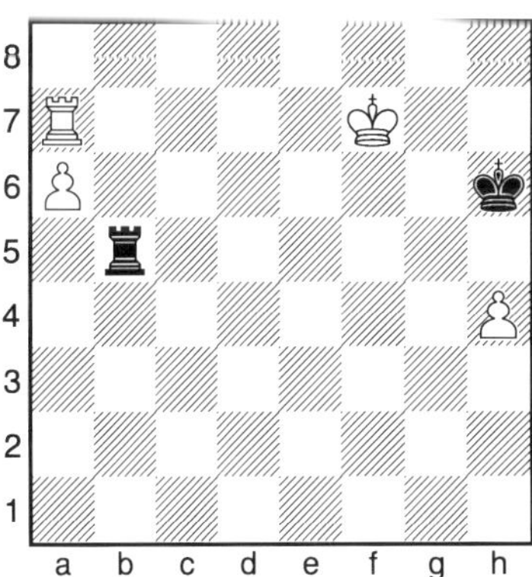

Wie kann Schwarz sich retten?

Aufgabe 3

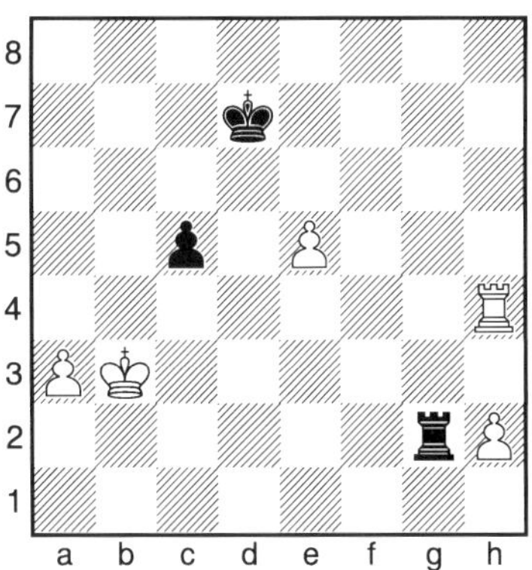

Mit welchem einzigen Zug hält
Schwarz Remis!

Lösungen

Lösung 1

Anand, Viswanathan (2775)

Carlsen, Magnus (2870)

Chennai 2013

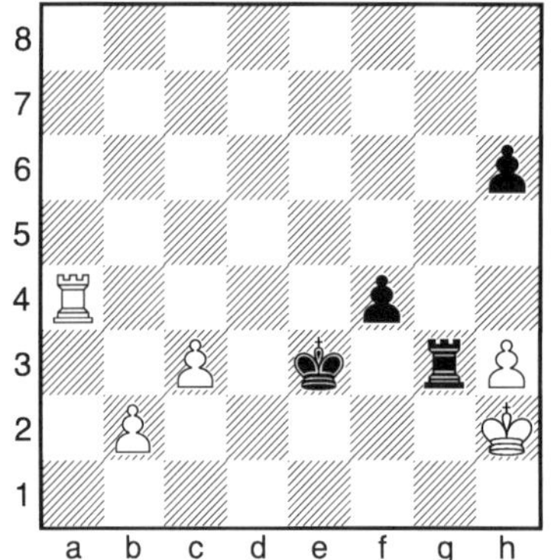

61...♖g6!

Genau hier gehört der Turm hin, denn der h–Bauer muss geschützt werden.

(61...♖g8? 62.♖a6 f3 63.♖e6+ ♔f2 64.♖xh6=)

Nun entscheidet der aktivere König zusammen mit dem unaufhaltsam vordringenden Freibauern den Tag.

62.c4

62.♖a8 f3 63.♖e8+ ♔f2 64.b4 ♖g2+ 65.♔h1 ♖g1+ 66.♔h2 ♖e1 67.♖f8 ♔e2 68.b5 f2 69.b6 f1♕ 70.♖xf1 ♖xf1 71.b7 ♖b1–+

62...f3 63.♖a3+

63.♖a8 ♖g2+ 64.♔h1 ♖e2 65.♖e8+ ♔d2 66.♖f8 f2 67.♔g2 ♔e1 68.♔g3 ♖xb2 69.♔g4 f1♕ 70.♖xf1+ ♔xf1 71.♔h5 ♖b6 –+

63...♔e2 64.b4 f2 65.♖a2+

65.♖a1 f1♕ 66.♖xf1 ♔xf1 67.b5 ♖g2+ 68.♔h1 ♔f2 69.b6 ♔g3 70.b7 ♖b2–+

65...♔f3 66.♖a3+ ♔f4 67.♖a8

67.♖a1 ♖e6 68.♖f1 (68.♔g2 ♖e1 69.♔xf2 ♖xa1–+) 68...♔f3 69.b5 ♖e1 70.♖xf2+ ♔xf2 71.b6 ♖b1 72.c5 h5 73.h4 ♔f3–+

67...♖g1 0-1

Lösung 2

Carlsen, Magnus (2877)

Aronian, Levon (2805)

Saint Louis 2014

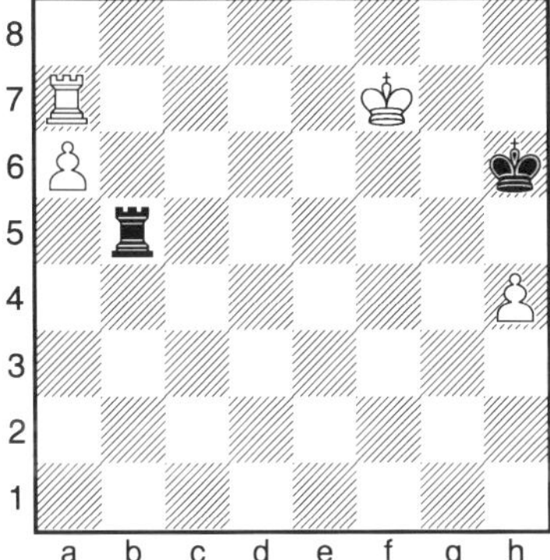

70...♖b6!

Damit nimmt Schwarz die 'Vancura-Remisstellung' ein.

Hier gehört der Turm *nicht* hinter den Freibauern, wie aus den folgenden Beispielvarianten hervorgeht:

1) 70...♖a5? 71.♔g8 ♖a1 72.♖h7+ ♔g6 73.a7 ♖a2 74.h5+ ♔f6 75.♖g7+−

2) 70...♖f5+? 71.♔g8 ♖f6 72.♖h7+ ♔g6 73.a7 ♖a6 74.h5+ ♔g5 75.♔f8+−

71.♔g8 ♖b8+ 72.♔f7 ♖b6 73.♔e7 ♔g6 74.♔d7 ♖f6 75.♖a8 ♔g7 76.♔c7 ♖f7+ 77.♔d6 ♖f6+ 78.♔e5 ♖b6 79.♖a7+ ♔g6 80.h5+ ♔h6 81.♔f5 ♖c6 82.♖e7 ♖xa6 83.♖e6+ ♖xe6 84.♔xe6 ♔xh5 ½-½

Lösung 3

Carlsen, Magnus (2870)

Anand, Viswanathan (2775)

Chennai 2013

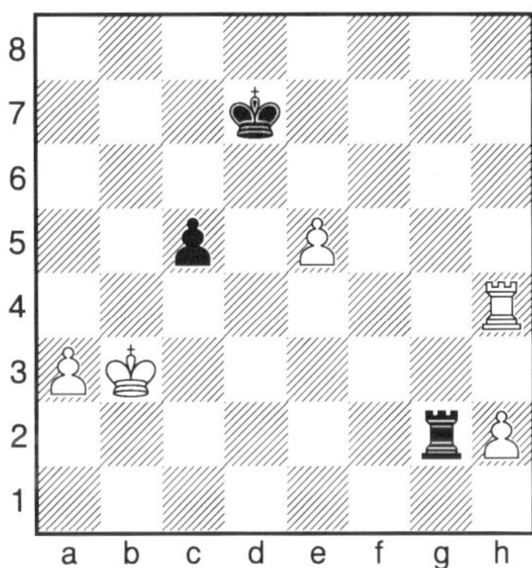

51...♔e6?

Danach ist der König zu weit vom a-Freibauern entfernt.

I) Der Turm gehört mit 51...♖e2! hinter den e-Freibauern, wonach Weiß nicht gewinnen kann.

A) 52.♖h5 ♖e3+

1) 53.♔c4 ♖xa3 54.♔xc5 ♔e6 55.♔d4 ♖a4+ =

2) 53.♔a4 ♔c6 54.♖h6+ ♔d5 55.e6 c4 56.h4 c3 57.♔b3 c2+ 58.♔xc2 ♖xa3 59.e7 ♖e3 60.♖h7 ♔d6 61.h5 ♖xe7 62.♖xe7 ♔xe7 63.h6 ♔f7 64.h7 ♔g7=

B) 52.♔c4 ♖xe5 53.a4 ♔c6 54.♖h6+ ♔b7 55.a5 ♖e4+ 56.♔xc5 ♖e2=

C) 52.a4 52...♖xe5 53.♔c4 ♔c6 54.♖h6+ ♔b7 55.a5 ♖e4+ 56.♔xc5 ♖e2

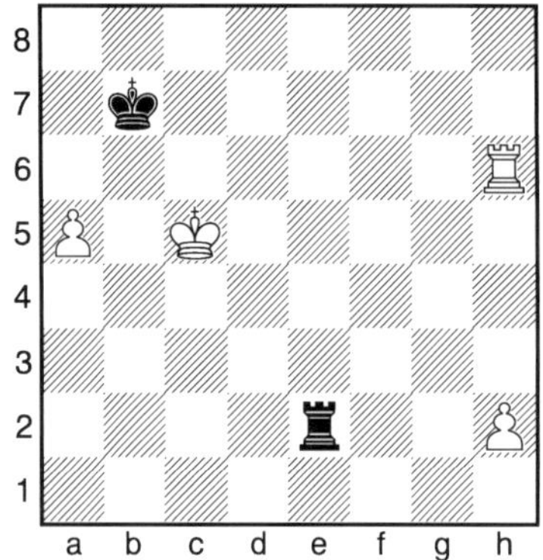

Damit hat Schwarz eine andere Version von Vancuras Remisstellung erreicht, in der es beispielsweise wie folgt weitergehen könnte: 57.♔b5 ♖e5+ 58.♔b4 ♖e4+ 59.♔c5 ♖e2 60.h4 ♖e4!

Der h-Bauer muss ins Visier genommen werden, damit der weiße Turm nicht freikommen kann; z.B. 61.♔d5 ♖g4 62.♔e5 ♔a7 63.♔f5 ♖c4! 64.♖h7+ ♔b8 65.h5 ♖c5+ 66.♔g6 ♖c6+ (66...♖xa5? 67.♖f7+-) 67.♔g7 ♖c7+ =.

II) 51...♔c6? 52.a4 ♖e2

A) 53.♔c4? ♖xe5 54.♖h6+ ♔b7 55.a5 ♔a7 56.h4 ♖e4+ 57.♔xc5 ♖f4=

B) 53.♖h6+ ♔d5 (53...♔b7 54.e6+-) 54.a5

1) 54...♖xe5 55.a6 ♖e7 56.h4 c4+ 57.♔b4 ♖c7 58.♖h5+ ♔d4 59.♖a5 ♖a7 60.h5 c3 61.♔b3 ♔d3 62.♖d5+ ♔e4 63.♖d6 ♖c7 64.♔c2 ♔e5 65.♖g6 ♔f5 66.♖b6 ♔g5 67.h6 ♔h5 68.♖b3 ♔xh6 69.♖a3 ♖a7 70.♔xc3+-

2) 54...c4+ 55.♔b4 ♖b2+ 56.♔c3 ♖b3+ 57.♔c2 ♔xe5 58.a6 ♖a3

(58...♔d4 59.♖h4+ ♔c5 60.a7 ♖a3 61.♖h7+-)

59.h4

a) 59...♔f5 60.♖c6 ♔g4 61.♖xc4+ ♔h5 62.♖c6 ♔xh4 63.♔b2 ♖a5 64.♔b3 ♔g5 65.♔b4 ♖a1 66.♖c5+ ♔f6 67.♖a5 ♖b1+ 68.♔c5 ♖c1+ 69.♔b6 ♖b1+ 70.♖b5+-

b) 59...♔d4 60.♖d6+ ♔c5 61.♖g6 ♔d4 62.h5 ♖a2+ 63.♔b1 ♖h2 64.a7 ♖h1+ 65.♔a2 ♖h2+ 66.♔a3 ♖h1 67.♖g2 ♖a1+ 68.♖a2+-

III) 51...♖g5? 52.♖e4 ♔e6 53.a4 ♖g1 54.a5 ♖b1+ 55.♔a2 ♖b8 56.a6 ♖a8 57.♖a4 ♔xe5 58.a7+-

52.a4 ♔xe5 53.a5 ♔d6

53...♖g7 54.a6 ♔d5 55.♖a4 ♖a7 56.h4 c4+ 57.♔c3+-

54.♖h7!

Damit schneidet Weiß den schwarzen König vom Umwandlungsfeld a8 ab.

54...♔d5

54...♖g8 55.a6 ♖a8 56.a7 ♔c6 57.h4 ♔b6 58.h5 ♖xa7 59.♖xa7 ♔xa7 60.h6+-

55.a6 c4+ 56.♔c3 ♖a2 57.a7 ♔c5 58.h4 und **1-0** angesichts der möglichen Folge 58...♖a3+ 59.♔b2 ♖a6 (59...♖b3+ 60.♔a2+-) 60.h5 ♔b4 61.♖b7+ ♔c5 62.h6 ♔c6 63.♖g7 ♔b6 64.h7 ♖xa7 65.♖xa7 ♔xa7 66.h8♕ mit trivialer Gewinnstellung.

Ich möchte das Buch mit einem Zitat von Magnus Carlsens langjährigem Trainer Simen Agdestein beenden (aus seinem Buch *How Magnus Carlsen became the youngest chess grandmaster in the world*):

„Zu dieser Zeit (2002) lag die Stärke von Magnus in der Eröffnungsphase. Er las ständig Eröffnungsbücher und diese Art von Wissen bleibt bei Spielern haften, die über ein eisernes Gedächtnis verfügen. Am Ende war er noch nicht so stark, denn das kommt mit Reife und Erfahrung, aber auch in diesem Bereich kann man durch Lesen viel lernen.

Ich habe Magnus das Buch *Fundamental Chess Endings* empfohlen, ein imposantes Werk von über 500 Seiten im Großformat von Karsten Müller und Frank Lamprecht.

Schon bald hatte Magnus es gelesen, zwar nicht von der ersten bis zur letzten Seite, wohl jedoch selektiv. Seitdem ist aus seiner ehemaligen Schwäche eher eine Stärke geworden, schließlich kann er im Endspiel sowohl seine gewaltige Rechenkraft als auch seine fein abgestimmte Intuition einsetzen.“

Quellenverzeichnis

Bücher:

Hansen L. B.: *Foundations of Chess Strategy*, Gambit 2005

Hansen L. B.: *Secrets of Chess Endgame Strategy*, Gambit 2006

Meyer C.D. & Müller K.: *Magische Endspiele*, Joachim Beyer Verlag 2020

Meyer C.D. & Müller K.: *Magie der Schachtaktik*, Joachim Beyer Verlag 2018

Mikhalchishin & Stetsko: *Kämpfen und Siegen mit Magnus Carlsen*, Edition Olms, erweiterte Neuauflage 2022, von Löffler, Müller & Stolze

Müller K. & Engel L.: *Spielertypen*, Joachim Beyer Verlag 2020

Müller K., Engel L. & Rafiee M.: *Spielertypen, Das Testbuch,* Joachim Beyer Verlag 2022

Sadler M. & Regan N.: *Zeitenwende im Schach*, New in Chess 2019

Tukmakov V.: *Modern Chess Formula, The powerful impact of engines*, Thinkers Publishing 2020

Elektronische Medien:

Mega Database 2022

Müller K., *Endgame Corner* (www.ChessCafe.com)

Nalimov Endgame Tablebases

Zeitschriften:

Schachmagazin 64

www. schachbundesliga.de

ChessBase Magazin

ChessBase Nachrichten (www.chessbase.de)

New In Chess Magazine

Über den Autor

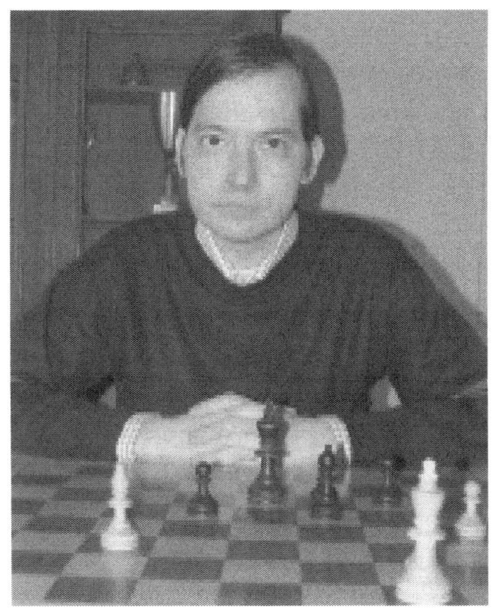

GM Dr. Karsten Müller wurde am 23. November 1970 in Hamburg geboren. Er studierte Mathematik und promovierte 2002. Von 1988 bis 2015 spielte er für den Hamburger SK in der Bundesliga und errang den Großmeister-Titel 1998. Zusammen mit Frank Lamprecht ist er Autor der hochgeschätzten Werke *Secrets of Pawn Endings* (2000) und *Fundamental Chess Endings* (2001), mit Martin Voigt *schrieb er Danish Dynamite* (2003), mit Wolfgang Pajeken *How to Play Chess Endgames* (2008), mit Raymund Stolze *Zaubern wie Schachweltmeister Michail Tal* und *Kämpfen und Siegen mit Hikaru Nakamura* (2012).

Aufmerksamkeit fand außer Müllers Buch *Bobby Fischer, The Career and Complete Games of the American World Chess Champion* (2009) be-sonders auch seine exzellente Serie von ChessBase-Endspiel-DVDs Schachendspiele 1-14. Müllers beliebte Rubrik *Endgame Corner* erschien unter www.ChessCafe.com von Januar 2001 bis 2015, seine Rubrik *Endspiele* im ChessBase Magazin seit 2006. Der vielbeschäftigte, weltweit anerkannte Endspiel-Experte wurde 2007 als „Trainer des Jahres" vom Deutschen Schachbund ausgezeichnet.

Im Joachim Beyer Verlag sind bereits die nachstehenden 19 Titel von ihm erschienen:

Karsten Müller - Verteidigung (2016) (zusammen mit Marijn van Delft)

Karsten Müller - Positionsspiel (2017)

Karsten Müller - Schachstrategie (2017) (zusammen mit Alexander Markgraf)

Karsten Müller - Schachtaktik (2018)

Italienisch mit c3 und d3 (2017) (zusammen mit Georgios Souleidis)

Magie der Schachtaktik (2018) (zusammen mit Claus Dieter Meyer)

Magische Endspiele (2020) (zusammen mit Claus Dieter Meyer)

Spielertypen (2020) (zusammen mit Luis Engel)

Die Endspielkunst der Weltmeister Band 1 - von Steinitz bis Tal (2021)

Die Endspielkunst der Weltmeister Band 2 - von Petrosjan bis Carlsen (2021)

Schach-WM 2021 (2022) (zusammen mit Jerzy Konikowski und Uwe Bekemann)

Die besten Kombinationen der Weltmeister Band 1 - Von Steinitz bis Tal (2022) (zusammen mit Jerzy Konikowski)

Die besten Kombinationen der Weltmeister Band 2 - Von Petrosjan bis Carlsen (2022) (zusammen mit Jerzy Konikowski)

Schachtraining mit Matthias Blübaum (2022) (zusammen mit Matthias Blübaum und Matthias Krallmann)

Bobby Fischer - 60 beste Partien (2022)

Typisch Sizilianisch (2022)

Spielertypen - das Testbuch (2022) (zusammen mit Luis Engel und Makan Rafiee)

Magnus Carlsen - Die Schach−DNA eines Genies (2023)

Karsten Müller - Angriff (2023)

sowie weitere 11 Übersetzungen in englischer Sprache:

Magical Endgames (2020, together with Claus Dieter Meyer)

The Human Factor in Chess (2020, together with Luis Engel)

The Best Endgames of the World Champions Vol 1 - From Steinitz to Tal (2021)

The Best Endgames of the World Champions Vol 2 - From Petrosian to Carlsen (2021)

World Chess Championship 2021 (2022) (together with Jerzy Konikowski and Uwe Bekemann)

The Best Combinations of the World Champions Vol 1 - From Steinitz to Tal (2022) (together with Jerzy Konikowski)

The Best Combinations of the World Champions Vol 2 - From Petrosian to Carlsen (2022) (together with Jerzy Konikowski)

Bobby Fischer 60 Best Games (2022)

Chess Training with Matthias Blübaum (2022) (together with Matthias Blübaum and Matthias Krallmann)

Typical Sicilian (2023)

The Human Factor in Chess - The Testbook (2023) (together with Luis Engel and Makan Rafiee)